序

今天，我们已经充分地认识到单凭文献资料研究历史，有一定的局限。日记是历史研究中值得重视的材料，与档案文献相比有着其独特的价值。当今学界对日记研究的重视程度在加深，因其重要性不仅体现在文本内容上，更在于其有别于其他资料的特殊性。正如余佐赞（华文出版社总编辑）先生所说："对于普通读者，可以从这些历史名人、文化大师的日记中看到他们平凡的另一面，窥探他们的内心世界；对于研究者来说，则是为其了解中国社会与历史变迁提供了一个'窗口'，是一次难得的亲近一线历史细节，获得独特历史信息与文化信息的思想之旅。"但是，我们的学者过去对此关注不够，如不少重要的涉藏日记没有得到应有的重视。尽管日记通常被认为是私人书写，难免有偏颇之处。但是，它的特点亦较明显，可补公共叙事之不足，具有特殊的研究价值。近代史上，不少人因为生活在西藏或被派往西藏工作，所见所闻留下的日记堪称珍贵。同时，一些看起来与藏事关系不大的人，在日常工作与生活中由于各种原因也与藏事有所接触，从而为我们的历史研究另辟蹊径。近代藏族史所涉日记等史料十分丰富，通过仔细梳理与比较，可以弥补相关研究的缺陷，以丰富我们对历史的认识，二者是相得益彰的。

近年来，各个时期的涉藏日记出版甚多，研究者也逐渐增多。我们高兴地看到在藏学研究领域已经出版了多部相关书籍和论文，一些尘封的历史被公诸于世。如藏族近代史研究中，《有泰驻藏日记》就已为不少学人关注，为研究清末西藏历史提供了较大的帮助。中国藏学出版社等也出版了多部涉藏日记，对研究20世纪的西藏具有特殊价值。仅民国时期蒙藏委员会驻藏办事处的戴新三所撰《拉萨日记》就已有王川等多位学者研究，撰有相关论文多篇，还获得国家社会科学基金项目重点资助。国外学者对涉藏日记的关注也在升温。如美国著名人类学家、藏学家梅·戈尔斯坦的《西藏现代史：山雨欲来(1955—1957)》就用到了“藏独”著名代表人物夏格巴的《日记》。他特别强调：“这不是夏格巴的个人‘日记’，是他作为‘哲堪孜松’秘书长的角色而记录下的政治性‘日记’。”近年，我的博士韩敬山整理注释的欧阳无畏的《藏尼游记》《达旺调查记》等受到学界关注，也是一例。但是，正如王川教授所言：“此外，还有很多重要涉藏人物的私密日记散落在民间，同样值得整理出版，以推进藏学研究。——这些私人日记，少为人知，利用得很不够。”

正是在这样一个背景下，我惊喜地注意到从中央民族大学毕业，现就职于中国藏学研究中心的张子凌就是其中一位研究私人日记的青年学者。自2008年硕士毕业以来，她一直从事与民国藏事档案文献相关的整理研究工作，专注民国时期涉藏历史研究，先后参加了中国藏学研究中心与中国第二历史档案馆合作的《中国第二历史档案馆所存西藏和藏事档案汇编》等项目，也发表过不少民国时期的涉藏档案文献的相关论文。

《高长柱与周昆田赴藏日记研究》是她在整理、校注民国时期蒙藏委员会的两位官员高长柱、周昆田的日记和游记时所编著，并在收录前人研究成果的同时，结合自身研究所得撰写的新作。

高长柱与周昆田同为民国时期蒙藏委员会的官员，也同为研究边疆问题与藏学的学者。两位先生也都曾到过西藏及其他藏族地区，其间留下了许多较为珍贵的记述。《高长柱与周昆田赴藏日记研究》所选取的史料，都是难得的材料。其一是高长柱作为护送九世班禅回藏行辕的参军从西宁至玉树的途中所记的日记；其二是篇幅较长的高长柱奉命赴藏拟接替蒋致余的途中日记；其三是周昆田作为陪同吴忠信见证十四世达赖喇嘛坐床的行辕秘书，所回忆的赴藏途中与内返途中的两篇游记。他们都是彼时涉及达赖、班禅重大事件的亲历者，其对亲历、亲见、亲闻事件的真实记载，是非常值得挖掘的史料。这些日记中所记录的内容涉及西藏及藏事相关重要人物、历史事件、地理环境、风物民俗等，字数虽不多，但认真加以整理注释，则非常有价值。需要指出的是，张子凌在编著《高长柱与周昆田赴藏日记研究》时，对一些相关人名、地名做了细心的注释，尤为可贵的是，她克服困难，还加上了藏文。这不仅有利于读者的阅读，也解决了一些前人未予注意或未加解决的问题，使我们对民国时期的涉藏历史、地理以及人物、事件能从不同角度有更加深入的了解，在一定程度上提供了很有裨益的佐证。

个人日记，在历史长河中可以说是碎片，对日记所载，何者可信，何者不可信，就牵涉到使用者的立场、学力和功力了，当然，这并非一日之功。但我们在对学界利用日记体发表的成果进行梳理后，发现还存在着依靠单一日记、选题窄小、框架与思路重复等不少问题。由此，提醒我们发现与整理“新”日记、深挖日记中的丰富内涵、拓展研究视野，将私人的记录放到大时代、大事件中进行分析，是进一步深化日记研究不可或缺的途径。在这方面，张子凌的《高长柱与周昆田赴藏日记研究》就是一个很好的例子，其另辟蹊径的研究方式让人颇有感触。

目前，有人认为利用日记等进行研究是“碎片化”。这种说法是很不全面准确的。正如著名学者王笛所说：“任何历史研究，都必须有局部和整体，或者说碎片与整体，两者甚至不存在孰轻孰重的问题。没有局部，哪有整体？没有零件，哪有机器？……所谓‘碎片’和‘整体’，就是零件与组装的关系。整体是由碎片集成的，可以没有整体，但却不能没有碎片。”

对此，陈寅恪先生也有一段话讲得好。记者问到他有人诋毁考据之学为细微末节，先生如何主张？他说“细微末节不是考据之病，只要是有系统的东西就合乎科学，譬如生物学要在显微镜下面观察东西，这不是更细微吗?”他说，持这种论调的人反而是无科学头脑。

需要注意的是，日记等史料与档案文献各有优劣，既不可厚此薄彼，也不要厚彼薄此，二者互为补充，互为参照，互为印证，相得益彰。唯有广览各类史料，对照分析，认真查证，才有可能最大限度地接近历史的本来面目，始能写出严谨科学的学术论著。

毕竟正走在这条路上，我对后起之秀张子凌的努力，看在眼里，喜在心头。她甘于坐冷板凳，一步一个脚印，从最基础的史料整理、注释做起，实属不易。相信如此而为，必有所成。历史学没有对史料的掌握和熟悉，岂谈研究。藏学界需要有一批不计名利，不图虚名，踏踏实实的学者。

子凌诚意所托作序，虽曾推托，但因作为校友且此书亦是我研究之领域，故写下这些话，是为序。

喜饶尼玛

2021 年盛夏于北京

高长柱与周昆田赴藏日记研究

张子凌 编著

中国藏学出版社

本书为四川师范大学巴蜀文化研究中心
2023年度项目“高长柱与周昆田赴藏日记研究”
最终成果

目 录

凡　例

一、凡日记正文中汉字及标点的错讹之处，笔者均在整理过程中直接予以修改，明显脱字以（）标出，错词后用［］校正。

二、笔者在日记正文中加有若干随文注释，均以小括号楷体字表示。

三、日记中所有图表均为笔者在原文基础上加以整理，为方便读者阅读所绘，内容未有改动。

四、韵目代日是中国历史上的一种电报记日方法，自清末一直沿用到中华人民共和国成立初期。本书日记中电报往还则多用韵目代日法，现将韵目代日表附后，以方便读者使用。

电报韵目代日表

清政府开通电报之初，因为发送电报非常昂贵，按字论价，“字字是金”，所以节约用字就非常重要。为了节约时间和传输费用，也为了避免日期与电码混淆，清代状元洪钧发明了一种新的记日办法，用地支代替月份，用韵目代替日期。这种方法在电报领域一直沿用到中华人民共和国成立初期，前后使用了七十余年。在其他领域也有使用，甚至有些人日记都是以韵目代日。历史上一些著名的事件也是以此命名的，如马日事变、灰日暴动、文夕大火、艳电、皓电等。

洪钧从金代编修的《平水韵》的《韵目表》中挑选出来代替日期的韵目，总共有三十个，分别代表三十天。前面十五天用的是韵目上平声的全部，接后是韵目上声的十个，再来是韵目去声的五个；后来使用公历，又添上最后一个《韵目表》中没有的“世”，代表三十一日，这样用三十一个字分别代表三十一天。

三十日，按规定该用“陷”，但是于军队不吉利，忌用，便用“卅”（卅，拼音：sà，就是三十）字代替；又公历三十一日没有韵目可用，通常都用“世”或“引”字来代替；“世”字是“卅一”的合写，“引”字则像31阿拉伯数字。

这种富有诗意的记日方法在当时是非常方便的，因为读书人一看就知道哪个字代表哪一天，但到后来白话文兴起，诗词失去实用功能，声韵也不被重视了，以至于过去一般人都会的事情当今变成了专业知识，故有必要予以介绍。这也是本书将“韵目代日表”奉上的初衷。

常用韵目代日表

日期	韵目	日期	韵目
1 日	东	16 日	铣
2 日	冬	17 日	筱
3 日	江、肴、绛	18 日	巧
4 日	支	19 日	皓、效
5 日	微、歌、未	20 日	哿、号
6 日	鱼、麻	21 日	马、个
7 日	虞、阳	22 日	养
8 日	齐、庚	23 日	梗、漾
9 日	佳	24 日	迥、敬
10 日	灰、蒸	25 日	有、径
11 日	真	26 日	寝、宥
12 日	文	27 日	感、沁
13 日	元、覃	28 日	俭、勘
14 日	寒	29 日	艳
15 日	删、咸	30 日	卅、陷
		31 日	世、引

日记校注

一

高长柱之西宁[①]至玉树[②]途中旅行日记[*]

编者按：1935年8月15日，国民政府批准成立护送九世班禅回藏专使行署，9月4日，特派诚允为护送班禅回藏专使，班禅返藏准备工作遂即展开。但诚允于1936年7月24日及8月4日两次致电蒙藏委员会，请求辞去护送专使一职。1936年8月15日，国民政府行政院任命蒙藏委员会副委员长赵守钰接任诚允担任护送行署专使，任命马鹤天为行署参赞，高长柱为行署参军。1937年6月10日，护送

---

* 该日记原名为《青海西宁玉树途中旅行日记》。

① 西宁（ཟི་ལིང）：青海省省会，取"西陲安宁"之意，古称青唐城、西平郡、鄯州。西宁地处中国西北地区、青海省东部、湟水中游河谷盆地，是青藏高原的东方门户，古"丝绸之路"南路和"唐蕃古道"的必经之地，自古就是西北交通要道和军事重地。古为羌地，西汉时置军事和邮传据点西平亭，神爵初属金城郡临羌县。武帝元狩二年（公元前121年），汉军西进湟水流域，汉将霍去病修建军事据点西平亭，这是西宁建制之始。东汉建安中置西平郡，治西都县（今西宁市）。魏文帝黄初三年（222年）扩建为西平郡，开始在此筑城。西晋永嘉二年（308年），前凉张轨进军青海省会西宁置西平郡，将其纳入凉州版图，属凉州，领四县西都、临羌、安夷、长宁，归凉州统治。北宋崇宁三年（1104年）改为西宁州，至此"西宁"之称始见于史。1929年青海正式建省，治西宁县。1946年以省垣周围正式成立西宁市。1949年9月8日成立西宁市人民政府，为青海省辖市。1950年，西宁市为青海省人民政府驻地。

班禅专使行署从西宁出发赴玉树，奉赵守钰之命，由高长柱担任西宁至玉树途中指挥官，负责指挥途中的行进、驻止、设营、警戒、运输等事宜。

高长柱，出生于1902年，字石辅，安徽全椒章辉集人，地主家庭出身，1917年毕业于全椒县第二高等小学校，后又毕业于安庆第一中学校，继在日本士官学校步兵科毕业，回国后任职于国民政府的军政两界。1920年至1937年的十余年间，高长柱曾任连长、参谋科长、河北军事政治学校少校大队长、国民讨逆军第九军中校参谋、第四师上校军官连连长、参谋本部上校参议、军委会北平分会参谋团上校参谋、新疆宣慰使署上校参谋。1934年高长柱出任参谋本部上校参议时，曾作为黄慕松致祭十三世达赖喇嘛专使行署成员（任副官），随其入藏办理相关事宜。抗日战争初期，九世班禅到南京时，高长柱奉蒋介石命令率一个旅护送班禅回藏，被委任为特派护送班禅回藏专使行署的少将参军。他曾先后担任蒙藏委员会调查室主任、代藏事处处长及行政院派驻西藏参议（因诸多原因最终未成行）、西北调查国防专员等职，后又派驻蒙古任特使。1948年2月任蒙藏委员会委员，安徽省旅京同乡会干事长（安徽人组织的倒桂系李品仙的组织）等职。1949年10月1日，中华人民共和国成立，此后高长柱

② 玉树（ཡུལ་ཤུལ）：今青海省玉树藏族自治州（ཡུལ་ཤུལ་བོད་རིགས་རང་སྐྱོང་ཁུལ），藏语意为“遗址”，明属朵甘思宣慰司，明末清初玉树各部头人为青海蒙古和硕特部赠爵为诸台吉；清朝受青海办事大臣直接管辖，为囊谦千户领地，下有百户独立长等部落。民国初，隶青海办事长官，旋改隶蒙番宣慰使和甘边宁海镇守使辖。民国六年（1917年）设玉树理事，民国十八年（1929年）改为玉树县，辖今自治州全境。设置玉树、囊谦、称多三县，统由玉树行政督察专员公署管辖，县之下千百户制度因袭如故。1949年10月，青海省人民解放军军政委员会驻玉树特派员办公处成立。1949年，设玉树专区，专署驻玉树县。1951年12月25日，玉树专区改为玉树藏族自治区，辖称多、囊谦二县；撤销玉树县建制。1952年恢复玉树县建制，由玉树藏族自治区领导。玉树藏族自治区辖三县。1955年，玉树藏族自治区改设玉树藏族自治州，自治州人民委员会驻玉树县。2013年7月3日，经国务院批准，同意撤销玉树县，设立县级玉树市，以原玉树县的行政区域为玉树市的行政区域。玉树市由玉树藏族自治州管辖。

由广州逃往香港。1950 年在港建立“苏浙皖鲁边区军政督导公署”特务组织，网罗逃亡军官，不断向大陆派遣特务，自任主任。1951 年至台湾任“国防部”中将部员及“行政院”设计委员等职。1975 年去世。

本组史料系高长柱从青海西宁出发至玉树途中的日记，记载了西宁至玉树沿途的气候变化、风土人情以及自然环境、物产资源等内容。该篇日记所载资料丰富翔实，对于研究青海省的历史、地理、风物、民俗等均具有一定的史料价值，弥足珍贵。

记录时间：民国二十六年（1937 年）六月十日伊始

民国廿五年冬，班禅大师已抵玉树，中央特派专使护送班禅大师回藏，因诚前专使执中①先生辞职，中央特命赵友琴②先生继任专使，遂在南京西宁分别准备。惟以西宁玉树间向例废历（即阴历）一月至四月大雪载途，马不能前，俗所谓“正二三，雪封山”是也。长柱奉赵公命，赴京赶办西宁一切事宜，十三月中旬离青。六月一日遄返西宁，即赴湟源③谒赵公报告中央笃念边人及希望大师早日回藏以

---

① 诚前专使执中：指前任护送九世班禅回藏专使诚允。诚允（1881—1944），字执中。满洲正白旗瓜尔佳氏，汉姓为关。世居辽宁省辽阳县西水泉。1906 年毕业于北京法政学堂。历任营口地方法院推事、审判官，吉林省民政厅长，吉林省高等审判厅厅长，吉林省代理省长等职。1935 年 8 月 14 日，国民政府指令建立“特派护送西陲宣化使护国宣化广慧大师班禅额尔德尼回藏专使行署”，设专使、参赞、参军各 1 人，中文秘书 2 人，藏文、英文秘书各 1 人，医官、参谋各 1 人，卫队营 300 人，特派诚允为护送九世班禅大师回藏专使。后来诚允辞职，到四川的康定致力于教育事业，招收汉藏子弟入学，为国家培养一批人才。1944 年 8 月，因积劳成疾，不幸病逝。

② 赵友琴：赵守钰（1881—1960），字友琴，号式如，山西太谷人。早年入保定陆军速成学堂，参加同盟会。民国时期任职于山西陆军部队，后加入西北军，历任西安警备司令、河南省政府委员、郑州市市长、陕西省政府委员等职。1934 年任黄河水灾救济委员会委员。1936 年 8 月 15 日，时任蒙藏委员会副委员长的赵守钰接替诚允担任护送九世班禅回藏专使，直到班禅大师于 1937 年 12 月 1 日在玉树圆寂。戴传贤甘孜致祭完成后，赵守钰于 1938 年 8 月 29 日率护送行署职员、官兵离开甘孜。其间，1937 年 2 月西安事变后受周恩来委托与西北二马（马步芳和马步青）秘密谈判营救红军西路军被俘人员。从青海回内地后任行政院非常时期战地服务团主任兼总干事。1943 年时任陕西省政府参议，赴重庆设法营救杨虎城未果。1945 年冬，任国民党政府黄河水利委员会委员长兼黄河堵口复坝工程局局长。1946 年参加国共两党黄河归故谈判。1946 年任监察院监察委员。后去台湾。1960 年 10 月 26 日在台湾病逝，葬于阳明山。

③ 湟源（སྟོང་སྐོར）：今青海省西宁市湟源县。湟源县位于青海湖东岸，日月山东麓，湟水河上游，是青海东部农业区与西部牧业区、黄土高原与青藏高原、藏文化与汉文化的接合部。雍正元年（1723 年）罗卜藏丹津曾以湟源为据点，进行反清活动。雍正五年（1727 年）筑丹噶尔城（湟源县城）。道光

慰藏人期望之意。专使决定六月十日出发，乃令柱担任西玉途中指挥责任，责重才轻，深虞陨越。以此行官兵近二百人，骡马三百余匹，驮牛九百余头，在此一千五百余里之荒寒途中旅行，事先若不规定计划，实不仅人马易受疲劳已也。且青海果洛①民族，素称强悍，平时劫财杀人之事，时有所闻，虽中央大员经过，且有马代主席子香②派

（接上页）年间，因湟源海藏通商，中外咽喉，特设立丹噶尔厅，属西宁府。1912 年，西宁府改为西宁兵备道，丹噶尔厅改为湟源县。1929 年，青海从甘肃省分出，成立青海省政府，辖西宁、大通、湟源、循化、化隆七县及青海蒙藏地区。1949 年 9 月 9 日湟源解放。1949 年 10 月至 1978 年 9 月，湟源为省直属县。1978 年 10 月 9 日，海东地区成立，辖湟源县。1999 年 12 月 5 日，湟源正式划归省会西宁市管辖。

① 果洛（མགོ་ལོག）：指青海省果洛藏族自治州，是青海的八个地级行政区之一，州驻地玛沁县，位于中国青海省的东南部，东临甘南州和黄南州，南接阿坝州和甘孜州，西与玉树州毗连，北和海西州、海南州接壤；地处安多康巴文化的接合处，是丝绸之路河南道和唐蕃古道的重要组成部分，是中国格萨尔文化之乡。果洛古称俄洛、郭罗克。古为党项羌地。唐置轨州（今果洛南部地区），又置山居、奉、岩、远等州，后属吐蕃辖地。宋属吐蕃政权。元属吐蕃等路宣慰司。明属朵甘思宣慰使司。清隶成龙义道松潘漳腊营。1929 年，归青海省直辖，置果洛行政督察区、青海省第三行政督察区。1946 年，撤销既设机构，果洛藏族诸部仍由部落头人管理。1950 年，设果洛区，为青海省直属区。1952 年 6 月，西北军政委员会组建果洛工作团。1954 年 1 月 1 日，果洛区改设果洛藏族自治区，自治区人民政府驻查郎寺。12 月，设甘德县，果洛藏族自治区辖一县。1955 年 7 月 2 日，果洛藏族自治区改设果洛藏族自治州，州人民委员会驻达日县吉迈，辖甘德、久治、班玛、达日四县。1957 年，由甘德县部分地区设玛多县，驻黄河沿；由达日、甘德二县部分地区合并设玛沁县，驻中心站（依盖齐）。果洛藏族自治州辖六县。1958 年，果洛藏族自治州人民委员会驻甘德县麦仓。1959 年，自治州人民委员会迁驻玛沁县，将玛多县划归海南藏族自治州，原属海南藏族自治州的同德县划入果洛藏族自治州。达日县迁驻吉迈，玛沁县由依盖齐迁驻大武。1962 年，将同德县划归海南藏族自治州，玛多县由海南藏族自治州划回果洛藏族自治州。

② 马代主席子香：马步芳（1903—1975），时任青海省代主席。字子香，经名“呼赛尼”，回族，甘肃临夏人，为民国时期西北地区军阀马家军重要人物。马步芳的父亲马麒，叔叔马麟，哥哥马步青都是民国时期纵横西北地区的风云人物。马步芳是国民党军高级将领，被授予陆军中将加上将衔。民国时期，

兵护送，或无意外，但古人云“有备无患”之明言，亦不可忽视也。遂于九日拟就出发命令，预定站程图表，呈请核准后，决定十日早十时出发。附出发命令及西玉途中站程表如下：

一、出发命令　六月九日于湟源专使行署

1. 本署于明（十日）晨十时出发，向玉树西进，宿营地为药水①，距此三十里。

2. 行进序列：（1）前站人员；（2）专使、参赞、参军；（3）职员及随行人员各组小行李。行李第一、二、三、四队。

3. 派高参军（即高长柱）为指挥官，格秘书②为副指挥官，负责指挥行进驻止设营警戒运输一切事宜。

4. 派护送队马队长金龙为前站，负责侦察每日行进路线及一切事宜。

5. 派护送队马营长为后卫，指挥负责警戒照料各行李队事宜。

6. 由仪仗队、护送队各派兵四名，随同本使前进，该队其余人员押运行李。

7. 关于行进驻止应行注意及规定事项，由参谋处计划办理之。

8. 行进时切实注意军风纪，及爱护沿途民众，以表扬中央德意为要。

此令！

专使　赵守钰

（接上页）任国民政府西北军政长官公署长官。早年随其父马麒投西北军，历任陆军新编第二军军长兼第100师师长，青海省保安处处长，青海省政府代主席，西北“剿匪”第一路军第五纵队司令。曾派兵“围剿”中国工农红军西路军，参与抗日战争。在解放战争中参加反共内战，失败后逃往埃及。后出任“台湾当局”驻沙特阿拉伯“大使”，1975年7月在沙特阿拉伯病逝。

① 药水（ཡ་རྒྱས）：今青海省西宁市西部湟源县日月藏族乡药水村。附近有丹噶尔古城、日月山、华石山、哈拉库图城遗址、湟源城隍庙等地。

② 格秘书：护送班禅回藏专使行署藏文秘书格桑悦希（四川巴塘人）。

二、西宁玉树途中站程表（表1）

表1 由西宁到玉树日数里数打尖地宿营地一览表

日数	出发地	里数	打尖地	里数	宿营地	备考
第一日	西宁	四五	镇海堡①	四五	湟源	本日路宽易行
第二日	湟源			六〇	沙拉库沱	本日站程小可不打尖
第三日	沙拉库沱	三五	倒淌河②	四五	草滩	
第四日	草滩			四〇	恰布恰③	向例由色拉库沱到恰布恰为一站，惟本署人马众多，一日行一百廿里恐不易到，故改二日进行
第五日	恰布恰	五〇	大连海	二〇	沙珠玉④	
第六日	沙珠玉			八〇	切吉⑤	

---

① 镇海堡：北宋崇宁年间，宋军和唃厮啰为了共同抵御西夏，在河湟地区的军事要冲、交通要道设置了许多军事据点，被称为“堡”，有安川堡、峡口堡等。后来明朝为了抵御游牧民族的袭扰，也设立了镇海堡。

② 倒淌河：倒淌河为汉族人所命名，藏语称为柔茂曲（རིག་སྨོན་ཆུ་或རིག་མོ་ཆུ），位于青海省海南藏族自治州，海拔约3300米，全长40多公里，流向为自东向西，流入青海湖。倒淌河区别于大多数自西向东的河流，故名倒淌河。倒淌河发源于日月山西麓的察汗草原，是青海湖水系中最小的一支。

③ 恰布恰（ཆབ་ཆ）：今青海共和县驻地恰卜恰镇。清乾隆《西宁府新志》卷二十一西宁至藏路程：“南路白彦脑儿……五十里至恰不恰，有草无柴，青海蒙古住牧。四十里至西泥脑儿。”民国汪公亮《西北地理》第二十三章：“民国八年宁海镇守使马麟创设台站，自恰布恰至于都兰。”1943年共和县迁治于此。“恰卜恰”，蒙古语意为“切断崖”。

④ 沙珠玉（ས་གྲུ་བཞི）：今青海省共和县境内沙珠玉乡。1949年为都秀区辖乡，1958年并入三湖公社，1963年分设沙珠玉公社，1965年改为沙珠玉乡，1968年改为沙珠玉公社，1984年复称沙珠玉乡。

⑤ 切吉（ཚོས་རྗེ）：今青海省共和县境内切吉乡。1949年属上郭密区辖乡，1953年设切吉区，1958年改设切吉公社，1963年改称切吉乡，1968年又改称切吉公社，1984年复称切吉乡。

续表 1

日数	出发地	里数	打尖地	里数	宿营地	备考
第七日	切吉	四〇	第二草滩	四〇	大河坝①	本处住地尚宽大
第八日	大河坝			五五	扎索拉沟	
第九日	扎索拉沟			四五	扎索拉	
第十日	扎索拉			六五	羊肠子沟②	
第十一日	羊肠子沟			六〇	绵草湾	
第十二日	绵草湾			六五	草滩	
第十三日	草滩			九〇	马拉有③	本日因途中不毛之地太多,故非多行不可
第十四日	马拉有			八〇	朵星宿海④	
第十五日	朵星宿海			六五	朵野马滩⑤	
第十六日	朵野马滩			七二	查拉坪⑥草滩	
第十七日	查拉坪草滩			五〇	查拉牙壑河滩	
第十八日	查拉牙壑河滩			五〇	察拉沟	
第十九日	察拉沟			五五	察河滩	
第二十日	察河滩			四五	休马滩⑦	

---

① 大河坝:切吉乡境内大河坝草原,藏语称为“汉血滩”(རྒྱ་ཁྲག་ཐང)。唐代此地被称为“大非川”,是唐咸亨元年(670 年)唐朝著名大将薛仁贵与吐蕃大将钦陵鏖战之处,这是唐蕃之间第一次大战,以唐军失败而告终。

② 羊肠子沟:又称羊肠沟水,周希武的《玉树调查记》中称之为“南水”,出于哈布扎哈,北水则源于哈达龙哇,合流后称曲陇水,东南流入曲什安河。羊肠沟水系汉语。

③ 马拉有:亦译作马拉驿,乃译音之歧异,“驿”为译音,不是驿站。此地为两湖大道之分路处,自甘南、洮、岷等处赴藏者经果洛至此,西南行,沿唐蕃大道径赴两湖之间。在这条道路上,行旅遗迹,仍历历可辨。

④ 朵星宿海:“朵”字为讹误,应为“尕星宿海”,下同。

⑤ 朵野马滩:“朵”字为讹误,应为“尕野马滩”,下同。

⑥ 查拉坪:位于巴颜喀拉山北坡。

⑦ 休马滩:在今青海玉树藏族自治州称多县珍秦乡境内。

续表2

日数	出发地	里数	打尖地	里数	宿营地	备考
第二十一日	休马滩			八〇	竹节寺①	
第二十二日	竹节寺			四五	称多②	
第二十三日	称多			五〇	蓝大	
第二十四日	蓝大			五五	土门达③	
第二十五日	土门达			四〇	玉树	
总计二十五日				一五六七		

附记：本表所定，系就普通骡马驮乘而言，如驮运均用牦牛，则站程似嫌路长，将来再按牛力所及，另行规定，临时呈请核准通知。

此次人员骡马牦牛甚多，为照顾容易，途中人员易得饮食计，乃分行李为四队，人员夫役十六组，每队由队长、每组由组长负责，以专责成。

---

① 竹节寺：坐落在今珍秦乡珍青沟口的俄布嘎保山下。竹节寺是原玉树地区著名的政教合一寺院，活佛兼任百户，活佛与寺主组成议事会，处理寺院与部落内的主要事宜。议事会下分宗教和行政两个管理系统。宗教系统由寺主负责，下设翁则、僧官和白班，行政系统由雪布负责，下设管家和吉哇。竹节寺是由宁玛派寺院改宗为止贡噶举派的，关于其改宗的情节有不同的说法，或云宁玛派教徒索柯旦巴坚赞与其兄入藏朝佛求经，回乡建寺，索柯旦巴坚赞成为第一代活佛，其兄后成为白日族百户；或云由该寺第一代活佛竹节巴吾当顶（亦称百户喇嘛竹节）改宗为止贡噶举派；或云由元代在四川省邓柯县一带为官的一名蒙古王爷改宗为止贡噶举派。周希武的《玉树调查记》中记载竹节寺鼎盛时期有寺僧340人，但之后逐渐衰落。该寺于1982年元月批准开放。

② 称多（ཁྲི་འདུ）：今青海省玉树藏族自治州称多县。称多县北部、西部与曲麻莱县接壤，东南和四川省石渠县毗邻，西南和玉树市隔通天河相望。唐时为吐蕃辖地。元属“朵甘”地域，隶吐蕃等路宣慰使司。明属朵甘思宣慰使司。明清属和硕特蒙古政权辖地，后归钦差总理青海蒙古蕃子事务大臣衙门管理。民国初期，隶青海办事长官和西宁镇总兵，旋改隶蒙蕃宣慰使和甘边宁海镇守使。1917年，属玉树理事，后归玉树县辖。1937年，由玉树县析置称多县。1951年，成立称多县政府，隶属玉树藏族自治州。

③ 土门达：今青海省玉树藏族自治州玉树市仲达乡土门达村。

六月十日　由湟源出发

1. 宿营地药水。2. 配置宿营地帐篷之位置。3. 物品淋湿太多。

早六时大雨如注，职员多主改期，免受雨淋之苦，经呈请专使，以值此雨季，不易晴爽，且已报告中央，势不可缓期，遂于八时令前站马队长庄学本①君出发，十时专使参赞出发，各职员马县长吴局长等躬往欢送，十一时行李各队继续出发。下午一时人马物品均完毕，予与马营长在后跟进。本日大雨未止，衣湿马乏，沿途森林甚多，河曰湾曲。循河源西南行，约三十里抵药水。同人虽因雨淋，然以移入帐幕生活，精神尚感愉快。

药水有庄户二十余家，小学一所，人民多业农。本署因练习帐幕生活，宿营地择三面环水之沙滩上，有二十余帐篷，环撑四周作圆弧形，甚觉壮观。

六月十一日　在药水休息

1. 整顿一切。2. 派袁副官赴湟源补充物品。3. 专使训话。

早七时雨止天晴，专使以同人过帐幕生活习惯甚少，此次西进一切需用物品，须在湟源补充，一方令袁副官前往补充公私物品。下午二时专使训话要点：1. 要和衷共济。2. 万里长征，各人物品，须自照料，不可全靠他人。3. 勿畏难苟安，有负此次使命。

下午整理在湟源调查税收盐局及组织各情形，略述于下：

---

① 庄学本（1909—1984），中国影像人类学的先驱，纪实摄影大师。于1934年至1942年间，在四川、云南、甘肃、青海四省少数民族地区进行了近十年的考察，拍摄了万余张照片，撰写了近百万字的调查报告、游记以及日记。1935—1937年被国民政府护送班禅回藏专使行署聘为摄影师。受中央研究院委托进行少数民族体质测量，受中山文化教育馆委托收集少数民族文物标本。随专使行署由南京到西安，经兰州、西宁、果洛到玉树。此行拍摄了九世班禅在青海塔尔寺、甘肃拉卜楞寺举行的盛大法会，又利用旅途间歇考察了蒙古、藏、土、撒拉等少数民族。旅行的见闻以《西游记》《青海旅行记》等为题连载于《良友》画报、上海《申报》。后于1941年举办西康影展。他的照片等展示了民国时期少数民族的精神面貌，为中国少数民族史研究留下了一份可信度高的视觉档案与调查报告。

一、湟源盐务分局组织如下表（表2）：

表2　湟源盐务分局组织

名称	财政部西北盐务收税总局湟源分局
地址	湟源东关
沿革	初为青海榷税局，民国廿五年始改今名
隶属机关	财政部西北盐务收税总局
直辖机关	西宁大通鲁沙尔擦卡上五庄等支局及缉私队一队
管理人	狄占纲，四十七岁，河北人，曾于花马池奈普楞等盐局服务，月薪一百二十元
经费	分局及各支局，月二千三百元，缉私队月一千七百元，年共四万八千元，于税收项下支拨
工作状况	以八、十、十二三月蒙、藏人运盐换粮时为最忙碌，次则三、四月间，由局借垫脚费与店户，出茶向蒙、藏人民换盐之时，余较闲

二、青海擦卡盐池产量及价格倾销情形如下表（表3）：

表3　青海擦卡盐池产量及价格倾销情形

产地	都兰擦卡（擦卡盐池之意）
产量	年约二百五六十万斤，出售约二百万斤（实则出产极富，所谓年出二百余万斤，系仅用人力而已）
制造法	系天然结晶，土著于池中掘出青水，汰去泥污，逾二三时结晶后，即为食盐
质地	味咸色青，含有磺钙之质，医者云可以疗疾
价格	每担10.7元，年售以二百万斤计算，共约214000元，除去脚价110000元，尚余104000元
税捐	每担正税3.5元，附加费0.2元，建设专款0.5元，共计4.2元
运费	蒙藏人民运盐换粮（指青稞），不出成本，不须运费，惟一担盐换同量之粮，约值洋5.5元，局以粮给之，即算脚价，亦即所花成本
运输方法	以骆驼或牦牛载运，每日行快七八十里，慢五六十里

续表

产地	都兰擦卡（擦卡盐池之意）
倾销地方	除本省外，运销四川松潘、茂州，甘肃碧口，陕西汉中各地，近因成本较高，运费亦昂，多已停滞
私运情形	盐池附近，多有循化撒拉人，私运青盐，盖彼辈娴于骑术，又擅长射击，以石投人，每每命中，虽海上有缉私队，亦多漏网
缉私获后之处分	缉获贩运私盐之人，其私货量在六十斤以下者，受六倍之惩罚，量愈大则罚亦愈加重
备考	青海习惯，每担为240斤

三、湟源县每年出口入口货物捐税情形如下表（表4、表5）：

表4　湟源县每年出口货物捐税情形

种类	出产地	数量	价格	税捐	备考
青稞	本省	6000石	共价120000元 每石20元	共税15000元 每石2.5元	青容量每石米约八百斤麦七百斤
副茶（与正茶相对应的品质略差的茶叶）	湖南	50000封	共价190000元 每封3.8元	共税12500元 每封0.25元	
斜布	河北	500担	共价135000元 每担270元	共税4500元 每担9元	每担240斤
黄烟	甘肃	40担	共价200元 每担5元	共税160元 每担4元	
酒	本省	20担	共价1200元 每担60元	共税300元 每担15元	
杂货	京沪平津等	500担	共价4000元 每担8元	共税1500元 每担3元	
挂面	本省	400担	共价6000元 每担15元	共税720元 每担1.8元	
合计			476400元①	34680元	

① 原数据计算有误，此处应为456400元。

表5　湟源县每年入口货物捐税情形

种类	出产地	数量	价格	税捐	备考
羊毛	蒙古二十九旗汪什德海干布泉环海岸等族游牧地	2500000 斤	共价 700000 元 每百斤 28 元	共税 35000 元 每担 3. 32 元	每担 240 斤
老羊皮	同上	25000 张	共价 30000 元 每(张)*1. 2 元	共税 875002 元 每担 4. 5 元	每担约 60 张
黑羔皮上	同上	8000 张	共 16000 元 每(张)2. 0 元	共税 4312. 5 元 每担 30 元	每担约 160 张
黑羔皮中		8000 张	共 12000 元 每(张)1. 5 元		
黑羔皮下		7000 张	共 6300 元 每(张)0. 9 元		
白羔皮上	同上	25000 张	共 30000 元 每(张)1. 6 元	共税 7875 元 每担 18 元	同上
白羔皮中		25000 张	共 15000 元 每(张)0. 8 元		
白羔皮下		20000 张	共 8000 元 每(张)0. 4 元		
野牲皮	都兰玉树果洛等地,以玉树为多	2000 张	共价 15000 元 每(张)7. 5 元	共税 750. 02 元 每担 4. 5 元	每担约 120 张
牛皮	都兰玉树各地	4000 张	共价 12000 元 每(张)3 元	共税 750. 02 元 每担 4. 5 元	每担约 24 张
合计			834300 元①	50562524 元②	

*原文无，依价格计算应是“张”字。

四、湟源县临时维持费，财政厅主办，各县均有，湟源每月约收入二三万元，组织如下表（表6）：

---

① 原数据计算有误,此处应为 844300 元。

② 原数据计算有误,此处应为 923689. 54 元。

表6　湟源县临时维持费经征所组织

名称	青海省湟源县临时维持费经征所
地址	湟源县东关大街
组织系统	青海省财政厅——湟源县临时维持费经征所（所长）——会计股、文牍股、庶务股、稽查股、支所三、卡一
管理人	吴垠，循化人，月薪三十元
经费	每月经费四二〇元
备考	湟源县出入山税局附设所内，所有一切捐税，均须按月解省

六月十二日　在药水休息

1. 向各队长及马夫厨夫训话。2. 向仪仗队卫士训话。3. 规定事项。

早九时，集合各行李队长马夫厨夫约五十人训话，要点：一、要负自己应做责任，不可推诿。二、此行之好坏，关系中央名誉甚巨，吾人须遵守规矩。三、要耐劳苦。四、途中注意事项：1. 出发时骡马夫不懂纪律，应由队长负责指挥，如第一队出发后，二队方可跟进。2. 途中无论何队骡马奔逸或遗物，见者应帮忙或拾起，以收互助之效。3. 到达宿营地时，对骡马先上马绊，后下驮物，完毕方可放青。晚间应指定地方拴马，不可随意。至厨夫要预存牛粪，以备不时之需，且途中饮食宜简单。

下午一时，对仪仗队官兵训话要点：一、注意军风纪，不可擅入民家。二、态度要抱代表中央军人，不可随便，以致贻人口实。三、对长官要绝对服从。四、对护送人员要亲爱互助，不可生轻视观念。

六月十三日　由药水出发，宿营地卧窑，行程约三十里

早十时，全体出发，沿西宁大河坝汽车道西行，约十五里越一山。山不甚高，沿途青草碧绿，与田禾相映成趣。下午一时半抵宿营地卧窑，计程三十里。

此处有人户七八家在坡上，本署因放青（骡马放山吃草之谓）

方便住于坡下。此地为赴玉树与哈拉库图①分道处。

六月十四日　由卧窑出发

1. 宿营地乾海沿计程七十里。2. 日月山②之形势。3. 职员之病与伤。

早五时半，前站人员出发，行李各队六时出发完毕。本日大雨如注，人马行进至苦。沿途青草遍地，黄花满目，骡马均随地就食，马夫管理困难。约二十里见日月山直现眼帘。该山位湟源西南，相距七十余里，拔海三八〇〇公尺，为青藏交通必经之地。道出山阳，腰际成弧形，西端均须自卑而高，诚军事要塞。青军于东卧窑修筑营房，良有以也。相传大将军年羹尧曾大破藏军于此。至此山得名之由，则因中藏和亲，唐金城公主（此处或有误，似非金城公主，而应为文成公主）下嫁至此，不愿再进，番使称若唐王能铸金日月各一来赎，亦未始不可。公主亟命使臣谥奏唐王，如请铸金日月各一，付使臣持往赎公主归。使臣藏其金铸者，而另持瓦质日月以往，公主见疑唐王轻人重金，遂大哭而去，山名日月因此。今瓦铸日月早已不在，山巅碑书“日月山”三字，乃二十四年湟源县长所书也。

于下午四时全部到达乾海沿，计程七十里，路副官因跌马受伤，王队长因检查骡马被骡踢中小腹，伤势甚巨，袁副官大病。值此途中需人，而负责者多有病伤，颇感麻烦，乃改令戴班长代理路副官职，其他余与格秘书、阎主任分劳，于此可见长征边塞之不易也。

查乾海沿水草丰，夏日为骡马饱食计，宿营于此尚可，若至冬令，风大无草水，实不能居也。

---

① 哈拉库图：简称“哈城”（ཧ་ཁྲིན），即今青海省西宁市湟源县日月乡哈城村，在日月山东北。

② 日月山：唐时之赤岭。藏语称日月山为རི་ཉི་ཟླ，意为日月石。日月山之名，源于文成公主日月石镜的故事。当地居民称唐蕃大道所经之山口为红牙壑，与赤岭之意相合。

六月十五日　由乾海沿出发

1. 宿营地家拉行程约五十五里。2. 马营长等来谒专使。3. 川人来谈。

本日天公不作美，雨仍不止，同人旅行精神，颇为不振，而初骑马之人，值此雨天，既谋遮雨，又须顾及地滑，偶一不慎，不免落马。王书记唱落马湖最苦，盖不惟身体满泥，而口牙均大出彩也。

沿途青草满目，间杂庄田，盖此间气候温和，农牧均宜。下午三时左右，抵距恰卜恰约十里之家拉，本署宿营在山坡上。马营长金顺率兵十人来迎专使，当地百户来献哈达致敬，并送鸡蛋四枚。

晚六时有集，居此间之川人王承顺来谈，其要点如左：恰布恰属共合县，开垦已有五十余年，番民（青海藏族人自称）多业农，牧畜因民国二十年发生空前未有之瘟疫，此间死亡牛羊达五分之三以上，故人民现以农业为主。计每户有田七八亩，每年纳青稞二斗（一百十斤），此外牛、马、羊有税曰草头税①，计三匹马全年纳税二元，五只牛纳税二元，十二只羊纳税一元，营买粮每年每户纳青稞二斗以上，收税均较轻。计人口在省册共十四户，实际有一百二十户，约近千人。有新旧官人各一，新官人名材库，司支差纳粮，旧官人司诉讼。此外有阿喀寺一所，喇嘛四十余人，人民每年每户例送青稞三升为酬劳，据闻能有念经驱逐冰雪之功。

专使以人员行李物品遭连日阴雨，均已湿透，决定休息一日。

六月十六日　在家拉休息

1. 马营长来请专使宴会。2. 恰卜恰在军事上之重要。3. 农人感

---

① 草头税：民国时期在青海地区实行的一种牧业税。1916 年起，马麒将牧业区丁银（人头税）改为草头税，按放牧牲畜的多少作为计税依据。征收标准为马 1 匹征收银元 5 角，牛 1 头征收银元 3 角，羊 1 只征收银元 1 角。全年税收白银 30 多万两。草头税征收时，以族为单位，由蒙古族王公和藏族千百户征收，以现银交纳。1942 年，青海省废除草头税，牧业税改征“建设费”，各地征额不同，但较前增长一倍以上。1942 年前后，贵德县大体上 1 只羊征毛 4 两（16 两 1 斤制），1 头牛征羊毛半斤，1 匹马征羊毛 12 两。

谢专使来此降时雨。

早十时马营长亲来请专使驾临恰布恰午餐，当邀余相陪，予以事繁婉谢，并询恰布恰之沿革。据告恰布恰地形扼要，为西宁玉树间之要道。民初宁海镇守使马阁臣①建营置兵守之，十七年导河之役毁于番民。民国廿一年马子香师长重行培修，今驻有营长一员。盖此地不惟为军事之重地，而且土沃宜耕，已有不少移民于此，从事耕种。

旋与专使策马南行，予则赴家拉村。闻川人云，此间地好，惜每苦不得时雨，今专使驾到，昨日大雨一日，此地收成较昔年丰富，人均高兴，故多送柴草与贵署。

六月十七日　由家拉出发

1. 宿营地沙珠玉行程六十里。2. 沙珠玉之情形。

是日天气晴和，满目青草黄花，的是可爱。同人策马奔驰，精神异常焕发。沿途草地，间杂黄沙，与日光相映成金黄色，实非内地人士所能想到之乐趣也。

查沙珠玉现有人家三十一户，汉、回、藏三族均有，农牧并重，周围平原约有百里，诚天然飞机场也。如能施用美国新式农具，种植

---

① 马阁臣：马麒，字阁臣，马步芳之父。1912 年（民国元年）4 月，马安良、马麒驻扎兰州，因统治横暴而遭到甘肃省临时参议会纠弹。奉马安良的指示，马麒派人杀害临时参议会议长李镜清，对此甘肃都督赵惟熙未作处理。同年 8 月，马麒被北京政府任命为西宁镇总兵，后升任青海蒙番宣慰使。1913 年受封为“锐扬将军”。在甘肃提督马安良大旗的庇护下，马麒利用手中的一点军权，把持地方政权，并与民族宗教势力相结合，取得了对该地区的撒拉、回等人民的绝对统治权，为其家族统治青海奠定了基础。

1914 年（民国三年），四川与青海就青海南部与四川省交界的玉树、昂欠两地的归属产生纠纷。了解到当地的藏族人不希望归属四川省后，马麒向北京政府提出勘定界线的要求。政府派忠武军统领周务学等人赴玉树调查，结果，两地归属青海，川军撤退。由此，马麒在青海西部、南部形成势力范围成为可能，被任命为玉树驻防司令，为尔后青海建省创造了条件。1915 年（民国四年），马麒为令政敌、青海办事长官廉兴失势，向北京政府进谗言，称廉兴企图叛乱，廉兴遂被罢免。同年 10 月，青海办事长官、西宁镇总兵的职位废止，取而代之的是甘边宁海镇守使，即由马麒出任该职。

青稞或大小麦，其收获颇可观也。村长马朝起来献白菜，专使赏洋五元，彼欣然领赏。此处村长每年一换。

六月十八日　由沙珠玉出发

1. 宿营地切吉行程九十里。2. 切吉之形势。

早六时半全体出发完毕，沿途沙土成堆，野草不茂，水亦不多，俨如蒙古砂土地。约行三四十里，周围约二三里，水为红色，想系流砂积成。过海子后，有草滩二处，一约四五十里，一约十余里，开垦甚佳，飞机场随处均可。午后四时半抵切吉峡口。

查切吉峡口高度三千三百公尺，四周平地成一大草滩，阿偶曲（河意）沿滩中流入大河坝，土壤甚佳，可耕可牧，诚天然飞机场也。

六月十九日　由切吉峡口出发

1. 宿营地大河坝行程八十里。2. 沿途情形。3. 马营长策马欢迎。

早七时半出发完毕，沿草滩人员横队行进，骡马竞争向前，较纵队行进迅速。且草地无尘，谈话方便。行约三十余里，又越一草坝，约十里下马打尖，专使预备北平茶点。旋冰雹突至，约二十分钟，天仍放晴，乃策马前进，见野马百十成群，野羊奔驰，见人来则奔逸，人去则又伫足遥看。王队长发枪中野马一，内有胎马，闻野马肉味有土性，多无肥肉，食之不佳。又越一草滩，约二三十里，汽车道依草地皮划界，工程甚易。马营长来迎专使，抵大河坝河滩宿营。下山计行一千七百步，如在雨雪之时，人马诚不易行。

六月二十日　在大河坝休息

1. 马营长请客。2. 大河坝调查记。

下午二时马营长请客，专使参赞及予等八人上山，山高而陡，同人行喘，莫不叹此顿饭难吃也。席为全羊，味美，尤以羊肚、羊肠为最佳。归作大河坝调查记。

大河坝距湟源四一〇里，为西宁玉树之中心处。万山之中，峰峦四塞，中旷平地，一水横贯其间，藏名阿偶曲，遂分为南北二平原，南原为公洼千户游牧地，北原为切吉千户所属，徐家、送莫二族春冬两季游牧地也。

北原南首濒河之处，有营房一，建于民国十九年，驻营长一员，兵十名，有电话可通西宁湟源贵德①等处。往来西玉间之军政人员，只须有马主席之护照，即可支取乌拉②粮草等。

大河坝附近年产大黄约五万斤。砂金藏量甚富，惟土人用水拉工土法淘取，旺时年产亦不过一百两而已。采金时间在四五六七等月，人均可采，每人每年课税四五元。羊毛年约五十万斤，牛羊皮及各种野牲皮约五千张。大河两岸，翠柏成林，多獐、熊、黄羊、马、鸡之属，大河下游七十里下塘庄地可耕，年获青稞一百石。

草头税羊一只二角，牛一头一元，马则每二年或一年由千户输纳五十匹或三十匹于青海当局，以充军马之用。

大河坝户口均系藏族，属于公洼钢卡汪日德切吉千户。公洼千户系清时所委，现已势微，马主席委阿粗族领袖代之，号阿粗千户，共辖八族：1. 公洼族户口五十余家，2. 阿粗族户口四十余家，3. 星族户口三十余家,4. 贡墨族户口五十余家,5. 马岗族户口十余家,6. 中

---

① 贵德（ཁྲི་ཀ）：贵德县，隶属青海省海南藏族自治州。位于青海省东部，海南藏族自治州东南部，行政区域面积3600平方公里，有汉、藏、回、土、撒拉等15个民族。汉昭帝始元六年（公元前81年），贵德属金城（兰州）郡河关县管辖。东晋太元十一年（386年），设浇河郡。唐武德二年（619年），改浇河郡为廓州。南宋宝祐元年、蒙古蒙哥汗三年（1253年），蒙古灭金后在河州（今甘肃临夏）设置吐蕃宣慰使都元帅府，置贵德州宣慰司，“贵德”地名首次出现。元朝至元八年（1271年），正式设贵德州，属陕西行省河州路。明洪武三年（1370年），改贵德州为归德州，洪武八年（1375年），改归德州为归德守御千户所，隶临洮府河州卫。清初，贵德守御千户所隶于陕西都司河州卫，雍正四年，裁河州卫，遂隶于临洮府。乾隆三年（1738年），归德所由临洮府改隶西宁府。乾隆五十六年（1761年），归德复改为贵德厅，设抚番同知。1913年，贵德厅改为贵德县，隶属甘肃省。1928年，青海建省，贵德隶属青海省。1949年9月18日成立中共贵德县委和县人民政府。1953年12月，海南藏族自治区（后改为州）成立，贵德县由属省改归州属县。

② 乌拉：藏语ཨུ་ལག音译，差役、劳役之意。

仪族户口二十余家,7. 贡托族户口三十余家,8. 火仓族户口二十余家。

切吉千户亦系清时所委，共辖五族：1. 切吉族户口一百余家，2. 徐家族户口七十余家，3. 完加族户口五十余家，4. 拉加族户口五十余家，5. 送莫族户口四十余家。

以上各族，均尚在游牧时代中，其中财产最富者，当首推阿粗千户。渠有马三百匹，牛五百头，羊三万只，约值洋十万余元。而民间最富者不过羊一千余只，牛五六十头，马五六匹云。

大河坝有寺院三，调查如下：

1. 郭应噶什噶寺在大河坝之东，系民国二十二年化隆夏琼寺之一喇嘛所建，寺僧三十人。

2. 桑丹寺在大河坝之东南，系民国八年同仁隆务寺主所建，现寺主名应翁，寺僧约六十余人。

3. 色崇寺在大河坝之南，系民国八年班禅所建，寺主名阿日，寺僧有一百余人，旺堪布从前曾住该寺。

以上三寺，均由阿粗千户所属各族供给。

按大河坝外有高山，下有深河，中系开扩地，实为军事要地。由西宁到此，已有汽车兴办，如能从发展农牧业着手，则财源当较今日为多，一旦三边有事，此间诚一据点也。阿偶雄旧为汪日德、钢卡、公洼等千户游牧地。

六月二十一日　在大河坝休息

1. 策觉林[①]管家上午来谒专使。2. 策觉林（佛）来此。

早九时策觉林佛管家来谈：一、大师俟专使到玉即启程回藏。

---

① 策觉林（ཚེ་མཆོག་གླིང་）：亦称“治策却林”“蔡却林”。意为长寿寺，为拉萨四大林（另外三林是策墨林、功德林、丹吉林）之一。位于西藏自治区拉萨河南岸，本波日山西面，寺周围群山环绕，清泉流淌，风景极为优美。策觉林原为一个静修岩洞，16 世纪初，高僧仁噶布曾坐静于该岩洞，后有所悟，颇具威望而建此寺，取名“治策却林”。1781 年（清乾隆四十六年），乾隆皇帝命第八世达赖喇嘛强白嘉措亲政。次年，第八世达赖的经师噶钦·益西坚赞将寺加以维修扩建，作为祈祷达赖喇嘛长寿诵经之所，即今天的策觉林。其主要建筑是杜康大殿和活佛私宅。

二、玉树草料昂贵，每日每匹马需洋二元五六角。三、大师回藏事从略。

旋专使派格秘书代表往迎策觉林佛，午后二时到此，与专使畅谈甚久，旋过余谈，意与该管家略同。

六月二十二日　大河坝休息

1. 专使宴策觉林佛。2. 驮骡仍未找得。

本日原拟出发，因驮骡走失三匹（据久旅行边地者云，不可购牡骡，因其思归故土，较牝骡骟骡为重，且恋群心切，易走熟路，以此次牡骡屡次脱逃之经验观之，似有可信），仍未寻获，派出马夫八人，尚未回来，专使拟为策觉林佛洗尘，遂仍留此一日。上午十一时欢宴策佛，专使谈：一、希望本年秋后能在扎什伦布叩宴佛爷。二、中央爱护西藏系诚心，不是虚伪与作用，至某国所主动森姆拉会议①，表

① 森姆拉会议：指西姆拉会议，是1913年10月13日至1914年7月3日英国策划的在印度西姆拉（Simla）召开的所谓“中英藏三方会议”。是英帝国主义阴谋策划将西藏地方从中国分割出去的会议。参会者中国首席代表西藏宣抚使陈贻范与副使王海平，英国首席代表英印政府外交政务秘书麦克马洪，副代表英国驻华公使罗斯、顾问英国驻锡金政治专员贝尔，中国西藏地方首席代表伦钦夏札·边觉多吉及三大寺的随员。会议开始时，藏方在英国操纵下首先提出要使西藏完全脱离中国的6项草案，在遭到中国政府代表驳斥后，麦克马洪即以调解人的姿态，于1914年2月17日提出了将西藏划分为内藏和外藏的计划，擅自划定了西藏东南与印度的界线，把西藏东南的门隅、洛隅、察隅地区约9万平方公里的土地划入了印度，这就是所谓的“麦克马洪线”。这完全是一条非法、无效的边界线。不过它以划分中国藏族地区与内地分界线一段的面目出现，英国代表在会上并不提出这段线是属于“印藏边界”的，所以陈贻范并不知道其中所隐藏的阴谋。在划分内外藏的范围问题上，陈贻范提出修改意见，但英方并不理会，自行提出调停案11条，即所谓的“西姆拉条约”。7月3日，英国与西藏地方代表在“西姆拉条约”上正式签字，而中国政府代表拒绝正式签字。西姆拉会议暴露了英国对华政策中在西藏问题上最深层的野心和阴谋。但会议并没有达到英帝国主义的预期目的，以后历届中国政府多次声明，不承认英国同西藏地方当局订立的任何条约或类似文件。所谓“西姆拉条约”完全是非法和无效的。

面上是爱西藏，实则是害西藏。

六月二十三日　由大河坝出发

1. 宿营地扎索拉沟行程五十五里。2. 沿途乱石易伤马蹄。

本日因闻途中山石坡陡，予亲押重要物品先行，由大河坝下坡行五里，沿途乱石杂陈，马蹄易伤，且矮树甚多，偶一不慎，即致碰头。下坡行五里，复上坡，西行经一草滩，约二十余里，过一河，水深而流急，达对岸，计行上下坡七次，轿车架窝均甚难行，驮骡亦易翻鞍。再向南行二十里，抵扎索拉沟，计程约五十五里。

六月二十四日　由扎索拉沟出发

1. 宿营地扎索拉山行程四十里。2. 此处因近果洛族时劫行人。

早七时半出发完毕，由扎索拉沟西南行三十里，经二小河，复遇一河，遂依河宿营。本日行程甚短，计四十里，其原因：1. 明日须越扎索拉山，山高难行；2. 此处接近果洛番族，时出杀人劫货。去腊，马代主席乌拉经此，被抢去牛八十余头及货物，激战自上午四时至下午一时，若非军人，恐损失尚不止此。吾人因马代主席派兵护送，想无问题，为慎重计，本日宜少行程。

六月二十五日　由扎索拉出发

1. 宿营地羊肠子沟计行程七十五里。2. 扎索拉山之难行及其形势。3. 本署规定夜间值日。

早六时半出发完毕，由扎索拉山行五里上山，山脚计高四千六百公尺，雪山高五千五百余尺，空气稀薄，人马上山，均感呼吸困难，乃吸烟，马亦喷烟。此山土质较松，土上尽系碎石，且夏秋多雨雪，春冬多风雪，以致山上土质，永无干日，故旅行者甚感困难。行十里下坡，复经一滩，长约二十余里，滩竟入羊肠子沟，迂回曲折而细小，类似羊肠。行约四十里，抵羊肠子沟高坡上宿营，计程约七十五里。本晚因风大及此间时有匪劫，决定每晚职员四人轮流值夜，每人二小时，负监督卫兵马夫灯火，及警戒一切事宜。

查由大河坝到黄河沿，纯为果洛番族所辖，地域甚广。其人口约四十五万，现分九族，其首领为康干、康南、康奈三大千户，女王为小千户，人民强悍，时与青海当局为难。民国八年，宁海镇守使马阁臣，曾亲来征讨，虏女王到西宁①，后虽经讲和，但两方芥蒂，尚未全释。

六月二十六日　由羊肠子沟坡出发

1. 宿营地绵草湾行程五十里。2. 醉马滩野蒜滩名之由来。

本日行程，因闻有醉马滩，有醉马草，马忌食草，食则醉倒，有澜泉，饮其水必死，牛羊不忌。因下令骡马须上料袋，以杜食草，检查后，策马先行，十余里抵醉马滩，长十余里。嗣拾所谓醉马草观之，形如小桃树，是否有毒，尚不可知，已带标本，将来经化学家化验后，方可知也。至泉水，甫入口内，觉有麻涩性而已。旋抵野蒜滩，长十里（以一小时计），下马拾蒜。此滩土含砂质，滩内草少，野蒜特多，其味似葱，商旅过此，多下马掘取助食。由此西南行六里，抵绵草湾，计程五十里。此处据马队长金龙面告，去年十月初，智利洋行羊毛队过此，为匪所劫，计值洋二十万元，至今仍未破案。盖匪出没无常，旅客人多时则远避，否则即来抢劫。本署行李二三两队先行，据报有四人荷枪策马瞭望，似侦察行李物品人数，有抢劫企图。当晚余与马营长格秘书徐参谋轮流巡视，以防不测。边地旅行，处处必须谨慎。

六月二十七日　由绵草湾出发

1. 宿营地长石头行程五十里。2. 长石头之形势。

---

① 虏女王到西宁：这里所说的女王，应指果洛女王部落，即红姆仓的第二代女王鲁德（1903—1935）。她是一位极其有影响的女性。据史载，1921 年马麒侵扰果洛，其势汹汹，鲁德曾与几个部落的头人一起率众英勇抗击，但最终以失败告终。同时马麒部队又掳走数百名人质，其中包括贡麻仓头人的母亲。后来各部落共筹集白洋两万，并推举女王鲁德赴西宁交涉。在她的斡旋之下，终于赎回了被掠去的人质。有种说法是鲁德之后被马麒之弟马麟霸占为妾多年，直到 1935 年在年仅 32 岁时去世，留下两个儿子。鲁德死后，由其弟然洛多吉执政，又重新振兴了该部落。参见杨恩洪《果洛的女王部落与联姻传统》，载《西藏民俗》1995 年第 4 期。

昨晚通宵未眠，今早八时出发完毕，沿湾西南行，沿途软湿地太多，人马行进，颇感困难。下午一时抵长石头，本拟前进，因此间水草牛粪均甚丰富，且以明日路远，遂在此宿营，计程五十里。长石头三面环山，中隔一河。草地旅行，有草有水，不感困难，而广大平原，石堆如天然飞机场，抑且开垦容易。

六月二十八日　由长石头出发

1. 宿营地马拉有行程九十里。2. 净皮脸滩之得名。3. 马老爷湾之得名。

早六时出发完毕，沿草滩前行，约三十余里，沿小河行约二十余里，经马老爷湾南行，入净皮脸滩，长四十余里，越一坡抵马拉有，系四面是山，计程九十里。

查马老爷湾①因青军副官马得胜公干，由玉树返西宁，道经此遇匪，激战半日，力不敌遇难，边人称官者多呼老爷，因而得名。

净皮脸滩地质，砂土均有，无草无水。昔青军经此，以其遍地不毛，故名净皮脸滩。

六月二十九日　由马拉有出发

1. 宿营地黄河沿行程三十五里。2. 马司令派包副官携皮筏来迎。3. 黄河水四季涨落之情形。

早沿草滩西南行，马司令派包副官携带皮筏来迎。十二时到黄河沿，计程约三十五里。时河水深一公尺余，人物须以皮筏渡运，乃决定先渡人物，牛驮明日再渡。下令各队各组，按次序出发。下午六时全体渡完，遂在河沿南岸宿营。本晚雨降甚大，为免河水涨大行进困难计，明日到星宿海休息。

按黄河水以旧历六、七、八三个月间为最深，四五两月间无雨，河水甚浅，春冬两季，则有天然之冰桥（河面结冰，马匹可行其上，俗曰冰桥）。

---

① 马老爷湾得名于青军副官马得胜曾因公干在此处遇难。马得胜其人简历尚无从查寻。

此处黄河以南为红库人麻百户长所属，黄河以北为黑库人麻，即为女王所属。民国八年女王被掳后，番民拒绝入境，现由其族举人管理。

六月三十日　由黄河沿出发

1. 宿营地大星宿海行程十三里。2. 星宿海之形势。3. 骡马夜惊奔逸。

早八时出发。本日因摄电影，行军序列，按湟源出发命令规定施行。沿途草滩青山绿水，相映成趣。约五六里，越一山坡，而大星宿海毕现目前。连日旅行山滩甚多，陡见周围数十里之海水，胸襟顿为之开朗不少。十时半抵大星宿海，计程约十三里。

大星宿海周围约六七十里，水清如镜，四面环山，海心内有方围约五里之小山一座，中通一道约宽三丈。吾人宿营其中，殊增愉感。四围小海子（比内地池塘稍大）甚多，星宿海之名得此。按常人所称黄河发源地之星宿海，乃远在数百里之外，此间之星宿海，乃往来人士因其距黄河不远，以为黄河之水由此发源者实误也（详见拙著《青海历史地理及民族分布现况》一文）。晚八时，骡马因为海浪惊恐，相与奔逸，整夜寻找，殊焦急人也。

七月一日　由大星宿海出发

1. 宿营地大野马滩行程约四十里。2. 沿途概述。3. 冰雹下降苦煞人马。

昨晚因骡马夜惊，忙乱一夜，本日出发稍迟，至上午十时。沿途黄砂浮积达五六寸，骡马行走甚艰，如内地池塘（俗名海子）密布。下午一时冰雹忽降，点大如米，人则抱头，马则奔逸，职员卫士落马甚多。二时半抵大野马滩，计程约四十里。此处牛粪缺乏，青草甚少，宿营非宜。自扎索拉沟至此，沿途土质，牧畜较宜，种禾恐收成不丰。

七月二日　由大野马滩出发

1. 宿营地野牛沟行程六十里。2. 予家窝驮骡疲乏难行。3. 同人皆拾牛粪免再受饥。

昨晚因牛粪缺乏，同人多感抱枵腹。本日六时半出发，沿途见牛粪，即争下马取之，盖免再有枵腹之虞也。沿途软湿泥太多，骡马难行，予之家窝驮骡因前后行走以避泥水，不能一致，倾跌有十余次之多。青骡太乏，卧不能起，幸马参赞驮骡来接，不然势须弃置中途也。下午三时半抵野牛沟，计程六十里。

七月三日　由野牛沟出发

1. 宿营地察拉坪草滩行程六十里。2. 沿途软湿地多难行。3. 予青骡倒毙中途。

早七时由野牛沟东山口出发，沿西南大约二十余里，上下坡甚多。出野牛沟又十余里，西南行经察拉坪约二十里，泥坑软地太多，人马至难行进，尤以家窝驮骡为最。旋风雨交加，余之青骡不能起行，遂死于此泥坑草地中矣。因占五言绝句一首，以志纪念：

万里征程苦，双骡备家窝，

可怜风雨里，一乘葬山坡！

坪竟，复止一草滩宿营，计程约六十里。本日牛粪困艰，卫士勤务多枵腹。

七月四日　由察拉坪草滩出发

1. 宿营地察拉牙河行程五十里。2. 行察拉山有父子不能相顾之语。

连日满地坑，青草缺乏，牛粪难得，官兵枵腹，为骡马多食青草及人员找粪果腹计，决定本日十一时出发。一路泥坑甚多。约二十里，下午一时越察拉山，山高四千八百八十公尺，而泥坑又多，参赞驮骡倾倒至再。三时半抵察拉牙河宿营，计程约五十里。

查察拉山较低于结古山①，然山路崎岖，泥水乱石，纷陈于地，

① 结古山：位于青海省玉树藏族自治州结古镇东。结古镇是青海省南部重镇，是玉树藏族自治州的首府、玉树市辖镇，州、市府的驻地。“结古”（སྐྱེ་དགུ）在藏语中是“货物集散地”的意思。

人马如在夏季行进，最宜注意。且天气寒暖无常，风雪冰雹，日必有之。俗人有“翻越察拉山，父子不相顾”之语，可见此山为旅人所畏也。

是日所经地段，青军沿途筑有路标，相隔五六里或七八里不等。此种路标，系以碎石堆成，高约六七尺，其形如塔，亦边地中指南针也。

七月五日　由察拉牙壑出发

1. 宿营地休马滩行程三十五里。2. 改劈马鞍作燃料。

早大雪纷飞，越积越厚，骡马缺乏青草，计于十一时冒雪前进，一路泥坑仍多，人马均苦行进。下午三时半，抵休马滩，又名漩马滩，属称多县蒙古尔津族（玉树二十五族之一），计程约三十五里。晚间官兵连日枵腹，于无办法中，将破旧马鞍专使帐篷围杆及参赞等箱夹劈成燃料。边地生活之有趣在此，而令人不能忘怀者亦在此也。因赋七绝一首：

日尽征程宿雨天，粪柴难有断炊烟。
隔朝尚得黄粱熟，一饱怡然大腹便。

七月六日　由休马滩出发

1. 宿营地红土岗计程四十里。2. 路多泥坑牛粪充足。3. 蒙古尔津族户口游牧地。

连日燃料缺乏，人员时感枵腹，面容均少快乐，本日决计寻牛粪处宿营。沿途仍多泥坑，行进颇感困苦。下午三时半抵红土岗，属蒙古尔津族，计程六十里。同人乍见牛粪堆如山积，大喜若狂，煮饭烹菜，忙碌异常。一餐之饱，顿增倍昔。

查蒙古尔津族属称多县。该族百户名勿加昂布，现有四百户三千五百人，游牧咱曲河①一带。

---

① 咱曲河：现通译为扎曲河。在藏文中有两种写法：一作རྫ་ཆུ，意为自山间岩石中流出的水；另一种作ཟླ་ཆུ，据说以源头泉水清澈晶莹，如月光闪烁，泉池之状又酷似月形而得名，故一般书写时，常作ཟླ་ཆུ，意为月河。安多地区

七月七日　由红土岗出发

1. 宿营地竹节寺沟行程约四十里。

本日大雪纷如梅花。过休马山，澜泥甚少，沿途平原，碧草黄花，的是可爱。午后零时半抵竹节寺沟，靠河宿营。计程约四十里，属竹节族。

此河为鸦砻江[①]上游，一名玛楚河。河水不深，多平原，青草黄花，满目皆是，诚天然飞机场，农牧咸宜。

七月八日　由竹节寺沟出发

1. 宿营地竹节寺行程四十里。2. 李县长及寺喇嘛欢迎。3. 与李县长谈话。

早，河水稍涨，遂督促夫役渡江。沿江东南行数里，转西南行经两小滩，及数处凹凸不平之地，复沿山腰西南行二十余里，路险难行。李县长来迎。再三四里，竹节寺喇嘛五六十人吹号欢迎，专使遂在此宿营。县长欢宴，白菜萝卜，纷列席间，乍食此味，实感美不可言。

下午六时，访李县长，承告：一、玉树县政府每月二百九十一元，称多未定，约二三百元之间。二、称多番民土房，约有百余户，为帐幕生活，青稞每筒（十二斤）一元。三、竹节寺归米百、日多、休马等处，喇嘛每年十二月至翌年四月在寺念经，其他月在外化缘。四、每年全县除草头税不计外，收青稞一千六百筒。

（接上页）有时把བྲ读作ཛ音，所以统称为扎曲。玉树地区，以“扎”名河流者较多，大的河流如澜沧江上游、雅砻江上游，都叫扎曲，小的河流如结古镇的扎曲等。民国时期藏汉翻译中，由于这些河流的名字相同，随意译作“杂”“扎”“咱”，一般不加区别。

① 鸦砻江：指雅砻江。雅砻江是金沙江的最大支流，又名若水、打冲江、小金沙江，藏语称尼雅曲（ཉག་ཆུ），意为多鱼之水。中国水能资源最富集的河流之一。发源于青海省称多县巴颜喀拉山南麓，经青海流入四川，于攀枝花市三堆子入金沙江。石渠以上为石渠河，流经丘状高原地区，河床宽浅，水流漫散。石渠以下由山原地貌逐渐进入高山峡谷地带，称雅砻江，成为横断山区北南向的主要河系之一。

七月九日　在竹节寺休息

早，专使命余分别送李县长竹节寺佛礼后，随专使参赞赴寺参观。竹节佛候迎寺外，请宴予等。承该佛面告：一、此寺帐幕生活，有四百余年历史，盖屋成寺，亦为二百余年。佛为休马人，年十七岁。二、此寺原有喇嘛百余人，现减少为八十余人。三、此寺为红教，主持者例由后藏萨迦寺派人来此。① 宴毕，专使布施五十元。晚，因通天河水涨，称多县渡河困难，决改道从喀喇寺②赴玉。

查此地属竹节族，游牧同蒙古尔津族，百户名普才，现有二百五十户，二千三百五十人。平原甚广，农牧均有，如能提倡农业，以气候温和，当有可观。

七月十日　由竹节寺出发

1. 宿营地喀喇寺行程四十里。2. 喀喇寺佛系有道高僧。

早八时出发完毕，沿草滩西南行，青草满目，牛马成群，牛毛帐幕，点缀途中，益以天气晴和，万里长征，精神实觉愉快。第一草滩行竟再行十里，喀喇寺堪布喇嘛等五六十人，远道吹号来迎，足见边民信仰中央之诚笃也。

下午五时访该寺活佛，该佛佛学甚高，谈吐温雅。据云该寺系黄教，属称多族（玉树二十五族之一），建立已有六十一年历史，彼为第二世，足迹仅到西藏，见闻不广；现有喇嘛二百余人，有显密二宗学院，自班禅大师来寺后，佛学研究更为积极，寺院亦加修饰，较昔整洁。专使亦精佛学，畅谈甚久，彼甚敬佩。

查此处属称多族，归称多县所辖，百户名昂朵③，有一百七十户，九百二十人，游牧地同蒙古尔津、竹节两族。

---

① 原文不确，此寺由宁玛派改宗直贡噶举派，似与萨迦派无关，存疑。详见前文第9页竹节寺注释。

② 喀喇寺：青海省玉树藏族自治州称多县珍秦乡五村卡那寺。

③ 昂朵：“朵”字为讹误，应为“昂尕”。

七月十一日　由喀喇寺出发

1. 宿营地修武寺①行程四十里。2. 班禅大师马司令派代表来迎。3. 曾队长来谈玉树情形。

早七时半出发，越喀喇山后，沿草滩前行。十一时曾队长孙主任及班禅代表汪主任马司令代表朱县长马营长来迎，下午一时到修武寺，计程四十里。

此寺系红教，有喇嘛七八十人，规模甚小，属札武族。该族百户名久美，有八百户，四千余人，为玉树廿五族中第二大族。百户富资财，善交际，与玉树当局相处甚善。

晚曾队长来谈，一、入藏尚无确息，须俟旺堪布回玉及专使到玉后方可决定行期；二、玉树白菜萝卜甚多，价亦甚廉，其他各物昂贵；三、西藏派来欢迎班禅代表杜林台吉②、堪穹③降巴曲旺，杜与予在拉萨相处甚久，时向伊询问消息；四、余从略。

---

① 修武寺：青海省玉树藏族自治州称多县歇武乡歇武寺，全称“歇武多千寺”。该寺初建于公元11世纪初，法系最早为噶举派。公元1265年，元朝帝师八思巴安排西藏地方行政事宜，返回萨迦时途经歇武寺，逗留数日，将其改宗为萨迦派寺院。此后，歇武寺曾多次整修扩建，形成了较大的寺院规模。1981年6月8日，政府将其批准为开放寺院，其中最突出的建筑是大经堂。1983年，多拉活佛曾主持重修寺院，该寺最后一次修整是在1998年。歇武寺的重要文物有新塑萨迦五祖像、僧人墓塔八座，珍藏佛经三百部，其中有珍贵藏文版本《甘珠尔》和《丹珠尔》。

② 杜林台吉：亦即多仁台吉，“多仁”是西藏贵族家族，著名的多仁班智达即出身于该家族。“多仁”的名称来源于该家族位于拉萨的宅邸名。多仁家族在拉萨定居之前，家族名字一直沿用“噶锡哇”的名称，该名称由第一任西藏首席噶伦康济鼐创建，此后康济鼐的弟弟又为家族赢得了一等“台吉”的官衔，从而给家族成员创造了在政府机构飞黄腾达的机会。尽管后来的多仁家族不断有男性成员在政府机构任职，但是，始终没有一个具有影响力的人物，因此后来的家族历史显得不很清晰。

③ 堪穹（མཁན་ཆུང་）：汉文亦写作堪琼，系西藏四品僧官，旧时西藏地方政府的许多部门中都有职衔为堪琼的僧官。

七月十三日　由修武寺出发

1. 宿营地通天河岸行程三十里。2. 河水大涨渡河困难。

早六时分配各组各队渡河次序后，予即先行。沿途乱石，快行不易，于十二时半到通天河岸，见河水大涨，骡马徒涉困难，乃先将重要物品随专使先渡彼岸，余由予留在此间按预定次序，分别用木船皮筏渡河。

七月十四、十五、十六三日　在通天河南岸监督渡河

物品骡马大致渡完，尚余公家驮骡五六十头，因马司令等候迎甚久，专使遂决定十七日出发，并先由马营长派人先往报告。

七月十七日　由通天河南岸出发

1. 到玉树结古行程五十里。2. 各界热烈欢迎。

早七时半出发完毕，行进按行军序列规定，秩序井然，沿途居民围观者啧啧称羡。见专使行过其前时，向（专使）吐舌表示最敬礼节。行小山后十里渡河，约二十余里。越结古山，山高六千公尺，为西宁玉树途中最高之大山。本日天雨，人马易滑，下坡多步行。马司令等来迎，到新寨后马司令欢宴。此地青草最佳，俨如上海法国公园之草地，实可爱也。宴毕专使乘轿至草地，班禅大师派代表森且堪布、刘秘书长①、杜林台吉，及仪仗队、班禅卫队，各机关、民众团体，来此欢迎，热烈情况，实为玉树空前未有之事也。下午三时抵结古，专使分别接见各代表后，遂应大师欢宴，而予之日记亦暂结束。附高度温度表各一份。

---

① 刘秘书长：九世班禅行辕秘书长格桑群觉，汉名刘家驹，清光绪二十六年（1900 年）出生于四川省巴塘县。他是近现代康藏地区的风云人物，精通藏汉双语，曾任国民政府蒙藏委员会委员、九世班禅行辕秘书长、军事委员会少将参议、立法委员。中华人民共和国成立后曾任四川省政协委员等职。

表7　西宁至玉树沿途高度统计表①

地名	度数	地名	度数	地名	度数
西宁	2400	湟源	2800	东科寺②	3200
日月山	3800	倒淌河	3500	朵海沿③	3400
恰布恰	3350	沙珠玉	3230	切吉滩	3390
切吉	3430	大河坝	4070	大河坝滩	3860
扎索滩	4260	扎索拉	4570	扎索拉山	4950
羊肠子沟	4750	绵草湾	4210	长石头	4825
马拉有	4800	黄河沿	4620	海心山	4620
大野马滩	4630	大野牛沟	4680	查拉坪	4930
查拉山④	4900	查拉牙壑	4880	休马滩	4880
红土岗	4860	竹节沟	4810	竹节寺	4750
卡那寺⑤	4720	称多	4230	拉布寺⑥	4160
歇武寺⑦	4440	通天河	4080	结古山	6000
玉树	4350				

① 由于当时测量手段和条件的局限性，本表中各个地区的海拔高度数据与现在精确测量的相比不太准确。但为还原日记的原貌，本表在整理中对海拔高度数据未作修改。

② 东科寺（སྟོང་འཁོར་དགོན་པ）：亦称东科尔寺、洞阔寺，为藏语的译音名称。东科寺属藏传佛教格鲁派寺院。寺址在今湟源县县治西南约30公里处的日月乡寺滩村，在日月山北麓和东科寺河之间，现名“东科尔佛教讲修洲”，寺主为东科尔呼图克图。顺治五年（1648年）东科寺由四世东科尔嘉羊木措，建于城东西石峡口，历时三年，建筑式样属纯藏式。雍正元年（1723年）罗卜藏丹津反清，将寺院烧毁。雍正十一年（1733年）五世东科尔索南嘉措将东科寺移建于今天位置。

③ 朵海沿：“朵”字为讹误，应为“尕海沿”。

④ 查拉山：查拉山主峰在青海宁玉公路巴颜喀拉山口之西北，海拔5167米。

⑤ 卡那寺：为前文所记之喀喇寺。

⑥ 拉布寺：玉树地区的藏传佛教格鲁派大寺之一。早期，这里是一座萨迦派小寺。明永乐年间，宗喀巴弟子代玛堪钦元登巴奉师命来今称多县地区建

表8　西宁至玉树途中早中晚温度统计表（华氏表）

月	日	地名	早温度数	午温度数	晚温度数
7	16	湟源至土尔干口			69
7	17	土尔干口至东坝	56	60	51
7	18	东坝至恰布恰	53	62	45
7	19	恰布恰至沙珠玉	29	84	52
7	20	沙珠玉至切吉滩	47	95	56
7	21	切吉滩至石落滩	52	95	49
7	22	石落滩至大河坝	48	89	57
7	23	留大河坝	54	103	53
7	24	大河坝至寇软滩	57	104	55
7	25	寇软滩至肉堕	59	71	54
7	26	肉堕至东诺	49	101	51
7	27	东诺至温水泉	30	91	35
7	28	温水泉至毒海	32	57	45
7	29	毒海至×××	36	70	42
7	30	×××至×××	40	49	50
7	31	×××至长石头	31	85	43
8	1	留长石头	44		39
8	2	长石头至马罗牙湾	29	82	49

（接上页）寺，见这里山清水秀、风景宜人，便选定寺址，在当地拉布头人尼玛本的协助下，于永乐十六年（1419年）改建原有萨迦派小寺，新建了拉布寺。民国时期，拉布寺经营的商业，遍及玉树的许多地区，是活跃于牧区的商队之一。它凭其商队积累、宗教声誉和政治关系，曾于20世纪30年代，先后从迭达（青海玉树地区藏族部落分支）手中购买通天河以东的“河东八庄”及合并原属于永夏部落的喀耐百长部，成为称多县较大的一个百户部落。拉布寺是玉树二十五族部落中唯一由活佛担任百户、管理百姓部落的政教合一的寺院。

⑦ 歇武寺：前文所记之修武寺。

续表

月	日	地名	早温度数	午温度数	晚温度数
8	3	马罗牙湾至马拉有	38	85	53
8	4	留马拉有	58	77	45
8	5	马拉有至黄河沿	48	77	57
8	6	留黄河沿北岸	55	74	54
8	7	留黄河沿北岸	59	77	50
8	8	留黄河沿南岸	50	75	58
8	9	黄河沿至×××	53	67	52
8	10	×××至朵野马滩	47	68	56
8	11	朵野马滩至查拉坪	45	83	55
8	12	查拉坪至察拉牙鳖河滩	47	74	45
8	13	察拉牙鳖河滩至察河滩	47	74	46
8	14	察河滩至休马滩	35	73	56
8	15	休马滩至竹节寺	70	72	49
8	16	留竹节寺	51	87	51
8	17	留竹节寺	64	81	49
8	18	留竹节寺	67	79	55
8	19	留竹节寺	60	93	61
8	20	竹节寺至称多	57	74	56
8	21	称多至拉布寺	64	76	61
8	22	拉布寺至通天河	53	74	53
8	23	留通天河沿	58	91	61
8	24	通天河至多通	57	61	55
8	25	留多通	51	59	52
8	26	留多通	51	64	57
8	27	多通至土门达	50	73	62
8	28	土门达至玉树	61	63	55

（附注）因柱温度表遗失，兹就二批人员温度表录之，以供参考。

结言

此次由西宁赴玉途中，计时三十八日，为程一千五百余里。沿途人烟稀少，宿站设备缺乏，抢劫之事，时有发生，事先若无充分准备，不易达安全之目的。兹就管见所及，改革如下：

一、自大河站至竹节寺段，应早完成驿站，并于接近果洛番族界内驻兵保护。治本办法，最好饬令果洛九族负责严束人民，不得再有抢劫之事发生。

二、应完成大河坝至黄河沿一段汽车公路，以便官员来往方便，及运输容易。

三、在可能范围内，推广农垦事宜。

四、由湟源到通天河应责令各族百户设备宿站，帐幕土房均可，尤其牛粪燃料，不可缺少。

附记：一、前定站程表，系就吴三立、沈毓祺①二调查员，及曾到玉树青海人员拟就者。此表如少数人行进，甚为方便，大批行军，似嫌站程有过长之处。

二、途中温度气压表容后再行补记。

① 吴三立、沈毓祺二人均为蒙藏委员会调查员。

二

高长柱奉命赴藏途中日记*

编者按：1936年8月，赵守钰奉派任专使护送班禅回藏，随即派蒙藏委员会高级职员高长柱充前站入藏，担任接洽。1937年6月，由于蒙藏委员会驻藏办事处参议蒋致余因病请求回京调治，行政院遂下令派遣前站人员高长柱前往接替，但行抵玉树时，因抗战爆发，藏方态度发生变化，入藏受阻，行政院令其缓进。后因蒋致余病重奉准离职，令高长柱兼程入藏接替。高长柱以行政院参议名义于10月25日启程入藏，被藏方昌都总管以未奉到命令等辞一再拒阻。1938年5月，青、康、藏三方就1936年藏方违约发生邓柯战事一案进行谈判，高长柱请中央将入藏事宜转令青康加入谈判，但青康藏会议终了仍无结果。其后，西藏摄政热振电呈中央请以交通部驻拉萨电台工程师张威白代理参议职务。高长柱遂撤回东归。本组史料系高长柱奉命赴藏途中日记，记载了当时他滞留萨通后的情形、与藏方交涉经过，以及各方来往函电，资料丰富翔实，弥足珍贵。

---

* 笔者所整理之《高长柱奉命赴藏途中日记》是在中国第二历史档案馆夏军老师整理的基础之上，对该日记进行的补充与完善，所依据日记底本收录在中国第二历史档案馆与中国藏学研究中心合编的《中国第二历史档案馆所存西藏和藏事档案汇编》影印本第四十七册，并尽可能作了一些简单的注释。在此笔者向夏军老师表示真诚的感谢。本部分为方便读者阅读，特作如下说明：1. 原文错讹之处，在整理中已随文修改。2. 原文在出现文章篇名、书名时，大多以波浪线标注，整理时，全部改为书名号。

记录时间：民国二十七年（1938 年）四月十六日伊始

四月十六日　星期六　晴

1. 对卫士讲授古文。2. 令邢杨等筹备纪念周。

晨起写小楷三百，饭后学科时间，仍由余讲授古文，今日为《邹忌讽齐王纳谏》一章。默察诸卫士既皆能领会其义，并极兴趣。盖现时社会，上骄下谄，相习成风，愿有地位者，多能如邹忌之感悟，而有求于人者，亦力矫邹妻邹友之谄誉，则世风日正，民德日进，上下互相策励，保卫家邦，虽倭寇强悍，究难逞灭我之妄图也。

驻香达①以来，除督促少数职员及卫士努力自修研究学术外，久以未得举行总理纪念周为憾。邢科员②由玉树归来，曾携有党国旗两面，公物箱内，有多帧总理遗像及领袖肖像影片。乃令邢、王科员③书写党歌及总理遗嘱，杨、章办事员督促夫役将县府大礼堂扫除清洁，悬挂像片图表，以便下周举行总理纪念周。

四月十七日　星期日　阴雨

1. 续著边疆论文。2. 吴秘书之来往电。3. 致马司令④电。

---

① 香达（ཤར་མདའ）：今青海省玉树藏族自治州囊谦县香达镇，位于县境中部。1952 年设扎吉肖格（区）；1959 年设扎吉公社；1963 年设香达乡；1972 年改设香达公社；1984 年复设香达乡；2001 年 10 月 15 日，撤销香达乡，设立香达镇。

② 邢科员：邢耀德，蒙藏委员会藏事处科员。

③ 王科员：王德基，蒙藏委员会藏事处科员。

④ 马司令：马良臣（1889—1979），名荣仓，回族。张家川县张良乡银昌湾村人，农民出身。幼年家境贫寒，务农为生。胞弟马荣全（字子安）曾任陕西警备师第二旅第六团团长，后调甘军任旅长，马良臣随兄从军。民国二十二年（1933 年），马荣全在康县遇兵变被刺身亡，所部官兵推举马良臣带领部队。是年马良臣被陕西省政府任命为宝（鸡）天（水）公路陇（陇县）清（清水县）段护路大队长，兼任陕西省陇县保险局局长。后历任宝鸡常备团团长、陇县保安独立大队大队长、陇县民众自卫总队少校副总队长、甘肃省政府参议、国民党八十二军马继援部少将参谋、陕西省第九区保安司令部参谋等职。中华人民共和国成立后，马良臣先后任陕西陇县工商联合会副主席、陕西

晨起续著边疆论文，饭后电台送来吴秘书铣电如下：

（衔略）行辕电台缺油，故未通报，津浦战争好转，我军于台儿庄毙敌俘敌各万余。敌全线动摇。

复马参赞①、吴秘书筱电原文如下：

（衔略）铣电敬悉。台庄摧敌，闻讯极快。弟之论文日记，皆完全办成，不日派王书记携川。此间经费，极感困难，详情由王面达。弟近由马主席转电深感。不知兴沛兄能否代转少数电报？盼复！

致马司令良臣筱电：

（衔略）顷接吴秘书铣电开津浦战事好转，我军于台儿庄毙敌俘敌各万余，敌全线动摇等语，特闻。

四月十八日　星期一　阴

1. 纪念周。2. 令卫士黄毅返驻甘达寺②。3. 电台王主任返西宁。

上午九时举行总理纪念周，由余主席，邢科员司仪，余讲述各点如左：

“日本之侵略中国，为求贯彻其大陆政策，企图以武力灭亡中国，已有多年之准备。战争初发，敌曾放言于五个月内解决中国，盖其准备有素也。讵今十个月有余，尚胜负未分，日本之大陆政策，必归失败，及中华民族之定可复兴，已由事实，加以证明。

（接上页）省各界人民代表大会代表、陕西省政协常委、陕西省民委副主任、陕西省政府参事室参事等职。1979 年在西安逝世。

① 马参赞：马鹤天（1887—1962），山西芮城人，早年留学日本，后参加国民党从事革命活动。曾任甘肃教育厅厅长、甘肃学院（今兰州大学前身）院长、国民政府中央考试院铨叙部育才司司长、国民政府蒙藏委员会委员等职。晚年的马鹤天，先后在中央民族学院和中央民族事务委员会工作，其间，他曾被聘为山西省文史馆馆员。同时，马鹤天也是一名边疆学者，其主要著作有《内外蒙古考察日记》《甘青藏边区考察记》《西北考察记》《东北考察记》等。

② 甘达寺：玉树州囊谦县甘达寺，亦称“尕达寺”“干达寺”。据周希武《玉树调查记》记载，彼时有僧徒 60 人。19 世纪三四十年代最盛时，寺僧达到百余人，活佛 6 名。

“现时之中日战争，日本是外线作战，中国是内线作战，外线作战之害处，最怕是中央突破。昨据电告，我军已占领胶济、津浦之中央，台儿庄并俘敌毙敌各万余，可知敌损失之大，而我军中央突破已成功。敌在潼关，全力攻击，非但未越雷池一步，且风陵渡被我渡河大军包围，进退维谷,可知敌寇失败非远,我国强盛,直指顾间事也。

“此次民族抗战，规模之大，为五千年来所未有。全国奋起，一致对外，屡挫不馁，中华民族复兴，实无疑义。我侪远处边塞，虽以不能亲身参战为憾，但若努力考查，宣扬中央德意，团结一致，安定后方，将来抗战胜利之日，即为筹边开始之时，吾侪工作,亦复艰巨。

“至于本处进藏，现当抗战好转之际，只须收复首都，决可达到入藏目的。盖藏人善观风色，见风转舵之事，曾屡见不鲜也。

“本处远羁绝塞，数月与中央通电，诸多不便。关于一切详情，以及经费无着，亏欠太多，种种困难，确有报告之必要，拟最近即派员东返。

“卫士黄毅半月前，余令其往驻甘达寺，专负转递余与藏方来往交涉文件之责，讵料黄擅离职守，竟于昨夜潜行返香，并向余陈述在甘达寺苦况，要求不再前往。余以本处职员卫士皆须轮流驻甘达寺，使藏方知我入藏决心，并转递文件，俾与索康①交涉关系不致中断，

① 索康：索康·旺钦才旦（ཟུར་ཁང་དབང་ཆེན་ཚེ་བརྟན། 1891—1953），属西藏地方政教派系之中的亲英派。1907 年步入仕途，任櫓楞。1913 年，任颇本，受遣至康区（《黎吉生信函》）。1917 年，他返回拉萨，出任侍卫代本。1924 年，因部队普遍停火，他被降级，重又外调至康区，任代理代本（《黎吉生信函》《索康·旺钦格勒信函》）。约于 1928 年，他与其第一位夫人、一位拉加里小姐离异，和一出身平民家庭的姑娘结婚。为此，他放弃了传给其第一次婚姻所得长子的家族首脑地位，而另组新枝，即索康索巴（ཟུར་ཁང་ཟུར་པ）。他在康区任职多年，重又被提升为代本，指挥第七团。1933 年 6 月 15 日，他参与签署停战协定，为此，被赐予扎萨克称号。1936 年，他被任命为朵基（驻昌都之总管），大概也就是在此时，他参与了为九世班禅返藏而进行的谈判。（《黎吉生信函》），该谈判最终流产。他于 1939 年离开康区，翌年出任“外事局”（ཕྱི་རྒྱལ་ལས་ཁུངས）的联合长官，直到 1952 年这个机构被废除为止，他一直出任此职。参见［意］毕达克著，沈卫荣、宋黎明译，邓锐龄校：《西藏的贵族和政府》，中国藏学出版社，2008 年，第 140 页。

乃力斥黄毅擅返之不当，饬其于今晨复往甘达寺驻守，不至瓜代之期，不准擅离，否则决予严办。”

香达电台主任王哲民，自余驻香以来，拍发电件，极肯帮忙。今日王氏奉马军长子香返西宁供职，电台亦随之携去。此后发电，须送往玉树转拍，往返多需时日矣。下午四时余设宴为王氏饯行，席间畅谈极快。

四月十九日　星期二　晴

1. 向卫士夫役训话。2. 王主任启程赴玉。3. 派定东返报告人员。

电台王主任奉召经玉树转赴西宁，今晨启程。余派职员代表欢送，香达电台亦于本日裁撤。

格秘书因助其夫人收拾行装，拟与本处赴川人员同行返籍。今日藏文课改由邢科员讲授军事。

余派定王科员德基赴川向中央报告，章办事员德馨赴康购置物品，并令其积极整理行装，克日启程。

向卫士、夫役训话，勉以严守军风纪，保持中央名誉，绝对禁止嫖赌，如有干犯者，严予究办。

四月二十日　星期三　晴

抗战军兴，海口被锁，西南西北之陆路交通顿遭威胁，爰草拟《速辟印藏国际交通线意见书》，交王科员于赴川之便携呈中央鉴核。

四月二十一日　星期四　晴

1. 研究“速辟国际交通线意见书”。2. 发给卫士纸张作笔记。

余所拟之“速辟印藏国际线意见书”，为求集思广益，爰召集全体职员研究讨论。各员均有兴趣，相继发表，辩论，对于路线情形，各就所知，详加补充。当由邓、邢两君记载，以备中央采纳后，再作详细计划。并将站程详加校对，由吕科员①绘成平面略图，以便与意

① 吕科员：吕志平，蒙藏委员会藏事处科员。

见书同时呈送。

现时教授卫士课程，余讲授边疆问题及古文，藏文由格秘书教授，军事由邢科员讲授。本日并由玉树购来大批白纸，乃分发各卫士，订成笔记簿，专作记录讲义之用。

四月二十二日　星期五　晴

1. 讲授古文。2. 饬王、章交代。

上午学科，由余讲授古文，并对卫士训话，略云：此次派员赴川，系向中央报告本处情形，并携有余作之《速辟印藏国际交通线意见书》，提供中央采纳。如获实现，非但长期抗战无虞，后方物资缺乏，且无形中可解决，吾侪入藏问题亦可迎刃而解。

令王科员德基将文书职务，暂交与邢科员耀德①兼办；令章办事员德馨将会计职务交与杨办事员振东办理。

四月二十三日　星期六　晴

1. 马团长等赴玉树。2. 编著边疆论文。

驻防香达之马团长登科（系青海土番而加入回教者，在马子香氏部队入伍多年，为人头脑简单，毫无军事知识，子香为笼络番人，故对登科特予垂青，升为团长），今日奉命赴玉树，囊谦②李县长与本处格秘书夫妇亦同行（格因其夫人返籍，请假送至玉树）。马、李

---

① 邢耀德，蒙藏委员会藏事处科员。

② 囊谦（ནང་ཆེན）：今青海省玉树藏族自治州囊谦县，北与海西蒙古族藏族自治州为邻，东与果洛藏族自治州相通，东南与四川省甘孜藏族自治州毗连，南同西藏自治区的昌都市交界。“囊谦”意为“内大相”，是吐蕃时期的职官名称。据《囊谦王世系谱》记载：珠氏家族的后裔直哇阿路携其家眷及部分属民由今四川甘孜藏族自治州康定折多山一带迁入玉树南部，据说其祖先吉乎·祜隆荣布曾担任过内地某王朝的内大臣，为纪念祖先的荣耀，遂以“囊谦”作为部落名称。囊谦县魏晋属羌地。唐属吐蕃政权辖地。南宋属囊谦部落头人管辖直至清。民国六年（1917 年），归玉树理事辖。民国十八年（1929 年），归玉树县辖。民国二十二年（1933 年），置囊谦县。1951 年，沿旧制成立囊谦县政府，隶属玉树藏族自治州。

赴玉，系奉马良臣司令召，筹备开辟西宁至玉树间公路。

余急欲东返职员早日成行，办理概算及报告事项，乃令将携呈中央文件漏夜赶写，期三日内完毕启程。

四月二十四日　星期日　晴

1. 论文完成三十五篇。2. 为王、章、倪饯行。

《速辟印藏国际交通线意见书》，屡经余补删校正，颇觉圆满。此策如获中央采纳，实于战时战后，皆有莫大裨益！尤其近来西玉公路之积极修筑，岂我贤明当局亦注意及此欤?

余所著之边疆论文，今日已完成三十五篇，拟由王科员携川付梓，贡献国人。

晚设宴为王科员、倪科员及章办事员饯行，席间倪君忽言语不检，态度失常，以致满座闻之惊异。前邢科员曾云倪君有神经病，岂其然欤?!

四月二十五日　星期一　晴

1. 纪念周。2. 索康来函。

上午九时举行总理纪念周，由邢科员司仪，余任主席，演词如左：

“闻喇平福①旅长奉命率队来玉树，驻防苏尔莽②一带，并闻西藏政府已派琼让台吉③赴中央慰劳抗战将士，二者消息是否确实，须

---

① 喇平福：马步芳手下旅长。

② 苏尔莽（ཟུར་མང）：指小苏莽乡，隶属于青海省玉树藏族自治州玉树市，地处市境东南部，东、南与西藏自治区接壤，西与囊谦县毛庄乡相连，北靠巴塘乡，2018 年，区域面积 2147.7 平方公里，户籍人口 13983 人。1958 年 9 月，从布拉尼肖格划出。1960 年，称胜利公社，11 月，改称小苏莽公社。1984 年，改为小苏莽乡。截至 2019 年 10 月，小苏莽乡下辖 9 个行政村。

③ 琼让台吉：指琼让・顿珠杰布，他个性强硬，桀骜不驯，但深得热振活佛的宠信，被任命为那曲总管，位居四品官职。1939 年琼让担任“西藏机要扩大会议”扎萨和台吉方面的代表，在会上因其反对给予太多土地给热振的做法而惹怒了热振，被冠以各项罪名。之后藏北三十九族联合向噶厦递交了

俟本处在玉职员来信方知。

“中华民族之复兴，应按领袖所提倡之新生活实行，而新生活之第一字即‘礼’。礼者人之本也。恭敬为主，守法循礼，戒慎将事，和气肃容，善与人处，孝亲敬长，克敦伦纪。希我同人应各遵守，尤其东返人员更须留心。

“在此入藏中阻之际，吾人可利用时间作一求学机会。俚云：‘学无止境。’何况吾人年轻力富，正可埋首读书，为将来效力国家之用。须知抗战结束之日，即为筹边开始之时，吾辈如无专长，何能负此重任。希各努力学业，先作准备，而职员最低亦须有有问即答之知识，即卫士亦须有下级干部之能力。

“所谓同舟共济，吾人应须牢记，切勿存忌妒之心，致乖情感，更须从大处着想，勿因人有小疵而忘其善良。

“此后每逢星期日职员、卫士会餐一次，待康定给养运回时，伙食定可改善。”

下午番人送来索康喇嘛二总管来函乙件，原文如左：

（衔略）顷奉尊函，敬谨译悉。所云屡次函达，敝部只接此次之函，并无屡次来函之事。兹将所来尊函原件暨台端入藏心志急切各情具报，兹于藏历二月二十一日特派专差赴拉萨呈递报告，俟奉回批，再为详细答复。总之，不能使台端久滞也。专此奉复，敬颂勋祺。西藏边区总督扎萨等谨复，番历二月二十一日。

四月二十六日　星期二　晴

1. 王、倪、章三员启程东返。2. 复索康函。3. 接马司令函。4. 接蒙藏会训令。

上午七时，王、倪、章三员，由香达启程赴康定、重庆，余与全体职员卫士等送至县府大门，并摄影纪念。

王科员赴川携带呈行政院及蒙藏会原文如左：

（接上页）一份“控诉书”，最终琼让被判有罪。他于1940年被捕入狱，后终身流放于阿里地区的日土宗。西藏和平解放后，十四世达赖批准其重返拉萨，但因年迈体弱病故于日土。

敬呈者：窃职于去岁十月，奉由专使行署转下钧院前行政院院长蒋电令，迅予兼程前往拉萨，接替蒋参议致余①职务。等因。其时适值职随赵专使由玉树赴拉休寺劝留班佛遵中央令缓进，而前藏三大寺等代表仍请班佛赓续前进，并愿任与噶厦交涉之责，班佛允其所请。赵专使遂嘱职一面积极准备一切，一面俟班佛交涉结果如何，再行决定职之入藏方式。迨后噶厦对班佛前进交涉终无确实答复，班佛决定缓进，职始于十月二十五日率职员、卫士及各部会随行人员等由玉树启程入藏。兹谨将此次出发经过及先后与藏方交涉情形（与藏方昌都总管索康交涉详情及往来文电备载入藏途中日记，另文呈报），并职管见所及，逐一胪呈于后，敬请鉴核。

子、出发前准备概况

窃职因奉命期促，关于各项经费，未及请求拨发，致途中一切食用物品均未克妥作准备，乃于出发前商准赵专使，在专使行署暂挪现款并礼品、骡马、用具、给养等，估价共五千一百八十元，遂即首途。

丑、兼程前进

窃职自奉钧、政院电促兼程西进，并以蒋参议因病请假已奉中央令准，为使驻藏人员不致中断计，职即督率人员兼程前进，以期早日入藏办理接替，毋负中央使命。

---

① 蒋参议致余：蒋致余（1894—1962），号胜和，湖南省岳阳市岳阳县柏祥镇人。桂林高小毕业后，考入湖南高等商业专科学校，因成绩优异，保送济南大学商业系本科，毕业后被山东省教育厅录用为科员，三个月后升科长。一年后回岳阳，任县中英语教员。1925 年去南洋爪哇莱复大学任英文教授。1926 年响应北伐回广州，任职叶开鑫部。1927 年任安徽凤阳法院院长，继任江苏省政府秘书长、边疆部边务组长，著有《二十年来藏事之途径与解决》一书。蒋介石、汪精卫采纳其建议，并任命他为蒙藏委员会秘书长。1933 年率宪兵入藏，任驻藏参议。抗日战争爆发后，他在拉萨号召全面抗战，遭藏军反对。他亲自去布达拉宫商洽，避免了一场流血事件。1938 年离藏，任国民政府军事委员会中将参议。迁都重庆后任经济部花纱布管制局白沙办事处处长、国民党中央党部边疆委员、社会部劳动局技术室主任、中央训练团讲师等职。新中国成立后，闲居岳阳县城。土改时被捕，1962 年病卒狱中。

寅、至萨通被阻

窃职于去岁十一月十日行抵藏境，跟即继续西进，拟直趋昌都，讵意藏方昌都总管索康闻讯，迭派僧俗官兵前来阻止于途，并函称奉噶厦命令，在汉藏问题未解决前，汉方官员人等不得入藏等语。并以各种方式强请后移。职乃据理驳斥，勉强进至距昌都四十里之萨通，卒以限于种种情势，职为避免僵局、徐图转圜计，不得已乃移驻甘达寺。

卯、暂驻甘达寺

职返驻甘达寺后，即将各情先后电呈在案，并请示一切，复将汉藏过去良好历史关系及职此行入藏任务与利害休戚各项理由，迭函索康，剀切申述，冀其觉悟。而其复函所答，只以派差到藏请示为词，继则藉口蒋参议在藏无故杀人、干涉军事学校等情弊，恐职入藏引起民众误会，请于汉藏问题未解决前暂行退回。职虽当即复函予以驳斥，然终无结果，亦经电呈在案。职揆察各情，索康之敢作无理拒绝，似有噶厦暗示。为欲达到入藏目的，势须请中央严电噶厦，或可转圜。至索康与职私人情感尚称融洽，除馈赠给养物品计值四百余元外，复迭次托其代办给养各物，均经办到。

辰、再驻香达

在甘达寺计驻两日，因地小人稀，草料给养异常缺乏，一切补充极感困难。职为发电、兑款、购办给养便利计，乃应囊谦王县长函请移返囊谦县治所在地之香达暂住，静候命令，并待藏事转机。嗣奉蒙藏委员会吴委员长①钧座电令，以驻地万勿轻移，影响入藏前途甚

① 吴委员长：吴忠信（1884—1959），字礼卿，一字守坚，号恕庵。安徽合肥人，汉族。中华民国军事将领、政治风云人物，曾任国民政府蒙藏委员会委员长、新疆省政府主席、总统府秘书长。吴忠信在中华民国史和边疆民族史上具有重要的地位和作用。他认为其一生中最难忘、最为难得、又最为艰辛的使命是1940年2月见证第十四世达赖喇嘛的坐床大典。吴忠信的主要著作《西藏纪要》《入藏日记》等书，详细记载了他奉命入藏主持十四世达赖喇嘛坐床的经过。1947年前后，吴忠信在南京先后担任中孚银行董事长、国民政府委员。蒋介石通过“行宪国大”当上总统后，吴忠信任“总统府”的资政、秘书长。1949年1月21日蒋介石“引退”，由李宗仁任代理总统。吴忠信辞去

巨。等因。职遵即电呈，决遵命在此，不再后移一步。

巳、沿途工作

职等在途，除请示交涉外，职并乘公暇撰拟边疆问题一书①，已成者三十余章，余亦正在编纂中。随职入藏之藏文秘书格桑悦希复编成藏文课本数册，其余职员、卫士等亦着努力学习藏文，期能造成翻译人才，成绩尚佳。此外，职并于公暇偶作结队赴郊外围猎之游，藉以活泼精神并锻炼体格，又在沿途除布施、赏赐、应酬外，并随时宣扬中央德意，与各地官民相处感情极称融洽。

午、未能入藏原因

职前拉休寺时，蒋参议电赵专使谓将不顾一切离职而去。职当即答呈赵专使电请蒋参议留待，复转呈钧、政院电饬制止。讵料蒋参议未能遵照，既不俟职入藏将接替事办妥，复不俟职由昌都出发后，遽尔南返，致驻藏人员中断，交涉无人。藏方即藉此机会，拒职入藏，企图达到撤销驻藏办事处之目的。窃查藏方过去对黄专使之设立驻藏办事处②，早非所愿，每欲设法请求中央撤销之，而苦无机可乘，再者我方京沪陷敌，藏方观望战事，藉词婉阻，蓄意拖延，此亦为原因之一。然二者仍以蒋参议事先离藏之影响为尤大也。

未、青藏近况

窃查青、藏虽于十九年订立条约，但二十一年有玉树之被围，二

（接上页）秘书长职，仍任资政。新中国成立前夕，吴忠信举家自上海迁到台湾，后于1959年12月16日在台北病逝，享年76岁。

① 即高长柱所著《边疆问题论文集》。

② 黄专使：黄慕松，时任国民政府参谋本部次长，1934年1月12日，特派其赴藏册封致祭十三世达赖喇嘛土登嘉措。1934年4月26日，黄慕松离开南京，5月7日从成都启程，取道西康，于8月28日抵达拉萨。9月23日，在布达拉宫举行了追赠十三世达赖喇嘛册封典礼。11月28日，黄慕松一行离开拉萨，在离开拉萨前，黄慕松未能设立驻藏办事处，只留下了一部电台，为中央政府与西藏地方联络之用，并留下参议刘朴忱、蒋致余驻藏，为日后驻藏办事处之前身。1935年2月16日，黄慕松回到南京，3月15日任蒙藏委员会委员长。

十二年复有邓柯县[1]之被占，青、康两省对藏方实均仇隙颇深，随时有发生冲突可能。此次玉防司令易人，增兵海南，并由玉防司令派员赴昌都责藏方种种背约，行为、措词颇为强硬，闻藏方恐起战端，颇怀忧惧。依职推测，若请中央示意青、康两省，虚张声势，则藏事尚非绝对无办法也。

申、继续交涉入藏

窃查黄前专使致祭达赖入藏时，迭经交涉，几濒决裂，始将驻藏办事处设立，藏方承认西藏为中华民国领土。此次班佛回藏被阻，忧愤圆寂，赵专使奉命护送，功废半途，职今又滞留途中，无法前进，实影响中央威信，给边人以不良印象，但冀有益于国，职个人利害早置度外，现决遵命留驻香达继续交涉，以期最后达到入藏目的。

西、开辟印藏国际交通

职于公暇与职员共同研究，以为值此抗战时期，所有海岸均被敌人封锁，欲谋国外军用物品之便利接济，似应迅速设法开辟印藏交通，并可藉此促进汉藏关系。另拟呈意见书，附呈采择。

谨呈

行政院院长孔

蒙藏委员会委员长吴

附呈速辟印藏国际交通线意见书（原缺）

其他函件均系陈述近况及道候之词，从略。

本日复索康函，原文如次：

径复者：刻奉藏历二月二十一日大函，洞悉一切，所有屡次函件

---

① 邓柯县：邓柯县在西康省德格县西北，金沙江上游东北岸。古名“邓”，又名“朱玛哈坎”“丁科”或“登科”。隋代为附国地。唐代属吐蕃。北宋为林国地。元代属朵甘宣慰司。明代属朵甘卫行都使司。清代属德格宣慰司。清光绪三十四年（1908 年）置边北道，道治登科。宣统元年（1909 年）设登科委员，旋改为登科府，辖德化州和白玉县、同普县两县。1913 年，废登科府设邓柯县，属川边特别行政区。1925 年，设置西康特别区域，属西康道。同年 7 月 1 日国民政府成立后，废道，直属西康省政府。1950 年属西康省藏族自治区。1955 年属四川省甘孜藏族自治州。1978 年撤销邓柯县，将原辖 4 区 13 乡分别划入石渠、德格两县。

正详查追询中。本参议此次西来，厥为贯彻所负中央使命，保持并发扬过去中央对西藏之良好历史，职责在躬，期早实现。贵总管深体其忱，星夜专差请示，以玉成之，于公于私均所庆感，切盼早日将所得情形见示为荷。专此布复，即希查照。

玉树马司令来函，原文如次：

（衔略）昨者奉敝军长来电，着将驻囊谦无线台星夜送宁，别有所需。等因。嗣后我兄驻节香达，消息必更闭塞，身心益致寂寞。香结只隔一河，何妨请兄移驻结古之为愈也，如蒙赞俞，弟当扫径以待。书不尽意，专此。顺颂旅祺。

四月二十七日　星期三　晴

1. 电贺青海新省委。2. 函复马司令及周秘书①、孔处长②。

昨闻青海省政府改组，乃拟贺电五件，自马子香主席以下，凡余相识者，均按名庆贺。

复周秘书、孔处长电：

（衔略）索康昨来函，略谓已将来藏志切，专函请示，决不使久滞青境等语。现派章办事员来康购办给养，王科员携论文及抗战计划、日记等呈核。热振代表有无来电，盼示。

致马司令函，婉谢不能赴玉之意，从略。

四月二十八日　星期四　晴

致格秘书函。

---

① 周秘书：蒙藏委员会秘书周昆田。本书论述部分的第二节有关于周氏的全面介绍，此不赘述。

② 孔处长：当时的蒙藏委员会藏事处处长孔庆宗。孔庆宗（1895—1981），字廷素，长寿县人。早年毕业于北京大学，1926 年任中国驻比利时副领事，同时就读于布鲁塞尔大学，获政府经济学博士学位。1931 年回国，先后任教于中央大学、四川大学。后任蒙藏委员会藏事处处长及驻藏办事处处长。新中国成立前夕，任教于重华学院和西南学院。1949 年后，曾任西南财经委员会计划研究室边疆组组长，四川省政协委员。撰有《中国人民第一次废除中比条约斗争的胜利》《西藏概览》及多篇有关西藏史料的文章。

晨起令邢科员耀德将全处公私书籍集合加以登记，置于一室，作为图书馆，以便各职员卫士暇时浏览，以增学识。

四月三十日　星期六　阴雪

1. 派卫士周南驻甘达寺。2. 解科长来电。

前驻甘达寺卫士已届瓜代之期，乃令周南前往替回黄毅。

徐参谋向玉来函，告以将赴康定，并附有解科长永昭来函略述："自韩复榘枪决①后，战事指挥较前统一，近半月来，时有捷报。此次台儿庄会战，不出数日，即以大捷闻，计杀寇万余，俘寇万余，获枪万余，全国腾欢，而在敌方，则大为震动。昨倭方复有通告，谓战区已近平津，望各外侨远避，俄已弓上弦，刀出鞘。据云：中英妥协若成功，俄即将出兵，中央令行署及仪仗队结束，发结束费五万元，关于致祭事，戴院长②即可来甘。"

解科长函内，并附有领袖对于台儿庄胜利之通电，勉国人闻胜勿骄，遇挫勿馁，词意深刻，足使吾人奋勉。

五月一日　星期日　晴

致王科员函，令返时购买军事书籍数十种，并函格秘书希多购白纸，备发与卫士作日记。

---

① 韩复榘：山东省政府主席，在1938年1月24日因抗战中擅自撤退，经审判被枪决，终年47岁。

② 戴院长：戴季陶（1891—1949），初名良弼，后名传贤，字季陶，笔名天仇。原籍浙江吴兴（今浙江湖州），生于四川广汉，中国近代思想家、理论家和政治人物。早年留学日本，加入同盟会。辛亥革命后追随孙中山，参加了二次革命和护法战争。"五四"期间，思想激进，是中国马克思主义最早的研究者之一。曾先后担任黄埔军校政治部主任、国立中山大学校长、国民党中央宣传部长、考试院院长等职。有蒋介石的"国师"之称，是蒋介石的忠实"智囊"。戴季陶是国民党元老级人物。他在训政时期任第一任考试院院长长达20年，也是历史上最年轻的五院院长（就任时年仅37岁）。撰写有《日本论》《青年之路》《学礼录》《东方民族与东方文化》《中国文化在世界之地位及其价值》等著作，后人编有《戴季陶先生文存》。

五月二日　星期一　晴

1. 纪念周。2. 黄司令①来电与复电。3. 蒙藏会来电。

上午九时举行纪念周，余报告台儿庄大胜利消息，并将领袖通电向众诵读，各同仁极为感奋。

拉卜楞黄司令正清来电：

（衔略）文电奉悉，此间军兴以来，汽油虽缺乏，但彼此至交，当遵命令该电台转拍，决不有误，贵况希随时见示，特复。

蒙藏会来电云：前接各电，错码太多，想系玉树电台技术不佳所致。

复黄司令电，谢其帮忙转电，从略。

五月三日　星期二　晴

1. 函索康。2. 电吴、谭。3. 函格秘书。

函索康原文如次：

（衔略）径启者：前复芜函，计达左右，曩托贵处代购之大米三驮（六袋），不识近已办妥否？再，此间日感无菜可食，拟请买肥猪一只，即烦代为腌妥后，一并早日饬属送来为荷！

---

① 黄司令：指黄正清（1903—1997），藏族，号子才，藏名罗桑泽旺，四川省甘孜藏族自治州理塘县采玛村人。1920 年随其弟弟第五世嘉木样活佛迁至拉卜楞（今夏河县境内）。早在 1925 年，他就与中共地下党员交往，接受了进步思想，并参加进步活动。1928 年在拉卜楞任番兵司令。1934 年，番兵司令部改为拉卜楞保安司令部，任保安司令。1944 年任军事参议院少将参议。1949 年 8 月率部起义。中华人民共和国成立后，历任甘肃省人民政府委员、甘肃省农业厅副厅长、西北军政委员会委员、畜牧部副部长、民族事务委员会副主任。1953 年任甘南藏族自治州州长、甘南军分区司令员。1954 年任甘肃省政协副主席，并当选为全国人大代表。1955 年被授予中国人民解放军少将军衔。1978 年当选为全国政协委员、甘肃省政协副主席。1979 年，任甘肃省副省长。1997 年 10 月 6 日在兰州逝世，享年 95 岁。黄正清是一位与中国共产党和人民政府合作共事、荣辱与共、肝胆相照的少数民族爱国上层人士。在西北少数民族中，特别是在藏族群众中有很大的影响。他经常深入民族地区视察，调查、了解社情民意，在宣传贯彻党的民族政策、加强民族团结等方面开展了大量的工作。

致电吴秘书、谭主任，希复见示抗战消息，并请谭转电。

函格秘书，希其早回，并转购擦枪油、蓝墨水、黑墨等项。

五月四日　星期三　晴阴

1. 魏秘书长①赴噶过香。2. 收电六件。

上午玉树警备司令部秘书长魏安轩奉马驯司令命，赴甘达寺与藏方代表谈判青藏和平问题，今日可至香。此间驻军营长马国臣率全营官兵前往欢迎，余令邢、吕两科员代表往迎。十二时魏抵香，即至余室谒余，畅谈甚快。

魏带来电报六件如下：

张台长②佳电

（衔略）号电及致张望宥电均悉，因对方动态不明，语言闪烁，不敢以空洞奉复，顷萧君品璋③到拉，又奉世函，敬悉。惟萧君既系私人资格，不能拍发官电，玉树军台又不收商报耳，且中央通令寻常商电不准用密码转达，希兄谅之，弟张威白叩。佳。

周秘书来电

（衔略）两电均悉，尽虑周详，无任感佩。该三调查员在会中名义，当遵与保留，至目前应否由尊处委为科员之处，乞兄酌裁办理为幸！委座前业经转陈示准，并闻。

穆工程师之元电

（衔略）兄等于上月俭日，由甘启程，本月文日抵康定。月来抗战，节节顺利，关于入藏事，谅能好转。最近交涉情形，务望随时电告为祷！

黄司令之寒电

（衔略）江电奉悉。嘉佛④自去冬抵藏后，驻哲蚌寺，以国难严

---

① 魏秘书长：玉树警备司令部秘书长魏安轩。

② 张台长：蒙藏委员会派驻拉萨电台台长张威白。

③ 萧品璋，为“康藏民众抗战赴难宣传团”团员。

④ 嘉佛：嘉木样·丹贝坚赞（བློ་བཟང་འཇམ་དབྱངས་ཡེ་ཤེས་བསྟན་པའི་རྒྱལ་མཚན། 1916—1947），汉名黄正光，第五世嘉木样活佛，拉卜楞寺寺主。五世嘉木样出

重，生民涂炭，特于本月与三大寺佛僧举行扩大祝祷大会。抗战方面，自两周来，鲁、皖、浙、晋我军节节胜利，敌已成强弩之末，且有奔溃情势。三月艳日至东日，开临时全国代表大会，抗战、建国均有重要决定，并举蒋公为本党总裁，汪为副总裁，复兴前途将有良兆。兄等情形，望时示知，特闻。

蒙藏会宥电

（衔略）尊电悉，倪锴①乞假三月，可照准。

孔处长之东电

（衔略）江电悉，删、宥两电未到，彦兄随委座在汉，入藏事迭由藏代表转电噶厦，频催未复，拟得复再采其他办法。热振代表回藏，已到印度，喜饶嘉错②亦电索康，剀切劝告。津浦我军大捷，抗

（接上页）生于西康理塘，1919 年由九世班禅请阴阳师卜算、德哇仓活佛寻找而被认定为第四世嘉木样的转世，赐号“善慧妙音圣智教幢”。1924 年离开拉卜楞寺前往河州、兰州等地，1927 年宁海镇守使马麒的宁海军离开拉卜楞寺后返回。翌年，创立续部上院（居多巴扎仓）。1933 年国民政府封其为“辅国阐化禅师嘉木样呼图克图”。1937 年前往西藏学法，1939 年在哲蚌寺郭莽院修业期满后，于 1940 年返回拉卜楞寺，被委任为蒙藏委员会委员。1947 年因病在菩提法苑圆寂。五世嘉木样终其一生都致力于藏族文化事业的发展。

① 倪锴，玉树调查站站长、蒙藏委员会调查员。撰写有《西宁康定间沿途情形》《玉树二十五族调查报告》。

② 喜饶嘉错（ཤེས་རབ་རྒྱ་མཚོ། 1883—1968）：藏族，别号智海，青海循化人。藏传佛教高僧、学者，著名爱国人士。8 岁在古雷寺出家。1894 年入甘肃拉卜楞寺理学院深造。后在拉萨哲蚌寺潜心佛事。1915 年获得格西“拉然巴”学位。1916 年应十三世达赖喇嘛之邀，至罗布林卡行宫主持校编《大藏经》。1931 年完成《大藏经》中的《甘珠尔》经卷。《甘珠尔》出版后，达赖喇嘛授予其法号喜饶嘉措·坚华杰肯罗哲。1935 年被国民政府聘为国立中央大学、北京大学、武汉大学、中山大学和清华大学五校文化教授。1937 年 6 月返回青海，驻锡古雷寺，任寺主。不久又回南京，在甘青会馆研习经典。从 1938 年 6 月起，先后担任第一、二、三、四届国民参政会参政员。1943 年底赴重庆，被国民政府授予禅师封号。1945 年 5 月当选为国民党第六届候补中央监察委员。1947 年 7 月，任蒙藏委员会副委员长。后回青海。中华人民共和国成立后，历任青海省人民政府副主席、西北民族事务委员会副主席、中国佛教协会会长、中国佛学院院长，并被选为全国人大代表、全国政协常委。为促成

战日趋好转，决继续交涉入藏。上月筱日已汇由马主席转兄千元。

五月五日　星期四　阴晴

1. 设帐宴魏秘书长。2. 马营长设宴。

上午余令杨办事员在县府迤东草地，设帐篷宴请魏秘书长、王前县长。今日为回教席，并请马营长、侯军法官、赵科长、马营附等作陪，宾主极为欢洽。

下午马营长设宴请魏、王两氏，并邀余坐首席，及请本处全体职员作陪。席系回教菜，味颇适口。

五月六日　星期五　晴

1. 与魏、王详谈。2. 魏、王赴甘。3. 余移住帐篷。

晨间魏、王同至余室，魏因感余连日之招待，乃将其秘密交涉事宜向余陈述。彼言："青藏交涉，乃系应藏方提倡所举行。青方提案要点，为指责藏方二十五年无故侵犯江东四县，造成邓柯战事，戕我营长以下官兵多名，此次除责备其违犯二十一年《青藏条约》①外，并要求赔偿命价。此第一问题，如能圆满解决，方能谈到续订和平条约。至于参议奉中央命令入藏，彼方拒绝，殊为无礼之至，然参议坚持不退，可谓不辱使命，余与马司令皆极赞佩。此次马司令令余向藏方要求欢迎参议入藏，盖参议素对青海印象良好，如能入藏，非但大可改善西藏现状，为中央解决西藏问题，抑且大有助于青海云。"

（接上页）西藏和平解放作出了贡献。著有《宗喀巴大师传》《藏族文化概论》《喜饶嘉措大师佛学论文集》等著作。

① 这里的《青藏条约》，应为《青藏和约》，是民国时期青藏战事后的和平协约。1931 年底至 1933 年初，因西藏进犯青海玉树地区而引起战争，战事结束后，双方于 1933 年 4 月 10 日达成协议，签订《青藏和约》。和约共八条，要点是：尕旦寺堪布的权力照旧以宗教为范围，不准干涉政治；青藏双方均不得在青科、当头两寺驻扎军队；双方撤兵后各守疆土，不得侵犯；双方对商人贸易均极力保护；双方对宗教寺院一概极力保护；条约生效后，青方即全部归还所俘藏军长官。代表青海在和约上签字的是马驯，代表西藏地方政府签字的是土登公吉等 3 人。

谈话完毕，余邀其在帐篷内晨餐。今日为汉席，因昨日魏曾告余云：“我为汉人，并非回回。”故余备腊肉海参等，使其饱餐而归。

上午十一时，魏、王启程赴甘达寺，余令邢、吕两君代表欢送数里，而余因连日应酬，颇觉烦困，乃移居帐篷内食宿，以便清静作文。

五月七日　星期六　晴

1. 唐磊①来信。2. 拟电稿。3. 蔡翻译②来信。

参加青藏谈判，任藏方翻译之蔡嘉溶随藏代表抵甘达寺，今日来函候余，并附寄唐调查员函一件，内系唐之调查报告，托余转寄者，其原文如下：

（一）顷闻大金瓦寺悬案问题③，康方昨已复电，准康藏双方代

---

① 唐磊：1935 年，国民政府西康省地方当局与噶厦代表谈判中，要求噶厦接济驻康区川军军费二万元（两?），双方谈定后，国民政府方面派工作人员唐磊、龙参议（其名待考）至昌都取款。不久，龙参议携款返回，唐磊却以特派员身份留在昌都。唐磊与昌都噶厦官员及铁宝兴（档案里称“铁宝星”）、李子芳等回、汉商人保持着良好关系，他娶铁宝兴之妹为妻，并住在铁家，因而关系非同寻常。他还曾领导过昌都汉、回民族的联谊互助组织——“孝义会”。1939 年，唐磊离开昌都返回内地，后来任蒙藏委员会派驻西康调查组组长。40 年代初，唐磊曾上报中央政府，建议针对抗战期间英、美帝国主义者掠夺下康藏经济变化的特征，采取经济领域的措施以达到“筹藏”并“助益国防经济”的目的。参见黄玉生、顾祖成、祝启源等《西藏地方与中央政府关系史》，西藏人民出版社，1995 年，第 508 页。

② 蔡翻译：名蔡嘉溶，四川乐山人，原为清末张荫棠、联豫在拉萨所办武学堂的学生，民国时期回川，后由刘文辉任命为驻昌都的特派员。蔡嘉溶多次出入藏族地区，居藏时间久，会藏语，历来都是昌都的“通司”（翻译）。昌都噶厦之事也多派他去交涉，因此昌都人称他为“犒爷”。蔡氏的其他活动不详。

③ 大金瓦寺：大金寺。位于四川省甘孜藏族自治州甘孜县卡攻乡境内，距县城 28 公里。大金寺，藏语意为兴旺发达吉祥洲，简称为“兴旺寺”之意。属格鲁派，大殿造型仿拉萨大昭寺建。绒坝岔周围村民大多以大金寺为荣，这大概跟寺庙的强大势力是分不开的。大金寺清朝时以僧兵和财富众多出名，经商资本在 100 万—500 万银元之间。有专门的喇嘛在康定、甘孜、昌都

表集会于绒坝岔①商议。康方代表为驻甘孜之章镇中团长。藏方原决定为稽卜代表，现因藏军第三队反对，稽卜继任代表案未决，已改派例惩巴脚白为代表，代理稽卜前往，并派仔仲②土登图登及翻译王延选二人，为助理员。并闻藏方代表脚白及助理员土登图登，已定五月三日先期前往冈托③，知会康方章代表，俟助理员王连选（**上句为王延选，原文如此**）于五月九日再由昌都起程赶到冈托后，即一同过江。又闻此案，双方坚持要点，一为赔偿货物，一为赔偿命价问题。货价一项，甘孜百姓谓大金喇嘛劫夺货物，总价值藏银八百八十余品，大金寺喇嘛则只承认二百余品；命价一项，甘孜百姓谓大金寺喇嘛于二十三年，再度退出甘孜时，曾杀害甘孜四人，内二僧二俗，此四条命价，最高者应偿赔藏银一千品，最低者亦五百品。如上述赔偿货价及命价二问题不解决，则甘孜百姓即拒不应大金寺修复之差。现

（接上页）及拉萨等地经商，以支持寺庙其他喇嘛的生活。这里所说的大金瓦寺悬案，即第二次康藏纠纷，具体为1930年6月的“大金白利事件”。事件始末为1930年，康区甘孜北之白利土司所辖白利村的雅拉寺活佛，擅将白利土司给该寺当差的15户差民转赠属朱倭土司的大金寺。白利村民反对，引起争执。大金寺于同年6月18日攻占白利村，大肆劫掠。西藏地方当局在英帝支持和怂恿下，利用这一纠纷，出兵支持大金寺，并与川、康、青三省军队作战，后藏军失败，退回金沙江以西。经数年谈判，于1934年签订《汉藏协议安置僧民办法十二条》，1935年签订《安置大金寺僧规约》，1939年签订《安置大金良善寺僧详细办法》七条等一系列善后章程，始获最后解决。

① 绒坝岔（རོང་པ་ཚ）：今四川省甘孜藏族自治州甘孜县绒坝岔乡，这里如今是著名的中国藏族地区走马之乡。

② 孜仲（རྩེ་དྲུང）：藏语音译。西藏地方政府僧职官员名的统称。指在拉萨哲蚌、色拉、甘丹等寺或其属寺取得僧籍，并在译仓附设的僧官学校受训合格，经达赖喇嘛批准委以官职者。其权力较同级俗官大。参考任继愈主编《宗教大辞典》，上海辞书出版社，1998年，第1085页。

③ 冈托（སྐམ་ཐོག）：岗托镇，隶属于西藏自治区昌都市江达县，地处江达县东部，是江达县重点扶持乡镇之一，为川藏公路北线317国道进藏第一镇，东以金沙江为界与四川德格县相邻。镇人民政府驻地距江达县城83公里。行政区域总面积32.49平方公里。西藏和平解放前，属德格土司和噶厦管辖。西藏和平解放后，沿金沙江西岸属西藏自治区管辖。1988年，成立岗托乡。2001年，改为岗托镇。截至2020年6月，岗托镇下辖5个行政村。

康方立场，即代表甘孜折冲，藏方即代表大金寺喇嘛说话，故此案之能否速告解决，即视康藏两方代表有无诚意云云。此案据磊推测，大金寺喇嘛四百余人，自依附藏方以来，每月须消耗藏方士兵粮饷五百三十余份，呼图克图、堪布、头人等，每名每月多领一、二、三、四份不等。观藏方粮饷异常困难，对此特别负担，自感极苦，以对藏大金寺喇嘛四百余名中，安分守己者有半数以上，返回甘孜剩下留驻昌都一带者，十九还俗，娶有室家，且多育有子女甚夥者。此辈喇嘛，能安命忍受劳苦者，或经商返运，或担卖柴草，或打猎佣工，均可生活，惟强悍之习难除，逞凶杀人，恃强劫狱，行劫犯法，时有所闻，然藏官对之束手无法。以前长时间之所以豢养之者，藏方实欲利用之，对于康东，以便乘机有所举动。乃目前形势，内地抗战虽极急涨，然青康两方不但无隙可乘，近反受青方之压迫，故藏方至此，亦已觉悟豢养大金寺喇嘛之无益，或将向康方表示愿意促使大金寺喇嘛接受某种折衷办法，以诚意解决此悬案。而康方亦因在此长期抗战时间，无论为安定康藏后方而根绝乱源，或减藏方凭藉，而先行收抚，亦出有赴此绥集此一部分乱民以求解决此悬案之必要。故康方亦当日劝谕甘孜民众，尽量让步。果尔，则此次悬案之必要。故康藏双方代表之集议，如无外界之特殊巨变，似可收圆满解决之功。

（二）顷闻各队藏兵，以粮量不继，纷纷诉呈拉萨噶厦请示发落去后，近得拉萨复令各队藏军，须除老弱一千余名。现康之九个部队中，将第二队（敬巴代本①）、第六队（桑珠颇派代本）、第七队

---

① 代本（མདའ་དཔོན）：藏语译音。旧时西藏地方藏军军职官衔，意为箭官，相当于团长。亦作代奔、戴琫。清乾隆五十八年（1793 年）始有定制。乾隆末年，始确定每一代本辖兵 500 员，下分两个如本管辖，每个如本辖兵 250 员，后来逐有扩充。代本官阶为四品，必须是贵族出身。代本由地方政府赐封庄园 1 个，称为“达豁”，即代本的薪俸庄园，庄园里的土地、农奴、房屋都为代本在职时占有。此外地方政府每年还发给代本藏银 900 两（后增加到 9000 两，15 两相当于 1 个银元）。代本还可用 10 名士兵当佣人。代本除有权指挥所属官兵外，还有权对违抗劳役的士官鞭打或关监牢。代本的升迁，按清中央乾隆五十八年（1793 年）颁布的《钦定藏内善后章程二十九条》规定。代本出缺时，由如本中升补，或从边界宗本中提出两个名单，呈请选择委任。

（郎邪领代本）、第八队（洽洛代本）四队调回西藏，即将第三、四、九、十各队，切实整理，共编兵额二千名，驻留西康[①]云云。

（三）藏方因财政困窘，已至绝境，近闻又增加内地货物输进及土产输至内地，税额数目惊人。据查川、滇茶叶课原茶十分之一，较前增加十倍输至内地，从前每驮课藏银九两（法币二元二角），现已增至三倍。贝母，前抽藏银十八两，现课四十八两。芝母，前课六两，现课十六两。其他各项物货，均增税极重，就其中川茶一项，西康总计全藏即可年销五万驮。此项川茶，昌都市价每驮值法币约九十元，藏中各地平均市价每驮约一百一十元。故平均即以法币百元计，此项川茶货贸，总值即有法币五百万（十分之一）之税率，则全年计可得茶税法币至五十万元。此制实行结果，固可使西藏财政问题渐时解决，但川茶市场日必见紧缩。目前我川、滇国产茶叶，虽仍为康藏人民第二种食粮，不可少缺，但在藏印交通日见便捷之今日，纵英不图以种种科学方法，使印度茶产适合于康藏人性味，而夺我之良好市场，然康藏地方金钱被外人吸尽，人民生活已臻绝望之后，价廉之印茶且不可得，更何能计及种属于味性。且闻去岁英人在藏，曾许西藏增设一税关，于江孜以南地方，加抽外货输入及土产输出之关税，以为利诱藏人，终以英人用心阴险，而不敢照行。现下特别增重康、滇、青边各地税率以为抵偿，是无异对外货实行保护关税而扶植也。顾康边区与内地通商梗阻，而地方贫苦，开发较难，不谂边情者殆已

（接上页）代本在噶伦缺额需要补任时可升补噶伦，但必须由驻藏大臣和达赖喇嘛共同提名并呈报皇帝批准任命。

① 西康：西康省，简称康，自 1939 年成立至 1955 年撤销，作为省级行政区，共存在 16 年。省名来源于境内的康巴藏族地区，省会曾设于康定、雅安等。西康省是内地进藏的要道，有重要的军事和战略意义，与四川、云南、西藏和青海相接壤。西康省管辖范围包括如今的四川甘孜州、凉山州、攀枝花市、雅安市及西藏昌都市、林芝市。西康省设置于民国二十八年（1939 年），由西康行政督察区（原川边特别区）和四川所属第十七、十八行政督察区合并而来，省会设在康定。1955 年 9 月，第一届全国人民代表大会第二次会议决议撤销西康省，原西康省所属区分别并入四川省和西藏自治区筹备委员会（今西藏自治区），金沙江以东并入四川省，金沙江以西的昌都并入西藏。

承认康藏无拓殖民之希望，即吾人役身其地者，亦视利用目前康藏人民对川、滇国产茶叶之僻嗜，发展康藏地方之国营商业，作为政府开发之基础，为康藏国防事业仅有之生机。故应如何以严手段，取缔西藏此种税制，并从速实行此项贸易之统制，均应附为报告之。

（四）藏方最近因财政毫无办法，又无隙可向康东发展，故不得不减政裁兵，更不得不亲善邻省，谦恭为态。顷又闻索康对此次赴甘达寺与青方接洽之仔仲格桑等言：此次汝等如被青方指认前年藏军过江，为藏方不可掩饰之错误，而要求赔偿一切损失时，可告藏方亦同样受有各项损失，不过我们对此次事，可以认错，将来并可以用书面对马司令表示道歉，兹后即归于好，恢复青藏感情云云。故此次乘此时会，如使康方对藏一致步骤，则至少可达到高参议入藏改变税制，准许康藏间发展商业及昌都安置邮电诸目的。

（五）近据由滇来昌都人谈：阿敦子[①]有滇军一连驻扎该地，现有设治局，惟滇军连长作事乱干，致与该地某有权势之士不洽，时起冲突。最近应到昌都数滇商，迄未见到，想又系该连长与土司发生争斗，致使地方不靖，商旅不便通过云云。

又呈调查室函原文如下：

周前巴安传来喜饶格西致索康之电，随由磊转交索康后，据索康告，“喜饶格西来重，亦电劝不应阻止高参议入藏，但全及扎萨喇嘛，再不便问拉萨噶厦进行，否则对余亦不利”云云。复探闻索康并未将喜饶格西电文转告扎萨喇嘛，又因被各队藏军纷纷告发，最近亦无意拟复高参议入藏一事。本年一月间，因受高参议函催促，磊亦奉嘱近询问藏方真实态度，故此时多数藏官当时曾集议决定，以蒋参议不应“杀人”、训练军队及开办学校三项理由，正式表明毅然拒绝高参议入藏。该函系交由索康便差发出，不料索康觉该函擅拆，并另找落籍昌都之一汉民代译，适该函尾端有“关于挟制办法，近奉赵专使复示，颇表赞同”数语，于是扎萨索康等视为重要情报，奇异收获，除对翻译大起疑念外，并将磊信扣留不发，亦不答复高参议表示毅然拒绝之态度，因此可见，索康第一实有恐惧事态恶化之心理，

① 阿敦子：今云南迪庆藏族自治州德钦县升平镇阿墩子村。

此事磊前因之未接奉高参议复示，已生疑感，近始渐探明属实，并知此间至今日向不敢问高参议应表明拒绝。依上述各项报告情势测之，倘中央之威力稍能展布，则高参议年内入藏问题似仍未绝望。谨呈调查室。

今日除余拟复近日所接各电外，其不重要之稿令邢、邓等拟之，从略。

五月八日　星期日　晴

1. 办稿件。2. 卫士周南来信。

今日仍办稿件，并令邢等译电，拟日内派卫士送往玉树转发。

下午卫士周南由甘达寺寄来日记报告一份，由五月二日至六日，其记载藏方翻译谈话颇有参考价值。蔡翻译并云昌都藏方官兵仅三十七人。

五月九日　星期一　晴

纪念周　1. 稿件办译完毕。2. 派高国梁明日赴玉树。

上午九时举行总理纪念周，余报告如左：

1. 现在战事消息颇难获得，如以后纪念周无战事消息时，余拟讲总理遗教。

2. 吾国过去各省主席，多有文人充任，现当战时则多武人，盖为作战便利起见，河南已任程潜，安徽已任李宗仁，湖南已任张治中。

3. 南京陷敌之情形，昨魏秘书长谈，最大原因是部队不能遵守命令，当时城防司令为唐生智，城破时险被敌俘，敌系由通济门破城而入。

4. 近闻德国东境增兵，俄在西伯利亚军队亦向西输送防德。

5. 今日为日本迫我承认二十一条之国耻纪念日，吾人应始终不忘此耻。

下午邢科员将各电译妥，并决定派高国梁赴结古送发。

五月十日　星期二　晴

1. 高国梁赴玉树。2. 写字及著文。3. 发件原文。

上午七时高国梁动身赴玉树，余限其八日内返回。饭后余写小楷数百，并读著国防论策。

今日高国梁送发各文件原文：

1. 致马司令函，大意谓魏秘书来此欢聚情形，及请代发电。

2. 致穆工程师虞电

（衔略）元电悉，承告近况甚感！索康刻正派差请示，并热振代表启程入藏中，余续告。

3. 呈吴委员长虞电

（衔略）此间电台已撤，往来电报须由玉树拍发，较迟一周。再，职刻已派员返渝报告一切，并拟《速辟印藏国际交通线意见书》，拟恳钧座力为建议中枢，促其实现，非特有利藏事，并抗战后方接济尚无困难也。谨呈。

4. 致吴秘书虞电

（衔略）漾电悉。喜饶嘉错已电劝索康迎弟，热振代表已达印度途中，青、藏正在甘达寺会商，如抗战乐观，短期内或可前进。甘孜各情，盼示。

5. 致周秘书庚电

（衔略）顷据唐磊报称：藏方财政困难，近感青方压迫，极度恐慌，欲以两方言好，或连康敌青，左右驱策。刻据赴青藏会议之青方代表魏秘书长密称：当局颇以藏方拒绝中央代表为憾，愿于会中提出并力佐完成入藏，弟为乘机青、康能同时策动，除中央复严电责，虽事颇有济，并将唐磊报告另寄外，并请转呈委座裁核祗遵。

6. 致张台长虞电

（衔略）佳电悉。承告各节，至感！刻索康连函均称驰差请示噶厦，态度如何及热振代表返藏是否抵拉，盼告。

致周秘书彦龙①、江处长养正②函文

彦龙、养正两兄勋鉴：自抗战开始以来，各电台汽油缺乏，此间发电极费周折与阻难，且限制字数，各事只可简要电告，而弟之一切详情迄未获细向吾兄罄述，深以为憾。除前派王科员赴渝，令其趋前

① 周秘书彦龙：蒙藏委员会秘书周昆田。

② 江处长养正：蒙藏委员会总务处处长江养正，1937 年 2 月 25 日任职。

报告并请指教外，尚有数事向吾兄一陈。

（一）人事：弟由玉树出发时，调用职员三人——格桑秘书悦希、王科员德基、邢科员耀德——此三人拟予之待遇，格三百二十元，王、邢各一百元，皆为七折，除格君外，王、邢之待遇皆较过去隶属机关为低，盖王在专署连旅费为一百二十元，而邢曾任营长及办谍报工作多年，又皆为至藏后有实用之人才；其邓、吕、倪三调查员，因系途中加入，弟按实际经济范围所限，且比照过去待遇，乃暂定各为六十元，且告其待至藏后再行设法增加。弟意此等待遇情形，较之王、邢尚见优厚，讵三调查员意有未餍，经弟费尽苦心，百方开导，现始静气安心，不说闲话。

（二）经费：出发以来，班禅行辕马司令及索康等赠弟米面等颇多，约为七八百元，弟皆归入公伙，故其初一二月伙食钱甚少，各部随行人员皆极怡然。其后购买米面价值甚昂，每人每月伙食皆在二十五元左右，马干[①]亦在十元以上，及沿途赏钱，前在专署所借领之一千六百元及委座兑来之三千一百元早已告罄。现计弟已垫洋二千元，在地方亦借用马干若干。幸马主席子香相待甚优，每次来电，皆谓友谊甚笃，以一家人相视，故玉区军政机关皆极帮忙，诸感便利，惟补充各物极为需要。前电请委座汇三千元，至康定由章办事员领取购办，拟请早汇，俾该员早日回处为感。

（三）工作：弟自被拒返驻香达以来，每日从事编著，迄今未辍。除已成之边疆论文由王科员携川请兄斧正外，弟近努力于国防著作，前并简拟《速辟印藏国际交通线意见书》，近更对此问题细加缜密研究，期臻完善。倘或蒙中央采纳后，推行无阻。

（四）决心：弟蒙委座提掖，感激之余，本拟排除万难，必达入藏目的，俾努力仰副委座所授方针，妥慎应付，期有所建树，以报委座知遇于万一；不意事与愿违，被阻中途，然弟决心坚忍，续持交涉，以不失委座希望，乃决心入藏之目的，持续交涉。虽环境如何困难，经费如何窘绌，亦决甘心忍受，不生退心，纵再减弟个人薪俸，亦所不计。时虽不利，而志不少挫，如万一入藏目的不得达，委座知

① 马干：饲马的干食料。

遇不得报，弟无颜再回中央服务，惟有遨游山水，了此一生而已。前拙著之论文及边疆常识问答二千题，及二十二年前之军事四种，作为报答国家之厚恩。叨在知爱，故敢披沥罄陈，尤盼时加指教，俾作南针为感。

五月十一日　星期三　晴

1. 格秘书由玉返香。

上午十时格桑悦希秘书由玉树返香达，直至余帐除报告王、章、倪、徐、陈等由玉起身返康各情，余仍嘱继续教授藏文。

五月十二日　星期四　晴

1. 练字作文。

晨起即练字二三百，饭后续作国防论策。

公家瘦马二匹，令杨办事员送往马场，其一匹因马瘦弱太甚，乃送百户家喂养。

五月十三日　星期五　狂风大雨

1. 决派格秘书赴甘达寺。2. 魏秘书长来信。

青、藏两方代表现在甘达寺交涉，邢科员建议拟请格秘书趁机往晤藏代表，剀切说明中央对藏美意，及代表入藏之友善态度。经余考虑认可，乃决派格秘书于明日前往。余并撰大纲一份，令格携往，作为谈话之范围，原文如次：

对索康代表谈话纲要：

一、说明中央与地方之关系：中央为全国行政系统上之最高机关，为全国政治之总枢纽，譬如人体，中央为头脑部分，地方为肢体部分，又如机械，中央为（发）动机，地方为各种零件。脑部先有思想命令，肢体始有行为，发动机先有动态，全部始能发生作用。换言之，肢体（无）首脑不灵，机械无发动机，则失去作用；地方无中央，亦不能表现其意识之政治行为。

二、说明中央对甘达会议之认识：贵会内容自不得知，但据推测，总不外求双方和平，地方安谧，在全民抗战之需要统一行动下，是最好表现。本参议极为佩赞，将来会议结果，必能圆满。

三、说明地方和平与中央和平之要旨：贵会为和平之结合，前已言之，中央与地方之关系前亦详述甚详，不过完成贵会最后之结果，主权仍操诸中央，而中央对贵会和平之意旨希望更增扩大。如果贵方之一切行为未能整个和平化，或者未普遍化，着眼小处，忘却大处，恐难达到永久和平之希望。

四、说明拒绝中央代表实非和平之表现：此次中央代表入藏，确系努力中央对西藏之永久和平而来，且为接替性质，前已屡函言之。今贵方无故阻于中途，已非和平之表现，不与中央和平，而谋地方和平，非特难于实效，亦恐非出诸至诚，仅为临时之手段耶？理想空洞，希望欲求圆满，真是南辕北辙，缘木求鱼。

五、说明中央代表之不应拒绝：（1）历史言，中央对西藏之良好历史历有年所，唐文成、金城两公主下嫁以来，西藏即有接中央文化之福利，在宋、元、明诸代，西藏时受中央之赏赐册封。第五世达赖圆寂后，第巴桑结之乱，中央不惜全力勘定之，护送第六世（**实为第七世**）达赖回藏，护法宏教。雍正年间准噶尔之乱，乾隆年间噶［廓］尔喀之乱，中央仍顾念边陲，不惜派兵勘定，振兴佛教，安定藏民。民国二十三年，黄专使入藏致祭达赖喇嘛，对全体官员僧俗均优礼赏赐有加，以此种种良好历史，西藏亦应永念不忘，岂能以德报怨，拒绝中央代表？（2）就抗战言，有谓中央抗战未决，所以贵方对中央代表迎拒之态度不明，似有看风转舵之趋势，但本参议对此亦颇致疑。要知此次抗战为全民抗战，为民族求生存而抗战，加以内地满、蒙、回诸族均踊跃参加，所以藏方亦应集中力量于中央旗帜之下，以尽国民之天职，不然亦应协同意志，准备后方总动员，似此徘徊歧途，有与中央反对行动，岂非丧心病狂？不然中央抗战以后，入藏方式未必如此简单，恐藏方将来后悔不及。再从友谊方面言之，如此友爱宽厚之中央，乃竟乘在多事之秋，对于中央若即若离，不表示欢迎入藏，殊非智者所为也。（3）就普通形势言，自我先总理发扬中华民族主义以来，中央所有制定法令，莫不特别优待边民。近年藏方来内地人士，不特未予拒绝，并且特加优待，如贡觉仲尼①、喜饶嘉错、龙图嘉错②等均可为例，且贵方驻京办事处每月发领经费，至今仍在。今贵方不顾一切，拒以非理，岂非人情事理，两有难堪。

六、此次谈话，完全出于心衷，发诸语言，并完全为贵方前途为友好着眼也，亦即扩大贵会之和平主张，完成贵会此次和平意旨之有效良剂。贵方如能接受，切盼立改方针，即行欢迎，则贵方不但求谋地方和平，且亦谋中央之最大和平，不仅为暂时和平，而且为永久和平矣。否则，不免为贵会前途忧，尤为贵方执事惜。

五月十四日　星期六　晴

1. 格秘书赴甘达寺。2. 卫士周南报告。

上午六时格来余帐辞行，并请示，余将所拟之谈话大纲付格，并面嘱数语，希其努力化导藏方，以达入藏之目的，辞毕，格即动身赴甘。

周南、黄毅寄来日记报告，并言青、藏条件距离颇远，于各不相

① 贡觉仲尼（1883—1944）：又译作棍却仲尼，出生于西藏。贡觉仲尼自幼在西藏色拉寺出家，9岁时，即在色拉寺出家为僧。后任色拉寺堪布。1923年8月，受十三世达赖喇嘛派遣接替前任驻京堪布、雍和宫札萨克喇嘛罗桑策垫（罗桑策殿）之职，任雍和宫堪布，次年1月到京由民国政府蒙藏院批准就任。1926年8月，作为十三世达赖喇嘛的代表，被国民政府特聘为“国宪起草委员会”委员。1929年6月，应邀赴南京参加孙中山的奉安典礼。12月任“国民政府赴藏慰问专员”。1930年初携蒋介石致十三世达赖喇嘛和察绒噶伦的信件到达西藏，奉命向达赖喇嘛和西藏地方政府面陈国事，又于8月回京复命。1930年3月，十三世达赖喇嘛命其为西藏驻京总代表，负责沟通关系，并筹备办事处。1931年3月，西藏驻京办事处正式在南京成立，贡觉仲尼任首任处长；5月，作为达赖喇嘛的代表与其他5人一道参加了“国民会议”，先后担任蒙藏委员会委员、常委，中央立法委员，中央执行委员等职。“九·一八”事变后，与其他藏族人士一起，成立了“康藏旅京同乡抗日救国会”，并率办事处人员参加了“康藏同胞抗日大游行”。1936年4月，卸任雍和宫堪布，返回西藏，任布达拉宫大喇嘛，授札萨衔。1942年，被西藏地方政府任命为“外交局”副局长。1944年3月8日圆寂。

② 西藏地方官员。

下时，有请余调停说。

五月十五日　星期日　晴

1. 拟致中央电信。2. 周南报告。

上午周南由甘达寺寄来报告一份，乃拟呈中央函电如下：

呈行政院院长孔、蒙藏会委员长吴删电：窃职当退驻香达时，曾派员长驻藏边之甘达寺，专司与藏方连络，转递交涉文件，及侦谍之任务。近青、藏谈判开始，复加派格秘书前往。据该员等报称：（一）青、藏交涉之起因，为二十五年藏军攻占邓柯等四县，青方认为违犯二十一年《青藏和约》①，要求索康代藏谢罪及赔偿命价；藏方则谓受中央命令渡江，剿堵“共匪”，不愿自认青方要求。（二）关于中央代表入藏，索康前按蒙会电，颇为着急，已连同高参议之函，星夜送拉萨请噶厦早日答示，闻十日内可到。（三）青、藏代表均有意于双方意见不协时，即请职调停。（四）拉萨中央办事处，住二十余汉人，皆从事商业，规模宏大。江孜设有彼等之转运公司，贩卖英、印各货，获利甚钜。张台长已在藏娶歌女生子。（五）拉萨有代表将于日内抵昌，任务未详等情。谨报。

当即摘要寄周秘书彦龙电函各一件。

五月十六日　星期一

1. 纪念周。2. 派李班长赴玉树。

上午九时举行总理纪念周，邢科员司仪，余主席报告如下：“1. 关于本处——入藏乃时间问题——抗战胜利，青藏、康藏交涉，皆为入藏机会——派格秘书前往剀切说明，使其觉悟。2. 关于国际——英人外交为实利主义，过去助日以战俄，抑德以助法，今则不容不助我

① 参见前文第53页《青藏条约》注释。

以战日，盖李兹罗斯①之赴日，其目的在瓜分中国经济，划定势力范围，非但日方不允，且要印度开放，使李不得不失意而归，直接令英国对日生畏，助华抑日，乃当然之结果。其次日人自称为马来人种，乃为发展其海洋政策，并吞印度之先声，英人焉得不畏?”

上午七时令李班长明典赴结古送电信并致周秘书函，大意转周南昨日报告。

五月十七日　星期二　狂风大雨

1. 格秘书来信。2. 拟回县府。

上午格秘书由甘达寺来信，原文如下：“职安然于本日抵甘，青藏会议亦与［于］本日开始。按：青藏会议，青方以藏方于去年侵犯二十一年之互不侵犯条约，提出要求，而藏方不但不承认，反向青方提出要求，所以两方面皆出意外。现藏代表派人请示，俟转后再行第二次会商。以职窥察，藏方代表仅负有转达之意责，其他并无权限，会议之结果，尚渺茫无期，职拟后日前往日雷寺②见藏代表……”

五月十八日　星期三　晴

上午搬回县府食宿，本日无公事，乃写字著国防论文。

五月十九日　星期四　晴

1. 格秘书来信。2. 周南来信。

上午格秘书由甘达寺来信，报告至日雷寺与藏方代表谈话详情，并周南寄来日记报告一件。

---

① 李兹罗斯（Sir Frederick William Leith-Ross，1887—1968）：生于毛里求斯，是英国政府在1932年至1945年间的最高经济顾问和国际联盟经济委员会委员。1935年，李滋罗斯曾代表英国来中国说服中国进行货币改革并帮助国民政府制定了货币改革方案。

② 日雷寺：位于四川省甘孜藏族自治州雅江县八衣绒乡普日村，始建于1204年末，属于萨迦派寺院。

五月二十日　星期五　晴

1. 发格秘书函。2. 发周南函。3. 发魏、王函。4. 电呈院会。

上午发格秘书函一件，内详指示与藏代表谈话大纲。原文如次：

（衔略）前后两读来书，洞悉各情。弟能将所意转达诸藏方，不胜欣慰。柱日来以静心休养之余，对此时加考虑，近复得东南友人来书，得悉前方抗战捷报，兹据陈揭要如次。盼弟台将所告各种要点，对藏方代表再行详细阐述，期使彼方彻底明了，改弦易张，是所切盼。

（一）战事捷讯

自台庄报捷后，我方士气百倍，近南方已将泗安、苏州克复，南京已在包围中，指日可下；北方已将济南克复，游击队已扰逼平津，同蒲路①现已通车；四川将领大部调往抗战，邓锡侯②、刘文辉③亦

---

① 同蒲路：指同蒲铁路，同蒲铁路是贯穿山西省中部的南北铁路干线，起自山西大同经太原、侯马至永济市蒲州镇以南的风陵渡，全长约 865 公里。以太原为界，分为北同蒲段和南同蒲段。光绪三十三年（1907 年）清政府路矿局就有修建该铁路之议。袁世凯时亦拟修大潼铁路（大同至潼关），但均未动工。南同蒲段有 513 公里，于 1933 年 5 月 1 日开工，1935 年 12 月竣工。北同蒲段 351 公里，于 1933 年 11 月开工，修至朔县到大同段，因抗日战争爆发而停工。同蒲铁路是阎锡山在日本帝国主义的支持下，组织晋绥兵工修建的米轨铁路。初建为窄轨，1940 年日寇占领期间将北同蒲段改为准轨。中华人民共和国成立后，将南同蒲段也改为准轨。1951 年 8 月，同蒲铁路全线恢复通车。

② 邓锡侯（1889—1964），字晋康，四川营山县人。历任护国军营长，川军连长、营长、团长、师长、军长、集团军总司令。为中华民国陆军二级上将、爱国人士、军事家、著名抗日将领，抗战胜利后在川军中被视为领袖。1923 年参加第二军与一、三军及边防军对战，任副总指挥。1924 年 5 月被北京政府任命为四川省省长。1937 年 9 月任第二十二集团军总司令，率部出川抗战，参与“台儿庄大捷”。1946 年 9 月 9 日代四川省主席，次年任四川省主席。1949 年 12 月 9 日在彭县率部通电起义。1949 年后历任西南军政委员会副主席兼水利部长、四川省人民政府副省长、民革中央委员、全国人大代表等。1938 年至 1948 年担任川康绥靖公署主任，统领四川省和西康省的军权，是民国四川保定系实际第一首领。1955 年 9 月 23 日荣获一级解放勋章。1964 年 3 月 30 日在成都病逝，享年 75 岁。

③ 刘文辉（1895—1976），字自乾，法号玉猷，四川大邑人。1916 年毕

赴前往指挥。据外人统计，自开战以来，日方损失飞机六百余架，已征兵五六次之多，老弱幼孩亦被征调，怨声载道，崩溃已在目前，最后胜利，当在我方也。（附中华新地图一册，盼指陈明告藏人，令其了解。）

（二）重伸驳斥

藏方曾以蒋参议在藏所行非法、不洽舆情为拒绝理由，此为最不合理之论。查蒋参议在藏行为是否如藏方所言尚属疑问，即为事实，中央法令如天理无逃避，又何能损中央之威信，而为本代表入藏前途之障碍？贵方对此极良之上策，莫如：1. 呈请中央依法办理。2. 欢迎本参议入藏查明后，呈请中央究办。但决不能舍此正当办法而持以为拒绝本参议之理由，且中央此次特简本参议西来，殊有深厚意义。本参议之一切行为，前拉萨各界人士早有洞知，自信决能代表中央推行使命，非特本参议为然，即所属一切职员、卫士，亦皆经严加拣选，莫不才德兼具，足以代表中央，故贵方首应先除疑虑，尤不可持此不合理之言谈，而为拒绝口实。

（三）为藏善计

此次贵方行为，致使本代表羁留中途数月，中土各界人士每至追念中央过去对藏之优美历史，莫不同声愤慨，惋惜贵方之此种行为。现在中央抗战捷报频传，节节胜利，谅短期定有最美满之结果，故为贵方计，最好抓着良机，早迎中央代表先赴昌都，再行由贵索康请示计议，以免开罪中央，谅解国人。中央谅亦能捐弃小嫌，追念同好。

（接上页）业于保定军官学校，即入川军，任上尉参谋。四川军阀混战时期，历任营长、团长、旅长、师长及四川军务帮办等职。1927 年 1 月 1 日任国民革命军第二十四军军长，陆军上将。其后，又先后担任川军裁编委员会委员兼四川省主席、川康边防总指挥等职。中原大战时期，通电反蒋；后又与其堂侄刘湘两次反目，争霸四川，失败后到西康任川康边防总指挥，1938 年 12 月任西康省主席。1944 年加入中国民主同盟。1945 年 5 月当选为国民党第六届中央执行委员，1949 年 3 月任川康滇黔四省“剿匪”副总指挥，同年 12 月 9 日在彭县率部起义，后被任命为中国人民解放军西南军政委员会委员，旋又担任林业部部长、中国国民党革命委员会中央常务委员等职。1976 年 6 月 24 日因病在北京逝世。著有《军事哲学纲要》《刘文辉演讲集》等。

（此条最好以弟台康人客观态度说之。）

（四）国家大势

中央自革命维新以来，早非满清无力量而又腐败之专制政体。中央此次抗战，数百万之常备大军，尚不知若干百万。日本为世界一等强国，其陆军力量远胜英国，中央且连战破之，贵方可想见中央势力。本代表此次谈话，完全为贵方着想，完全友好打算，切望贵方幸勿以玩忽视之，以免来日之忧也。

以上各条，略举概要，盼弟台明其要旨，与再行圆达其词，详尽阐述为荷。

魏秘书长、王县长函告其最近战况。

呈院会电原文

（衔略）顷据密报：（一）青藏交涉，青方提出要求如下：（1）赔偿损失费十五万元；（2）藏大文塘等地归青；（3）藏应承永远服青；（4）交涉完成后，藏地防兵不得过一百名；（5）以藏政府名义派代表向玉防司令道歉；（6）承认青人在藏经商，比如有运输时，藏方随时支应乌拉。（二）据以上各情及屡次密报青藏交涉，殊难圆满，前闻藏代表有意请职调停，如果来邀，应否前往，敬乞预示，以资遵循。

五月二十一日　星期六　晴

1. 昌都送来给养——米三驮、猪一只。2. 复陈文鉴函。

上午昌都送来托购之大米三驮、猪一只，共合大洋一百零九元，当饬邢、杨验收付款，由原送藏兵携回。

行辕陈科长文鉴日前来信，有劝余暂回意，并寄近诗。今日回信，除以任务为重，不欲擅回外，并附诗一首：

塞上远羁又值春，乡愁国恨浩无垠，
平居试草筹边论，早起当窗写洛神。

五月二十二日　星期日　晴

1. 宴请马营长等。

今日为与卫士会餐期，并约营长马国臣、侯军法官、赵科长同来聚宴。

五月二十三日　星期一　晴

1. 纪念周。2. 吴秘书来电。

上午九时举行总理纪念周，余报告二点如下：1. 疾风知劲草，乱世识忠臣。前张自忠在华北有卖国之谣①，而今在津浦南段杀敌最多，出力超众；又四川军人前内战殃民，而今对外作战极力，并闻四川省已征兵至第五次。2. 李班长来信云开战以来，敌死亡十三万，我亦死亡三十万。

吴秘书来电原文

（衔略）班禅善后，中央具体决定：宣署②撤销，行辕保留，经费照发，武器缴呈中央，卫队由行辕酌理，班财产由行辕保管，回藏事由行辕自行交涉，本署仪队俟戴致祭后结束。台儿庄敌失利，大举反攻，鲁南淮北，均有激战，我占优势。

五月二十四日　星期二　晴

1. 发吴秘书电。2. 发马主席电转谭、陈、周。3. 发周秘书电。

今日复吴秘书电：1. 使署结束，可否赴渝助王完毕后来此。2. 盼多寄书报。致谭厅长、周主任、陈组长函：（1）尊兄电已复；（2）索康来信谓快差请示，旬日可回；（3）仍驻香达。致周秘书电：（1）青方要求赔偿及谢罪，藏方不欲承认，现尚坚持中；（2）王科员到渝希予赐助；（3）印藏交通计划如蒙早邀准，则入藏目的可达。

---

① 张自忠在华北卖国之谣：七七事变爆发后，张自忠不顾肠炎，出面与日方谈判，力主和平解决，与日方签订了7月11日协定和7月19日“细则”。国民革命军第二十九军在所谓不追究事变责任、道歉、“共同防共”等问题上先后作出了重大让步，以换取日方撤军。但日本驻屯军执意挑起战争，7月底发起侵占平津地区战役，张自忠奉令留守北平，一方面力图维持冀察政务委员会，另一方面则掩护第二十九军撤离。张自忠的这些活动在当时受到舆论非议，甚至有人骂他为“汉奸”，现在的学界也对此有不同看法，但多数还是认为张自忠“忍痛含垢，与敌周旋”，大节并未亏损。

② 宣署：九世班禅在内地活动时宣传抗日的组织，全称为“西陲宣化使公署”。

本日李班长由玉树回处。

五月二十五日　星期三　晴

1. 捉鱼为戏。2. 观跳锅庄。

上午卫士胡纪武呈请下河捉鱼，全体职员卫士皆赞成，饭后同往河边堵水，皆甚努力，余亦往观，但水流过大，终未塞住，故仅获鱼三尾。

马营长请余观跳锅庄。

五月二十六日　星期四　晴

1. 格、周来信。2. 邢、杨赴坎大峡。

格秘书来信云：藏方有承认青方条件意，但周南来信及日记旁听所记云：藏方并无此意。二人所云互异，不知谁是，但余认为周南所云，较为可靠。

邢、杨于午前乘马赴坎大峡挖掘松树，备栽植院中，留作本处驻此之纪念。

五月二十七日　星期五　晴

1. 压马。2. 赐卫士酒。3. 卜卦消遣。

晨起令马夫何振武将马备好，余乘之赴野外，往来驰骋。此马为班禅所赠之走马，乘之颇感舒适。

下午余因各卫士连日钓鱼助膳，赐酒以犒之。

晚间以诸葛神术占课，询能否入藏，文曰：蓦地狂风起，大树尽掀杨，枝叶未凋零，培植终无恙。

五月二十八日　星期六　晴

1. 卫士旅行。2. 写字著文。3. 发款。

上午令邢科员率卫士出外运动旅行，彼等行至八米上游，于下午四时返处。

本日写小楷，并作国防论策。

发款与邢科员，作购青稞之用。

五月二十九日　星期日　阴雨

1. 宴请赵科长、李主任。2. 发信七件。3. 发电一件。

本日与卫士会餐，并宴请赵科长及李书记主任二人。

发电一件致王科员德基，嘱速汇领款，及询入藏事中央如何处理。

发信七件，计陈主任敬修①、孔处长庆宗、冷委员杰生②、张专员伯常③、张仲宣④、张季群、周秘书彦龙、马司令良臣，函意略告

---

① 陈主任敬修：陈敬修（1894—?），四川华阳（今双流）人。毕业于成都高等师范学堂。1926 年选任西山会议派中国国民党候补中央执行委员。1932 年至 1935 年任蒙藏委员会总务处处长。1938 年至 1940 年任国民政府考试院秘书。1940 年被聘任为第二届国民参政会四川参政员。参见刘国铭主编《中国国民党百年人物全书》（下），北京：团结出版社，2005 年，第 1412 页。

② 冷委员杰生：冷融，字杰生，四川大邑人。清光绪二十一年十二月二十四日（1896 年 2 月 7 日）出生，毕业于日本明治大学政治经济科。1924 年加入中国国民党，1932 年 4 月任国民政府蒙藏委员会委员、常务委员。1934 年 12 月任西康建省委员会委员。1941 年 12 月，任西康省政府委员兼民政厅厅长。1943 年 5 月 25 日，由重庆国民党中央训练团结业返回西康，途经温江县境被狙击殒命，时年 47 岁。

③ 张专员伯常：张笃伦（1892—1958），字伯常。湖北安陆人。保定陆军军官学校毕业。早年参加同盟会。辛亥革命时曾任上海警备司令。护法战争时期历任湖北靖国军第一军参谋长、第一梯团司令等职。1920 年去职。1926 年秋代表川军赴衡阳会晤蒋介石，响应北伐，历任汉口市公安局局长、代市长。南京国民政府成立后，历任国民政府军事参议院中将参议、蒙藏委员会委员，陕西省第六区行政督察专员兼保安司令。抗战爆发后调任军委会委员长重庆行营办公厅副厅长。1939 年 2 月任西昌行营主任。抗战胜利后，历任重庆市市长、湖北省主席。1949 年 2 月去职后赴台湾。

④ 张仲宣：张笃全（1897—1952），字仲宣，湖北安陆人，张笃伦之弟。1905 年入私塾就读。1913 年考入湖北警察学校，后转法政学校。1922 年任武昌高等师范学校庶务主任。1926 年 10 月，随国民革命军北伐至武汉，并加入中国国民党。1930 年，中原大战爆发，追随冯玉祥反对蒋介石，被任命为河南省开封县县长，后升任河南省政府参议、民政厅秘书、救济院院长。1932 年铁道部长顾孟余派其出任铁道部专员，协助办理津浦、平汉两铁路事务。1934

近情，词从略。

五月三十日　星期一　晴风

1. 纪念周。2. 邢、杨赴八米。

上午九时举行总理纪念周，余报告各地战情，系根据马司令寄来报纸广播而出。

杨办事员、邢科员、张明德上午赴八米公干。

五月三十一日　星期二　阴雨

1. 派李班长赴甘达寺。2. 蒙藏会来电。

上午派李班长明典赴甘达寺替周南回。

蒙藏委员会来皓电

（衔略）关于驻藏人员经费支领办法，曾由本会依据执事及张工程师威白电示实需数目，呈请行政院核示在案，兹奉汉字第二〇〇八号指令：经召集财政部等关系机关，审查张工程师威白代理期间应支经费，所请数目七七四元开支。（二）高参议长柱一行，在专使行署领有薪津，其所需经费，俟入藏再行核实领支，但在入藏前，专使行署撤销时，所需临时开支由蒙藏委员会酌拟办法呈核，等因，饬分别知照。除分电赵专使、张工程师外，特此电达。至本会两次电汇三千一百元，应作为暂借，俟向专使行署领到后，仍希如数汇还，以便转解国库，并请查照。

（接上页）年，任江苏省民政厅第三科科长。1937 年加入中国国家社会党，担任北平市党部委员，被日寇和国民党利用，委其为情报科员。1946 年 11 月，被中国民主社会党选为制宪国大代表，出席南京制宪国大会议。1947 年底，赴上海出席民社党全国代表大会，被推选为宪政实施促进会常务委员。1948 年，其兄张笃伦接任湖北省主席，张笃全留任省府委员。中华人民共和国成立前夕，湖北省府西迁恩施，张笃全知颓势难挽，遂接受中共武汉地下市委劝告，留省与民主人士开展和平运动。1949 年 5 月 16 日，经中共驻武汉领导批准，派往重庆作策反工作，并掩护共产党员任大中、郭显恩等人脱离险境。后因与中共失去联系，被重庆公安机关扣押，转回安陆县。1952 年 3 月 8 日被处决。1986 年 12 月，安陆县人民法院按照党的既往不咎政策予以改判。

六月一日　星期三　晴阴

1. 拟派员赴甘孜接洽经费问题之办法条录。2. 卫士设宴与邢科员饯别。3. 宴请王县长。4. 发信两件。

雨后新晴，万物焕然，久积之闷亦释。上午拟下列接洽经费办法：（1）述明前日预算书已为紧缩估计，似难再减，拟请照案通过。（2）交部出差及各会出差人员川旅各费待遇之优比较，说明本处职员待遇之薄，决难再事核减，如必不得已，对处长办公费或特别费可酌减，而于各职员之微薄薪俸，为决难一文核减。（3）本处因待遇现已微薄，故全部在途伙食及马干费，务请津贴。（4）如不依上项建议办法，在本处拟将骡马卖空，以资撙节，同时请中央照本处所有全部职员、卫士、夫役，另定待遇亦可。

十二时，卫士以邢科员明日赴甘，特设宴饯别。一时半赴甘达寺与藏方开会之王县长转玉经香达，余亦设宴为其饯行，四时尽欢而散。

致马参赞函

（衔略）前奉一书，计邀记室。弟蒙使座培植、吾兄眷爱，得奉命先行入藏，不意抗战失利及蒋参议先行离职种种关系，以致中途被阻，有负长官厚望、同仁眷爱，午夜自思，愧愤曷已。近奉吴公皓电，以敝处经费由行署发给，并已分电使座，等因。弟以僻处香达，详情不明，兹派邢科员耀德来甘请示使座，关于愚见所及谨呈一二，敬希大力维持，使不致中途员士有饿殍之虑，则公私均感矣。（一）职员待遇：弟月给多少，决从上峰意志，惟由仪仗队调来员兵及格秘书、王书记与蒙藏会由会新加入三调查员“十二（月）起每人月支六十元”，随处半载，辛苦备尝，希望能稍优裕。（二）马干津贴：公家计骡马二十三匹，私人骡马十四，拟请每月津贴九元，系按照文武各机关惯例之请求，如予核减，最多能将弟之私人马干减去，其他希予保留。（三）员士伙食津贴：职员、卫士、伙夫等薪俸已微，又无川旅等费规定，拟职员伙食月给津贴二十五元，卫士勤务月津贴捌元。（四）特别费：近日派格秘书及卫士一人常驻甘达寺，与索康代表交涉，及派王书记赴川报告，派章办事员赴康购物，玉树来往交际等，每月至少三四百元，拟请特与成全。（五）最后入藏愚见，如一二月内仍无明确答复，拟率少数人由黑水赴拉萨，一切牺牲在所不计；如志与愿违，誓引刀自裁，以谢国人而报上官。大师灵榇回藏，如能由使座护送,一切藏事解决尚易办理,否则藏事恐益不堪闻问矣。

致杨、陈、阎主任及吴秘书函

（衔略）弟蒙使座培植，得奉命先行入藏，不意抗战失利及蒋参议擅自先行离藏种种关系，以致中途被阻，有负长官厚望、同仁眷爱，午夜自思，愧愤曷已。近奉吴公皓电，以敝处经费由行署发给，并已分电使座，等因。弟以避处香达，详情不明，兹派邢科员耀德来甘，请示使座，关于愚见所及，谨陈一二，务希大力维持，使不致中途员士有饿殍之虑，则公私均感矣。（一）职员待遇，弟月给多少，决从上峰意旨，惟由仪仗队调来员兵，及格秘书、王书记与蒙藏会由会令新加入三调查员“十二月起每人每月支六十元”，随处半载，辛苦备尝，希望能稍优裕。（二）马干津贴，公家计有骡马二十三匹，私人骡马十匹，拟请每月每匹津贴九元，系按照文武机关惯例之请求，如予核减，最多能将弟之私马减去，其他希予保留。（三）员士伙食津贴，职员卫士伙夫等薪俸已微，又无川旅等费规定，拟职员伙食月给津贴二十五元，卫士马夫勤务月给津贴捌元。（四）特别费，近来格秘书及卫士一人常驻甘达寺与索康代表交涉及派王书记川康购物请示，玉树来往交际等费，每月至少需三四百元，拟请特予成全。（五）最后，入藏愚见，如一二月内仍无明确答复，拟率少数人由黑水赴拉萨，一切牺牲，在所不计。

六月二日　星期四　阴雨

1. 派邢科员赴甘孜，高国梁赴结古候电报。2. 宴请当地军政当局。3. 发电报两通。

派邢科员赴甘，接洽本处经费，卫士高国梁赴结古候电报及购物，均于上午六时就道。借端午佳节联欢此间军政当局，午后三时设席，请马营长、赵科长、李主任、侯卡长等，席间欢呼畅饮，觥筹交错，至五时余，宾主始尽欢而散。

呈蒙藏会电

（衔略）皓电奉悉，关于经费事，职本日已派邢科员赴甘孜谒赵专使请示办理，余续报，敬先奉复。

致章办事员电

本处经费已移赵公，并派邢前往，弟用款与邢电商为要！

六月三日　星期五　阴

1. 观足球战。2. 写字著文。

本处卫士及一二职员，与驻防青军足球赛，马营长请余往观。青军虽勇，技术较差，连络不确，结果一比零，卫士胜。下午写小楷编著国防论文。

六月四日　星期六　晴阴

1. 饬杨办（事）员晒物。2. 著述论文。

连日阴雨，今日放晴，命杨办事员将本处所有公礼、公物、帐篷等曝之，盖以所居之屋太劣，漏雨，旋杨办事员设法泥封始好。

今日无公事，专著论文。

六月五日　星期日　阴雨

1. 写字著文。2. 周南返香。3. 员兵夫大会餐。

余近来除公事外，专事写小楷及编著论文，均稍有进步。此固不足自夸，然处此西进无期、东返不得之时，心情焦虑困苦之际，能从事写作，亦堪告慰也。从五月十五日起，至六月一日计完成西北国防重要及开发青海之我见二十篇，现正编著班禅大师回藏及对藏政策之刍见，约于十五日完成。俟脱稿后，从事编著新疆、蒙古两部。

午后一时，前派驻甘达寺之卫士周南返香，三时本处职员卫士夫役在中山堂聚餐，官兵齐集一堂，极为欢洽。本处住此，境遇之难，从来未见，除少数职员仅两餐米饭外，卫士、夫役终日糌粑，不但面无愠色，而精神非常焕发，除公务外，学藏文、读古文之声不绝于耳，于此可见一斑。

六月六日　星期一　晴

1. 著文写字。2. 李班长报告。3. 格秘书来信。

早晨，八段锦后即写小楷，因轮流报告之事未能实行，故本日暂行停止举行纪念周。饭后著论文。下午李班长由甘达寺寄来报告：(一）青藏会议暂行停顿，双方均在请示中。(二)本日(四日)来藏兵十二人，名为购买给养，实系刺探性质。(三）据云拉萨现有英人所设电台一座，我抗战消息得闻藏人之耳者，均系该电所发出，并云拉萨人对该电台极为满意，因其每日随时均可收发电报云。(四）昌都扎萨今日与魏秘书长一信，详情详于格秘书函内。

格秘书来函

(衔略）青藏会议，因双方提出条件相差太远，会议暂告停顿，双方均在请示中。此种情形前已呈明钧座，此次周南返香达，职又命其当面陈报，故勿用赘述。今日魏秘书长复接昌都扎萨来信，措词颇为强崛，云："民国二十五年掀动青藏战争，西藏决不负责，且西藏所受损失亦不亚于青海，现时所提出各条件，扎萨不敢擅专，惟有向拉萨请示"云云。此其大意如此也。现时情况，以职观之，恐将趋于强化状态，且青海亦将趋于骑虎难下之势，故职现向魏秘书长建议云："现时双方既互不让步，会议恐无良好结果，偏又在此举国一致抗战期间，顾以武力对藏事实，恐不能如愿，如无声无嗅将此会议停止，则青海之威信定受莫大损失。为今之计，青海再与西藏交涉，其交点应集于中央代表为佳。盖西藏常以为中央利害不关青海地方之痛痒，今见中央代表入藏被阻于途，而青海竟气愤填胸，挺身而出，彼等势必有一种惧心，如中央代表能进藏，则其条件西藏政府定能予以局部承认。此事在形式上观之，似全为中央代表着想，而事实上青海所得之利益亦大有可观。且中央入藏代表被阻，在此抗战期中，中央几无术可施，而青海竟能出而代中央完成此任务，彼对中央、对青海影响如何？聪明如君者当不言可知矣。总之，此次会议，青海只能进取，不能明显让步，听其自由发展，更属不佳，区区诚意，尚希三思。"职将此意面达魏秘书长后，彼表示诚恳接受，且将此议于今日以书面向马驯司令婉转达述，能否采纳，尚未可预料。此职与彼接谈之词也。以后如有重要消息，当随时陈报。

六月七日　星期二　晴

1. 发电三通。2. 发函一件。

呈吴委员长函

（衔略）敬呈者：青藏甘达会议前，就便从旁责询藏方理由，曾派格秘书前往。现据格秘书报称：青、藏两方最初均有和平意向，青方以西藏违约，越境杀人，当提出要求：（1）藏方须以书面表示歉意；（2）派有级人员亲赴结古道歉；（3）须赔偿军费及损失费；（4）保证日后永无此类事件发生。后经数度会议，藏方持理狡耐［赖］，全无成功，对上一二三条均不承认，惟允撤当时肇生之藏方带兵官代本、如本各一名，以示处分而表歉意。现双方均在僵持请示中，谨此具报。

呈蒙藏委员会微电

（衔略）刻据格秘书报称：藏方对此间责询拒理由，并无异词，尤非因抗战关系。该代表力称前蒋参议在藏杀人，噶厦及民众会议及一切机关团体均力表反对，曾电呈请中央办理，乃中央未复只字，且未惩究，仍继使杀人凶犯官禄安然，殊于中央无明确保证前，未便请代表入藏等语。窃以职此次被阻，自非单因，然似此实贻藏人以重大口实。除此间力予解说外，拟恳设法，俾减困难，谨闻。

六月八日　星期三　晴、午后雨

1. 搭帐篷。2. 发电一通。3. 发信三件。

连日阴雨，久居斗室，昨日放晴，予拟至郊外野居，饬杨办事员搭帐篷，不时大雨倾盆，未往。

致吴秘书庚电

（衔略）（一）青藏甘达会议已僵，魏秘书长拟请中央代表出席作调解人，已请示马司令矣；（二）请转告邢耀德于仪队中借球胆两个携归。

致索康函

（衔略）径启者：关于本参议入藏事，曾历经函达，贵处已迭次请示，现为时已久，谅贵处当有确定，盼即明白复知为荷。

致魏秘书长函

（衔略）昨适辅民兄返香，询悉吾兄近况，并贵会议结果，藏人素性狡猾，遇事皆然，但以吾兄之擘划周详，谅能措置如反掌也。此间近况如恒，乏善可告，惟同仁多喜游览山水，垂钓江头，成绩颇佳，波水小池，已养鱼多只，以备吾兄归来衔杯话故之一肴佐耳。

致格秘书函

（衔略）迭得来书，备悉各节，关于与魏秘书长之建议办法，颇为妥善，足见弟台考虑之深，筹计之审也。此间一切如恒，无多事事，故仍请弟台续驻，俾便就近办理一切，所有新闻消息，并盼随时报知，如日常生活有困难时，亦请附告，此间当设法解除也。

六月九日　星期四　晴雨

1. 搬至帐篷办公。2. 赐卫士酒。

晨起八段锦后，搬至帐篷办公，下午大雨倾盆，五时返县府。近来卫士除公事外，轮流垂钓江头，得大鱼数尾，送余佐餐，晚赐酒二桶，以资鼓励。余所著之班禅回藏及对藏问题之刍见，不日脱稿。

六月十日　星期五　阴雨

1. 高国梁返香。2. 来电三通。

派赴结古候电报卫士高国梁返香，带有电报三通。

马主席感电

（衔略）五月八日函敬悉。兄衔命入藏，中经艰苦，棉力见助，分所应尔，何足云谢。藏事交涉情形，盼常见示为祷。

黄司令感电

（衔略）冬电敬悉。查此电几近匝月，入藏事或另有决定，尚乞德便见示为盼。战况本日感电详，谅阅，特复。

周秘书之巧电

（衔略）关于驻藏人员经费，会中本拟将分之为两部，以一部给张威白，以一部与兄，乃近经行政院召集财政部及本会审查决定：(1)张工程师威白在代理期内，照所请数目月支七百七十四元。(2) 高参议长柱一行现在专使行署领有薪津，其所请经费，应俟入藏时再行核实支领，但在入藏前专使行署撤销所电临时开支，由蒙藏委员会酌拟办法呈核。云云。其所以对兄经费暂令由专使行署领支者，盖以专使最初任务原在入藏，旅费、薪津均有预算，而兄又原为专使行署之一员，此次入藏名义上虽直属政院，而实际仍则为专使行署之前站，故在专使行署未撤前，经费自仍应由行署支领也。再则官吏在未到任前，照章不能支领薪俸，亦为其理之一，至将来专使撤销而仍未入藏，当再请予兄一笔旅费，并请释念。其外如倪、邓、吕三人非专署职员，将来或在旅费中多列若干，以资补救，弟与院中商及，均甚易办也。除由会电外，特先奉闻。

六月十一日　星期六　晴雨

1. 李班长来信报告。2. 唐磊来信。

（衔略）窃奉钧命来甘达寺，今已十日，因青、藏交涉，双方均在请示中，故无任何消息可资报告。今者聂科长由昌都归来，士与彼谈话中，得知数项消息，今特分项呈报如下：

1. 西康二十四军派一章副旅长，拟来昌都与藏方办理大金寺悬案，闻索康已派一僧官前往阻止，意欲即在德格①开会交涉，不愿章副旅长来昌都。

2. 拉萨某大官员，因与藏政府意见不合，乃逃往外国（大约是印度），请来若干军队攻打西藏，昌都方面之兵调回千名，前往抵

---

① 德格（སྡེ་དགེ）：今四川省甘孜藏族自治州德格县，位于甘孜藏族自治州西北部，东与甘孜县毗邻，南与白玉县相接，西与西藏江达县隔金沙江相望，北与石渠县接壤，地处金沙、雅砻江上游。西汉为“动黏”地。隋唐之初分属白兰和附国。唐贞观十二年（638 年），属吐蕃辖下多康六岗之色莫岗。元属吐蕃等路宣慰使司都元帅府。明洪武六年（1373 年），置朵甘卫，翌年升为怵甘行都指挥司，增置朵甘思宣慰司。清雍正六年（1728 年），置林葱安抚司、德尔格忒安抚司；雍正十年（1732 年），升德尔格忒安抚司为宣慰司。宣统元年（1909 年）置德化州。民国二年（1913 年），为藏军所据，改设“德西”。民国二十一年（1932 年），恢复德格县，隶属于西康特别行政区。民国二十八年（1939 年），属西康省第四行政督察区。1950 年，属西康省藏族自治区（1955 年 3 月改称西康省藏族自治州）。1955 年 10 月，属四川省甘孜藏族自治州。

御，闻此一千军队，确已西进。①

3. 参议在今年八、九月可进藏。

4. 去岁索康曾向班禅大师借大洋一万五千元，今班禅行辕派人赴昌都讨取，索康已如数偿还。

5. 藏方与青、康之交涉，均未办妥，各方商人来往，均感不便，故现时商业萧条，物价昂贵。

以上数项，系聂科长之口述，是否可靠，尚不得知。又，士来甘达后，与藏代表及蔡翻译嘉洛，均未曾晤，因彼等未来甘达，士亦未往日雷寺。据格秘书云：在青、藏交涉尚无头绪时，我等不须与藏方直接交涉，此意是否可行，恳乞鉴核示遵。

唐磊来函

（衔略）前月十五日，此间噶厦转到钧示，近因藏方处境日迫，我公寄来之件，索康更疑有重要秘密，故不惜食言擅拆信件，磊至此本欲报以强硬态度，然终恐仍有顾虑，故再忍之。惟二三月以来，此间各藏官态度，虽显然一变，但磊自身仍感无亲近之可能，迄索康再食言拆信后，虽决定藉此暂谢酬酢，以免应酬，故月来不强硬对索康，似亦不宜往晤。目前藏官处境显较为优，若我公入藏，亦不过为较迟较早之一问题耳。惟因藏官在最近某月内，中日必有一生死之大

① 1934 年西藏著名的邦达昌家族成员邦达多吉发动了一场反抗西藏地方政府的反叛，其兄邦达饶嘎参与了这一事件。反叛失败后，兄弟二人均受到西藏地方政府的追查。由于邦达昌家族的富有和广泛的社会关系，西藏地方政府担心丧失由“邦达昌商号”所掌握的政府资产，最后邦达昌家族免受惩罚。邦达饶嘎于反叛后的第二年即 1935 年从康区逃往印度。到达印度后，邦达饶嘎避居在噶伦堡。之后在 1937 年又有拉萨官员江乐金·索朗杰布和土登贡培二人，因与西藏地方政府政见不合，受到严加管束经锡金逃往印度一事。在噶伦堡，他们二人结识了邦达饶嘎，此后才有了 1939 年邦达饶嘎、江乐金·索朗杰布和土登贡培三人一起创建西藏革命党的历史事实。但在高长柱记录这篇日记的 1937 年，他们三人尚属势单力薄，并没有能力集结军队攻打西藏。再者昌都方面的兵力几乎都集中在东部川康边防地区，实不可能抽调一千军队西进抵御。笔者查阅相关文献资料，也未见关于这一事件的记载。所以高长柱此处所记很有可能是聂科长的道听途说，并非确有其事。

会战，故磊意其整个态度之表示，最迟或须在大捷报传来以后也。蒙示与此间各重要藏官说明各点，而各藏官已先磊而知，容稍等候，似即可证明其利害，故磊意仍不宜向索康关说，以达目的也。此外应陈各项，分呈于后：

一、囊谦县府之聂科长文奎到昌办货，磊因恃有聂君返囊之便，故奉到谕示后，未即函报，惟不料聂科长屡变归期，遂使十日前写妥之书函，又多因失其时效而作废。聂科长来言明晨或可首途，故又忙中草成此件，涂率不恭，向恳鉴宥。另有呈会恒字第 31、32、33 各件暨呈马委员、孔处长、陈主任三函，所呈各项，均应转呈核察，惟因繁琐仓卒，不克专报，故仍专呈我公转发，便中即恳核夺。

二、如中央决心于今年内护送班禅灵榇入藏，则此间藏官必不重视对青、对康诸问题，惟青藏、康藏问题倘仍同时进行交涉，则藏应接不暇，必益感痛苦，而从速投入中央怀抱。观此间近来情势，青藏甘达寺之交涉似无结果，目前索康因闻康方代表欲来昌都已感头痛，而其拒人来昌，似有仍闭关思想，倘此时青方代表亦真表示欲来昌都，且与康方代表同坚决其来昌意志，甚而至于毅然前进，则藏方对此种联合进迫形式只有让步，只有投入中央怀抱。倘将来索康仍故作强硬，只此一点即足制服之。日后囊谦如无便人到昌，此间消息恐再难详报，然一切演变均不难逆料，此后藏方困难恐怖日见尖锐之时，如青康行动一致，则任何强硬手段均可达到和平制服藏官之目的，此似为日后外间对藏必须有之信念。

三、闻本年西康一带可望丰收，如班禅处人员及中央官兵在七月以后到昌，则人马纵有数千，粮食亦无问题。惟青稞麦子必须预先磨存一部，则可临时应数千人之急。又康西不通法币，乡民好大洋，将来采办粮食必须巨款，未进行之前，最好专人先解川茶数百驮，沿途换取粮食，预为存备。如此则不仅兵之伙食费节省一半，且不须随带数十万现洋同进。倘有可能，同时即由康省南北二路及滇省专派得力人员，源源解办货物入藏，初视为入藏官兵之合作社，暂借以树立商业之基础。

四、磊处境困难，蒙已洞悉，实深感泣。现磊预计经费一项，极端节省开支亦只能支持至八月底，如炉城①六月内起解货款，最快亦须八月到昌。如将来抗战形势日渐好转，则七、八月间班禅灵榇可回藏，乌拉必感缺乏，途中恐有迟延，否则将来由德解昌途中，藏官固予以种种阻碍，亦恐难于八月内解到。磊再四筹维，诚恐青黄不接之时，无法补救，故磊意如有可能，拟恳我公急电赵专使，请由专使或班禅堪布厅来函通知班佛处派来此间之孜仲，在收回之款项内暂拨二三千藏元，一俟磊款到昌都，即一个月后，磊可将欠藏方之债款二千二百元悉数偿清，立时回复信用，则对磊实多加益。因辱蒙关爱，故敢渎请，如蒙赐全，则感恩实同再造，倘万一有特殊困难，即恳作罢。临颖瞻依，不尽欲陈，书到后即恳简复，可仍由藏差转递。

六月十二日　星期日　阴雨

1. 发函四件。2. 发电三通。3. 大会餐宴请马、赵、聂等。4. 来电三通。

致孔处长、陈主任函

（衔略）近闻戴院长起节西来，兄等亦并辔前往，钦仰贤劳，萦情极备，未能躬亲迎迓，畅叙别怀，良用怅闷耳。柱久羁边隅，无多事事，日惟偕同所属寄情墨简，以遣困怀，切乘迩日草长风和山水间，颇不乏幽情雅趣，亦足为游人捉弄之具耳。大师灵榇回藏事，各方声传三大寺喇嘛颇愿死力为后盾，反对政府之阻绝，果能事实，谅易达到成功也。此间驻防骑兵一团，往来函电，须由结古转发。再，关于敝处经费事，刻得会中电示办法，似颇参差，已有函电分呈吴公及赵公，兄等不难洞闻其详，盼便中多予协助。

致罗桑坚赞②委员函

---

① 炉城：指今四川省康定市，明清时称作打箭炉，简称炉城。

② 罗桑坚赞（བློ་བཟང་རྒྱལ་མཚན）：字吉仲，藏族，为九世班禅属下苏本堪布。1881 年（清光绪七年）生。1923 年随班禅奔赴内地游历。1929 年 2 月，奉班禅之命在南京设立班禅驻京办事处，任处长；4 月，出任国民政府蒙藏委员会藏事处处长。1930 年出席蒙藏会议。1931 年出席国民会议。1933 年 1 月，任立法院第三届立法委员。1935 年 1 月，任立法院第四届立法委员；11 月，当

（衔略）班佛功在党国，泽被生民，宣扬教化，遐迩同钦。顷闻藏方以英人以噶厦欠款支吾不付，将增兵江孜，迫逼偿还，及青藏、康藏两会议均现僵化等事，大起忧虑。班佛灵榇如能早日回藏，则于安定藏局大有裨益。诸兄远瞩高瞻，当有所见，如蒙赐告一切，无任铭感。

致李县长函

（衔略）弟留驻贵治，鼎力赐助，无任铭感。关于入藏事，稍有转机，昌都当局以种种关系态度较前转圜。以现情推测，班佛灵榇回藏，弟可进往拉萨也。

呈吴委员长函

（衔略）钧电敬悉。（一）青方以西藏二十五年违约渡江，良臣司令莅此，遣使聘问，于是有甘达会议之产生。青方代表为司令部魏秘书长、王处长，藏方代表为孜仲、仲科二人，两方自上月十五日起，正式会议数次。青方所提条件：1. 藏方须赔偿人马枪枝损失费十五万元。2. 须派有级官员莅玉，以书面致歉。3. 藏大唐陈诸地，应归青方。4. 藏方肇事之代本、如本应予撤职，并交还青方之逃兵枪械。5. 保证此后不再发生此类事件。但藏方力予否认，且提相对条件，致至今毫无结果，刻青方拟将代表召回，似有决裂趋势。（二）康方为解决大金寺案，已派章副旅长前赴昌都，闻藏方派索康之子旺钦①及仲科、葛来业正前往阻止，要请于德格会议，刻正在进

（接上页）选为中国国民党第五届中央执行委员。1937 年 1 月，任蒙藏委员会参事。1939 年 8 月，免参事职，任蒙藏委员会委员。1940 年护送九世班禅灵柩往扎什伦布寺建塔供奉。1945 年 5 月，当选为国民党第六届中央执行委员。1948 年行宪后，仍任立法院立法委员。

① 索康之子旺钦：指索康・旺钦格勒（ཟུར་ཁང་དབང་ཆེན་དགེ་ལེགས）。生于 1910 年，其父亲索康・旺钦才旦（ཟུར་ཁང་དབང་ཆེན་ཚེ་བརྟན）放弃了继承权后，旺钦格勒成了索康家族的首领。他自幼在英国于江孜开办的英文学校学习。1928 年出任小噶仲。1936 年，作为其父亲的主要秘书前往东部藏族地区。1938 年升任代本。1943 年 8 月出任噶伦。1947 年，在逮捕前摄政热振活佛时起带头作用。西藏和平解放前夕，曾力劝十四世达赖喇嘛逃往印度。后于 1954 年 12 月当选为全国政协委员，并担任西藏自治区筹备委员会委员。但有

行中。结果续报，余详函呈，谨复。

呈赵专使电

（衔略）箇电奉悉，职以昌都及大师灵榇回藏各种情报，专派兵送呈，谨报。

致王科员电

（衔略）养电悉。藏方对柱入藏，已有转机，详快函。书籍多搜集，款要设法。

午后请前任聂科长及马营长等会餐。

王、倪、章来电

（衔略）元电奉悉，职等筱日抵甘，将详情面呈使座，抱平秘书及有关人员、戴院长一月后可到。由渝抵康款不便，康定物价甚昂，刻定马日续进，余函详陈。

赵专使来箇电

（衔略）元电悉。所见极是，惟应先与马司令商妥，再行呈请中央，兹已去电征询马之意见矣。王书记等筱抵甘，马东进，携来兄函，并面述各节，均悉，另复。

六月十三日　星期一　阴雨

1. 发函一件。2. 发电四件。3. 来电一件。

呈赵专使函

（衔略）敬呈者，前由邢科员奉上一书，并面呈，谅邀钧察。刻复奉蒙藏委员会周秘书巧电开（已载十一日日记内，从略）。窃查职此次西来，所有职处调用人员，除钧署外，蒙藏委员会仪仗队均有，皆无底缺，即自钧署来者，自去年二月止，已开去原职，如照该电办法，第不知全部薪俸及川旅各费，作何开支？且如钧署结束后，职处经常费，又不知作如何办法？且一谓留羁中途，不得视为到任，支领薪俸一节，考诸此次交部、参部、军委会所派各员之种种先例，尤属

（接上页）怀疑他在私下挑起康区的叛乱。1959 年 3 月 10 日，在拉萨叛乱中，旺钦格勒流亡印度。1960 年至 1972 年，在美国西雅图华盛顿大学供职，此后赴台湾。1977 年在台湾去世。

何解？职窃思此次西来，备蒙钧座及国家之厚遇，孰意事不随心，久致羁留边土，精神物质，时感萦愁，前为深体国难计，诸事均从节简，迭加紧缩，私人骡马存款枪枝，垫用殆尽，然当局执事尤予难之，拮据至此，究复何为？兹拟有请者：（一）如照电该电办法，敝处各员之无底缺者，及钧署已被除职者，仍有历月薪饷川旅各费，拟恳转请中央，照章给予适当处置。（二）钧署结束后，敝处历月经常费，拟恳钧座草拟办法，电商吴公，务请中央核示。（三）所有敝处由钧署垫借物款五千元，蒙藏委员会拨领三千一百元经费，拟恳准予核销，外亏垫之数，即乞电汇，附清单一纸。（四）即予拨支二千元，交邢科员具领，以济燃眉之急。（五）拟恳钧座转恳中央，维持原有最低预算，即万不得已时，可将职办公费、交际费核减，各员区区微薪，能予保留为感！（六）如认为敝处仍宜再行缩减全部人员，应由中央规定待遇，请指示办法，自应遵照。（七）本年八月以后旅费、经常等费，乞先汇寄，免有捉襟见肘之虑。要之，职以此次西行，自应以国家为重，然所有困难，于可能范围内，似应设法减除，至于待遇一切，同为中央机关，丰简似应平等也。外此间发电，颇感困难，附呈吴委员长电两通，恳予赐发。

再呈者：刻得此间县府前任聂科长由昌都新返，转报唐磊密告，面称：（一）现康方派章副旅长前赴昌都，交涉大金寺案件，甘达会议复成僵局，藏方财政极度困难，内部颇不一致。且英人复有增兵江孜之举，而在昌大金寺喇嘛，复有粮食不给之虞，加以大师灵榇复声言回藏，故藏方感此种种困难，已形手忙足乱，无法可施，章副旅长如挺身以前，藏方必无法制止。兹恳将此情，电转中央，再电噶厦，际此中藏连络无人之际，务达到入藏目的，钧座可否将此意函转康方执事。（二）据昌都官方便谈：藏方以感此种种困难，无计可施，似大有投入中央怀抱可能，前拒绝职之主力者为索康，现已改变态度请示，故据现情推之，早则八、九月，迟则九、十月，索康定欢迎职入藏云云。（三）拉萨三大寺喇嘛对大师灵榇入藏，颇愿以死力为后盾，故决无问题，盼护送大员仍由钧座任之，职躬为前驱，追随左右也。（四）为能早日入藏计，可否电呈中央，明令噶厦，不准阻挡，职一面首途也。

致周秘书电

（衔略）巧皓两电奉悉，兹有请示者：（1）本处调用人员，除行署外，钧会及仪仗队均有，暂无底缺，其薪俸川旅费当如何？（2）来自行署者，去年十二月止，已开去原缺，数月来之薪俸川旅各费，当如何？（3）柱此次奉命，原拟兼程，所由行署及钧会拨垫经费，共四千七百元，早已用罄。现所赖出售私人骡马枪枝及地方挪借，以维全部最低生活之计，现已欠四千元，碍难再行设法。兹为维持中央代表颜面，及为全面生活计，又当如何？（4）此次参部、交部及军委会派赴西藏人员，均中途而返，仍照定章原支薪饷、川旅、津贴各费，第不知未到任前，不能支领薪俸一语，作何解释？窃查中央出差人员薪俸、川旅各费，向有定章，国难期中，对于派赴边疆人员之待遇，尤不乏先例：前交部人员除照章支领三倍薪并川旅费外，且有边远津贴；参部所派之调查员，除薪俸外，每月且领办公费百数十元。柱意同为中央机关，待遇丰简，似应一律，所有紧缩艰窘情形，已至于斯，临电迫切，敬乞电示祇遵。

呈吴委员长电

（衔略）青藏甘达会议已成僵局，青方代表魏秘书长拟以中央人员入藏为先决问题，已请示马司令核办中，职电马主席亦顺便提及。刻据唐磊及各方密报，藏方当青康交逼，英人且于江孜增兵，内部颇形惶恐，如中央能示意青康地方协同一致，以中央代表入藏为条件，进逼藏方，不难转投中央而达入藏目的也。

致马主席电

（衔略）顷据驻昌人员密报：（一）藏方因经济困难，已裁兵千人，为免外人注意，每日陆续遣三四十人回拉。（二）柱入藏事，索康已请示噶厦，如能得青康当局帮忙入藏甚易等语，谨闻。

致马主席电

（衔略）柱入藏事，仍在积极交涉中，刻日青藏甘达会议，可否于转告贵代表赐予帮忙，俾早入藏，公私均感，如何？盼示！

致黄司令电

（衔略）感电敬悉，辱劳远念，至感！入藏问题，正积极交涉中，后当续闻。

吴委员长来电

（衔略）元二电诵悉，藏方近与青、康会议，此间尚无所闻，其详情如何，及各方参加人员如何，统希查明电告，以凭核办！特复。

六月十四日　星期二　晴阴

1. 刘玉珍赴甘孜。2. 拟解决边疆问题计划题。3. 发函二件。

本处经费自移交行署后，已派邢科员前往，现因种种关系，又派刘玉珍持函面陈邢科员，转呈赵专使商洽，五时就道。

致周秘书函

（衔略）长柱此次蒙委座及国家厚遇，孰意蒋参议事先擅离拉萨后，抗战失利，未达入藏目的，被阻途中，精神物质交萦。关于本处经费，因奉命兼程入藏，所携公私骡马八十余匹及员士每月用款，除随行人员、骡马食料及饮食不计外需千元，承委座及赵公共垫洋四千七百元，现已亏空四千余元。兹为深体国家困难计，所事均从节简，迭加紧缩，私人骡马、枪枝、存款及向此间当局借用已感困难，不意政院诸公尤予难之，拮据留此，究复何为？（一）藏方近因青藏会议将告决裂，康方代表章副旅长来昌会议，被阻中途，大金寺喇嘛因昌都给养缺乏，时起纷扰，班禅灵榇又停止回藏，及英人追欠民十九年购枪价八十万，声言武力讨取等关系，已不如去岁之强横骄矜，如在可能范围内，请求中央电令噶厦保护，则长柱轻装由黑水偷往拉萨，则一方可免藏方前来拒绝，一方又可达入藏目的，是否可行，敬请电示。（二）长柱鉴于抗战失利成分少，决心努力边事，上报上官厚遇及友好如诸兄之眷爱，八月来除已完成边疆问题论文题三十六篇，携呈核准发行外，并拟成国防筹边计划八篇，拟于短时间内派员送呈。如入藏无望，决心将前者所拟边疆常识问答二千题并行发表，以尽国民天职而报国家厚恩，个人则远离中枢，静修免过。诸兄推爱，久领心中，故不揣冒昧直陈一二，如蒙赐示，俾有遵循。

再呈者：各部人员，每月三倍薪俸外尚有旅费，每日两元旅费及每人边远津贴八十元，参部一个调查员于薪俸、川旅等费外，每月有九十元交际费。国家对边疆服务人员如此彼厚此薄，诚令人不解。

兹拟解决边疆问题计划题如下：

（一）开发青海之目的及其意见；
（二）整理新疆与国防；
（三）整理陕甘经济交通与开发西北；
（四）班禅大师回藏（包括灵榇）与解决西藏问题之刍见；
（五）速辟印藏国际交通线之意见；
（六）收复东北后之国防建设；
（七）整理康藏界务之意见；
（八）外蒙古之收复对策及国防建设；
（九）云南建设之步骤与缅甸界务解决之管见；
（十）内蒙古建设之目的及步骤；
（十一）开发海南、玉树二十五族之目的及其意见；
（十二）开发拉卜楞之目的及其意见；
（十三）移民实边之目的、实施之步骤；
（十四）解决西藏问题与对英政策；
（十五）开发边疆交通之重要性及实施步骤；
（十六）抗战结束后筹边之重要性及实施之步骤；
（十七）调和全国民族之刍见；
（十八）中国国防政策与筹边。

外唐调查员附来报告三件，均请阅后转寄蒙会。

六月十五日　星期三　阴雨

1. 李班长报告。2. 发信三件。3. 发电三通。4. 李县长过香。5. 昌都代表来函。

李班长报告

（衔略）今者，藏方蔡翻译于本日来甘达寺，彼系奉藏代表命来询问青方向玉树请示者转回与否，因藏方表示不能让步，只候青方请示者转回，即决定会议之解散或重开。据翻译云：西藏政府民国二十五年之青藏战争，其错误不能归任何一方担负，如需道歉，则双方均应派员互相道歉。由是观之，青方除采取格秘书所供献之意，即以中央代表为交涉中心外，则会议立即崩溃矣。蔡翻译又云：蒙藏委员会及喜饶嘉错之电及参议之信件，昌都噶厦已将原文送往拉萨，如专差转回，则参议之进藏，恐有八九成希望云。是否可靠，尚不得知。关于蔡翻译之为人，大约周南前已呈报钧座，据士今日与彼谈话之结果，彼对中央备具爱护，颇欲追随钧座供应驱使，恨不能立即脱离现任职务，奔往香达。士答彼在钧座未进藏前，余等均觉异常烦闷，如钧座能抵拉萨，则蔡先生之目的足可圆满达到。彼闻此言，额首称是。谈约两小时，彼方辞去。士与彼所谈者，全为中日战争、中国必得最后胜利之原因，与夫西藏不应趁火打劫。又据蔡翻译云：藏代表于来雷寺曾带有大米三驮、白面一驮、粉条半驮，拟于会议结束后，作为送青代表之礼品，今观会议行将不欢而散，送礼一事亦将免除，故拟出售，如本处需要购买，请来示或派人往购。

致唐调查员函

（衔略）由聂科长携来周、孔、马、陈及柱诸件均已收到，并转函吾弟，处境如此，柱已函电各方于经济上代为设法，至建议之处，除柱力表赞同外，并以函商诸要人，如时机可能，谅必马上实现也。柱此次西来，决本中央意旨，克始克终，中途多被阻一日，决即多留一日，被阻一年，决即多留一年，要之，不达入藏目的不止。藏方及其诸执事不明大义，于柱何关，不过多与中央树怨，自造厥殃。柱以同人热衷，徒增为人抱恨之念而已。刻日青藏甘达会议，柱大有所闻，康藏近日解决大金寺之案，刻日刘委员长电，亦颇明究竟。柱以长此以往，远非地方幸福，如柱能早日入藏，谅能化险为夷，且盼吾弟以明情立场，多与友好诸执事劝以大义，早日相迎，于公于私，对诸人实多便利；不然抗战以后之入藏方式，恐不至如此简单，幸勿侥幸一时，自贻伊戚也。

致魏秘书长函

（衔略）迺者：刻得悉甘达尚有什物出售，柱拟命格秘书就购买数项，约须大洋数十枚，拟请吾兄代垫，归来时当即设法奉赵，因弟现存均系票洋也。

致格秘书函

（衔略）得李班长报称，甘达尚有什物出售，兹附单请即照购，所需之款，可就便于魏秘书长处领取，柱已特函商办矣。

呈吴委员长电

（衔略）刻得甘达会议藏方代表孜仲罗松旦曲、仲科嘉然士巴函称：此次交涉一月之久，数度会议，殊青方毫无诚意主持和平，故无结果，已决返昌。等语。谨报。

呈赵专使电

（衔略）刻得甘达会议藏方代表孜仲罗松旦曲、仲科嘉然士巴函称：此次会议一月之久，数度开会，殊青方毫无诚意主持和平，故无结果，已决返昌。等语。谨报。

致吴秘书电

（衔略）邢科员来甘，谅已明本处各情。刻据昌都及藏方蔡翻译密称：索康近以公私环境日感困难，态度回变，已建议噶厦迎弟，确有八九成希望。谅短期可决定，弟准待机即前往，此间偿还各方垫借，及希望出发路费，尚无着落，可否请使座便中增汇一千元，免误行期，如何？盼复。

即赴玉树之文卿县长返香，访谈甚久，藉悉青藏会议无良好结果。以藏方现势推之，既开罪中央，又结怨班禅，仇视康青，其背景当不难而知，然青军统治番地历有年所，若此会议无结果而散，则青方威信大减，且必被番人卑视，青军以颜面计，恐不惜武力相加。正在全国一致抗战之际，青方何暇顾念及此，忍此小忿而就大谋也。

藏代表来函原文

参议钧鉴：此次职奉命代表青藏交涉，迄今一月之久，开会数次，青方毫无诚意主持和平，职没有办法结束成功，只得告辞回昌。前参议部下周先生驻甘之时，青藏双方会议纪念照有数张像片，恳请饬知周先生，各样请带数张，其费若干照付为感！现存白米九斗、白面八斗、粉条一篓，倘有用处，付价来人，以便从命。所有各照相片，职今派人专差手代来，恩德不忘，特此谨禀。敬叩万福金安！职孜仲罗松旦曲、仲科嘉然士巴谨禀。

六月十六日　星期四　晴

1. 李县长来访。2. 青代表来信。3. 卫士高国梁、王怀旧赴深山狩猎。

饭后李县长来访，晤谈颇久，由与李县长谈话及藏方代表来信中，预知此次会议，将无结果而散。查此次会议，系出青方主动，而青方目的不达，势必有其他动作，否则青方势如骑虎，而藏方则动以中央为借口，青藏双方，均应听命中央，不能擅自私订任何条件。其意义虽正，然口是心非、素性狡猾之藏人行动、言语时呈矛盾现象。余系代表中央，尚被阻中途，今出此言，宁非笑话？不过此会议无结果而散，而藏人见逼，英人结怨班佛，青藏会议僵局，不能不欢迎余入藏，以作转圜耳！

青代表魏秘书长来函

（衔略）兴菲材忝膺重寄，株守经月，毫无建树，虽云藏人素狡，亦兴才力不逮，午夜以思，踢踏无地。近闻老桧索康，有调往西藏之说，此系和议中变之原因，盖索欲借此以延残喘也。顷奉敝居停来函，谓适因主席因公赴贵德，复示尚未奉到，着兴再候数日，然以兴管见所及，似等转圜之望，计惟有另订再会日期，以掩决裂名目而已。悦希兄诸无恙，与兴相知日密，已与计在此，终始以从，乞释注念，屡沐厚谊，容后面谢，晤教匪遥，不胜雀忭！

静极思动，人情之常，卫士高、王二人，向余请求赴深山围猎，许之。傍晚，归，狩得石羊一只，重五六十斤，去其皮，赐卫士作食料。

六月十七日　星期五　阴雨

1. 著文。2. 马营长、李县长来。3. 拟定格言赠卫士。

饭后继撰国防政策与筹边未竣之稿，凡十九页，精神焕发，兴趣颇浓，以浆糊粘贴破坏之稿纸，不意误将黑墨涂其上，至为可笑。马营长、李县长来访，据谈马团长不日即将来香等语。拟定“做人无二道，应存互助互让互谅；律己有一法，须抱自责自省自奋”一联，并赠卫士队，以资鼓励。

六月十八日　星期六　晴

1. 派吕科员、杨办事员率卫士一名欢迎马团长。2. 训诸卫士应努力学术，解除不良习气。3. 观篮球赛。

据马营长云：团长今日可到，即派吕、杨等前往欢迎，未至。三时即返，集合卫士训话要点：1. 吾等滞留中途，前进无期、速返不能之际，与吾人以绝好求学机会，应充实自己，以备将来。2. 一切不良习气，如烟酒、嫖赌等，均为丧身败名之事，尔等均系青年，尤应自勉。本处卫士与驻军篮球友谊比赛，请余参观，卫士技术尚佳，结果二十比二十四，傍晚归，写小楷四百余。

六月十九日　星期日　阴雨

1. 魏秘书长来函。2. 格秘书告返期。3. 李班长来报告。4. 与李县长洗尘。

接青代表魏秘书长来函

（衔略）顷奉敞司令来函，谓奉香公主席复电，既藏人无求和诚意，可调魏某回结，勿再谈判，等因；与兹决废历二十一日来香，聆教匪遥，无任雀忭！

格秘书亦来函，谓与魏秘书长同日返香。

李班长来报告

（衔略）兹有呈报者：即本日魏秘书长接玉树马司令命，谓奉主席命云：西藏不肯向青道歉，即系对会议无诚意，似此情形，会议无再开之必要，着将代表撤回等语。魏秘书长准于后日启行返玉，藏代表亦于明后日回昌都，后事如何，尚不得知。彼等走后，士转回香达抑仍留居甘达，祈钧座裁夺示遵。

午后，藉会餐之机，特设宴与李县长洗尘，并请赵科长作陪，四时始散。

六月二十日　星期一　晴

1. 派吕、杨分迎马团长、魏秘书长。2. 设宴与魏秘书长洗尘。3. 与魏秘书长畅谈。

派吕科员往迎马团长，杨办事员往迎魏秘书长，马团长未至，魏秘书长一时许抵香，下午三时设宴与魏秘书长洗尘，并请李县长、马营长作陪，五时始散。六时余，魏秘书长来余寝室，谈话如次：

彼谓：此次鄙人谬以菲材，代表青方与藏方会议，自愧乏术应付，午夜扪心，恐惶何似，幸忝爱末，乞有教我等语。余答：不敢当，有垂询之处，当竭力供献所见，吾等已属一家，不必客气，当综合众见，以期达到初志。彼继谓：此次会议目的是求地方安宁，双方永久和平，不意藏人诚意毫无，以致产生月余之青藏会议而竟夭折，不仅为此会惜，亦为藏方叹，实非意料所及。鄙人本青方和平宗旨，曾数度向藏方提出缓冲办法，以期贯彻初志，藏方不明大义，则始终支吾，不加可否，迫不得已，始告散会。临行之时，犹寄信索康，大意：1. 贵总管掌藏边大权，不以民命为归，专恃强横，窃为智者不取。2. 贵总管不查事实，不审利害，一味敷衍，不求彻底解决，一意孤行，敬请贵总管三思，认此会有复活可能，本代表当再允延期。3. 贵总管如觉双方意见距离甚远，不妨明白相告，本代表可转请第三者居中调解，以地方事与中央密切关系也。如何之处，敬候裁复。鄙人在此，尚有数日勾留。柱当答：聆先生对此会议之忠诚，令人钦佩，一言一语，均本中央地方为立场，尤非他人所及。目前不幸以僵局闻，柱不禁俯首三叹。正在举国民族抗战之际，各族间尤应推心置腹，摒除私见，增加抗战力量，庶免外人乘机分化。先生慨述意见，无任钦佩，尤能站在中央立场，从旁帮助，公私均感。至于此会可否续开，全视藏方有无诚意为定，本人如有帮忙之处，以求此会圆满而达到和平之望。以现情观之，如青藏会议决裂，益增藏方处境困难。云云。谈至八时，告归。

六月二十一日　星期二　晴雨

1. 派杨办事员欢迎马团长。2. 与马团长洗尘。3. 来函一件。

马营长云：团长昨抵郭钦寺，今到香。派杨办事员前往欢迎，十二时至。下午二时，设宴为其洗尘，并请魏秘书长、李县长、马营长作陪，四时尽兴而散。

罗委员来函

（衔略）仲自四月九日离蓉，十九日至康定小住，五月八日启程出关，二十一日始抵甘孜，荷蒙垂问，抱愧之至。初到此间，照例应酬不了，公事使命，几于无暇进行。朱处长现因发愿闭门诵经，与外间暂绝往来。戴院长据闻本日已由成都启行，大约下月可以莅此，到此于公事大计谅有主张。吾兄有所赐教之处，尚乞随时指示，以匡不逮！

六月二十二日　星期三　晴阴

1. 著文写字。2. 欢宴军政当局。3. 参观赛球。

晨起练习八段锦后，写小楷四百余，饭后继著国防论文数页，午后二时设宴请魏秘书长、马团长、李县长、马营长等，四时余席散，同赴操场看卫士与驻军篮球比赛，卫士大胜，并分赏酒羊。

六月二十三日　星期四　阴雨

1. 应李县长宴。2. 观跳歌装（即锅庄）。3. 格秘书报告赴甘经过。

李县长治宴请魏、马等，请余作陪，并有番妇跳歌装，音喉清晰婉转，进退有节，左跳右舞，浓装艳服，素所未见。一时许辞归，继著未竣之稿，格秘书至余室报告赴甘经过如次：

此次会议主动，虽在青方，而青方希望和平，奈藏方狡猾敷衍，以致该会僵局，殊为可惜。职乘此良机，即与青方建议：1. 青藏会议，决不能无结果而散，以致青方威信扫地，当此之时，惟一办法，应以中央代表为首要。2. 马主席在历史上，在中央方面，能使一般国人致敬而感激，即在此举。现在举国抗战之际，马主席能替中央解决此项问题，国人当有如何影响，代表当明如指掌，毋劳多赘。青代表非常赞同，并谓即将此意建议马主席等语。不意马主席复电未到，藏方即宣告此会不成而归，职又以代表钧座资格，致书于藏方代表：1. 此次中央抗战，系中国民族战，并不是某一民族之斗争，而藏方竟乘机拒阻中央代表于途，实属不当。2. 藏方现要中央代表于途，内地国民心理非常不满，至相当时机，藏方将如何处理之？3. 内地与西藏过去之良好历史，及提携之功，当铭诸史册，不应置之不闻等语，并以口头将所述意见详告藏方代表。语毕默察藏方代表，非常感动，彼云索康确已将参座所去之函专差送呈拉萨，至于如何处理，尚不敢断定，敝代表回昌后，将此转呈噶厦，以凭核办可也。

六月二十四日　星期五　晴雨

1. 写字著文。2. 应魏秘书长宴。3. 发电两通。

晨写小楷五百余，继著国防与筹边数页。一时应魏秘书长之宴，三时归，拟电两通。

致马参赞、吴秘书有电

（衔略）此间经费倍感困难，刻拟移驻甘，似较便利，然非三千元不能洁身起程，盼兄转呈使座移驻一节，可否请使座电商吴公，如何，盼示。

呈吴委员长有电

（衔略）元寒各电，计邀钧览。刻青藏会议已成僵局，青方代表已返，渠为人精明稳健，颇为马主席、马司令所倚重。渠建议司令、主席以地方力量协助入藏，刻正拟办中，如能实现，拟赴玉。如何，恳钧示。

六月二十五日　星期六　晴

1. 魏告别。2. 魏秘书长返玉。3. 派格秘书送行。4. 著文。

魏今日首途返玉，余亦早起送行。四时半，魏至余室告辞，并言此次多蒙南针时颁，不胜铭感，返玉后将此情转告敝司令，以期玉成等语。继谓：参议入藏，若能由中央电令青、康当局，以参议入藏为首要条件，鄙人可负责办理。余谓：贵代表此次会议从旁协助，非常感谢，又蒙提出讨论，公私俱感。本人入藏当能实现，请返玉后致意贵司令，如环境、事实许可，当即趋前面谢。谈半小时辞出，余送至门握手，谓盘桓数日，遽唱骊歌，不胜依依。五时余就道，格秘书送至渡口归。午后继著论文。

六月二十六日　星期日　阴雨

1. 来电八通。2. 会餐。

邢科员来电

（衔略）德昨抵甘，已将各情面陈使座及吴秘书。行署经费异常困难，无力接济，本处业于日前电请中央另拨，德现留待回电。惟行署狭隘，不能借住，惟经济难以久持，乞早示办法。余函详。

禹办事员来电

（衔略）四月请假两月返湘，刻于上月陷（卅日）日返会，拜读函电，奉悉各节。高森已回会工作，职素蒙公垂爱，令随德基兄入藏事，自当遵命，恭候驱策，所有代办事件，及一切详情，容后面陈。又，驻藏经费，蒋参议从未具报。

赵专使来电

（衔略）顷接马司令良臣筱电开：青藏和议事，初该方要求各条件强半承认，后因抗战影响，突然反言，刻正调回我方代表中，所嘱两条，如此事再有转机，当遵命提出谈判。等语。除电蒙藏会外，特达。

其二

（衔略）邢携函悉。本署经费，院令只准于原预算范围内核拨，从四月半起即无款可领。兄处经费，前已电请蒙藏会转呈政院，另予拨款，俟复再告。又，兄请求撤回事，亦遵电商蒙藏会矣。特复。

章办事员来电

转耀德兄，弟冬日抵康，物奇贵，面五斤，他物贵三倍，照单购需三千元，电请参座，弟此用款，兄交涉由此拨最好，康乌拉两月内难办到，兄如先来，米面购若干。

又电

（衔略）职冬日抵康，康物奇贵，面米每元五斤，他物贵三倍，照单购需三千元以上，戴院长青抵康，如何？示遵。

王科员来电

（衔略）职冬日抵康，会款未拨，款在署拨，由邢、章商办，戴院长、孔处长佳日抵康，承孔告钧座入藏途中经费，政院不承认，拟由行署支领，详情恐其至甘后电告，职元赴川。

呈吴委员长来电

（衔略）据电青藏会议，应行提出办法，当经转陈去后，兹准院秘书处谷号笺函，以奉院长电令，青、康两省查询，如确有斯会议，应即将详细情形具报，并将高参议奉派入藏一节附带提出讨论，等因；除由院分电外，相应函达查照，等由；准此。特转知照，为要！

黄司令来感电

（衔略）迩来战甚严重，厦门、合肥皆不守，军事当局现为战略计，皓日退出徐州、陇海线，敌侵入兰封，正激战中。晋战颇利，西北方面安宁，尊况乞时电示。

六月二十七日　星期一　晴雨

1. 派高国梁赴甘达接替。2. 发电六通。

呈吴委员长感电

（衔略）元电敬悉，前呈文、元、寒、有各电，计邀钧览。此间经费极度困难，全部人员薪饷一文未发，拟恳钧座请中央将职处全部经费、薪饷、川旅各费，早日明白规定拨发，以济急需为祷。再，甘达会议已成僵局，双方代表均撤回，附报。

呈赵专使电

（衔略）皓、号两电奉悉。职处经费及调回事，承公电请中央办理，至感。惟此间困难已达极度，除请公电恳中央早日将职处各项经费明白规定拨发外，并仍恳公拨发三千元，交邢耀德具领，分汇接济，俟后结算，拨为职与格去年应领薪俸成分亦可。再，此间久处多艰，且抗战殊无起色，拟请公电商吴公，准职来孜，或进或退，均较便利，谨复。

致周秘书电

（衔略）柱处职员、卫士薪饷，至今一文未发，目前伙食一项，已极困难，地方借款亦须拨还。国家仍须以入藏为目的时，应在此坚持前进，否则东返抗战，亦柱所愿。惟进退对柱处之全部经费，切盼中央即予明白规定，并即汇拨五千元急需。如须撤回时，除前请经常费、薪饷、川旅各费外，并盼酌发遣散费，以便结束，请转呈见示为祷。

呈朱主席函

（衔略）前呈密本，计邀钧览。西藏鉴抗战失利，仍未表示欢迎，柱长羁中途，备感痛苦，拟请求中央撤回，参加抗战。

致潘组长电

（衔略）转章德馨文电悉。可在康暂留物品，候电再办，战情盼随时电告。

贺戴院长电

（衔略）大师圆寂，国家爰仪致祭大典，钧驾西指，遐迩咸钦，引领东云，无任神逐。

六月二十八日　星期二　晴雨

1. 写字著文。

连日阴雨，斗室淡然，今日放晴，欲移至郊外暂住，饭后命杨办事员将余帐篷打好，午后大雨倾盆，未能前往。写小楷二百余，继著未成之稿。

六月二十九日　星期三　阴雨

1. 感慨。2. 录格言两句自勉。

忆余自涉身社会，待人以诚，未曾欺人自欺，无益于国家之事，无益于团体之举，更不乐为。惟率领部曲，则赏罚并用，作事则真实负责，以期为国家良官，为社会善民，不意挟嫌者流摇唇鼓舌，颠倒是非，不能不有世风日下、人心日非之叹也！

兹录格言两句自勉：

吾若翘翘好辩欤？则骄鹤之诮起。

吾若默默无言欤？则寒蝉之讥兴。

不知哪点遂人意？

六月三十日　星期四　晴雨

1. 与马团长晤谈。2. 格秘书搬至帐篷。3. 吴秘书来函并附温度表一份。

饭后应马团长请，前往会晤，据云：此次来香，系催国民捐，每寺平均约摊藏银三秤，合大洋一百六十余元，催齐即返玉。又云：囊谦县全年应摊粮二千六百桶，千户则三倍以上数。查全县所出青稞，除供军粮不足时，须向外县补之。谈三小时辞归。近闻马司令已命千户附近所出之虫草，不准商人贩运，由司令派员监收，并在载曲河边设立挖金场，正在试办中。以上两项，若能告成，获益当有可观。

午后格秘书搬至县东帐篷住，以此日午后大雨，余未往，拟待明日晴时再搬入。晚读《世界大战史》数十页。

吴秘书来函略述

（衔略）兄遇事热心，努力前途，同为国家前途之庆。但现在人士多为落井下石之流，孰肯从井中救人，故吾兄最好东返，参加抗战，以兄之军事学识、作战经验，何处不可得志？且经费无着，长久留玉，安恐不易为外人所谅……等语。遵嘱寄上气温度表一张。

由玉树至甘孜沿途海拔气温表①

地点	月日	气压海拔	早晨温度	午间温度	晚间温度
歇武②	1/1	四七〇〇公尺	零下五度		
日知马	1/2	五三〇〇公尺	零下七度		零下五度
阿罗所纳	1/3	五二〇〇公尺	零下六度		零下五度
石渠县③	1/4	五三〇〇公尺	零下八度	零下三度	零下五度
蒙沙村	1/6	五四〇〇公尺	零下七度	零下二度	零下七度
洽擦村	1/7	五一〇〇公尺	零下一一度		零下七度
起坞村④	1/8	五二〇〇公尺	零下七度	零下八度	

① 由于当时测量手段和条件的局限性，本表中各个地区的海拔高度数据与现在精确测量的相比不太准确。但为还原日记的原貌，本表在整理中对海拔高度数据未作修改。

② 歇武（བཞི་དབུས）：今青海省玉树州称多县歇武镇，位于称多县县境东南部，东接四川省。歇武镇是玉树州的北大门，是玉树到西宁、玉树到四川甘孜州、玉树州属六县都要经过的交通要道。1957 年设歇武乡隶玉树县，1958 年划归称多县仍为歇武乡，1959 年建立歇武公社，1963 年改为歇武乡，1970 年改设为歇武公社，1984 年复设歇武乡。2001 年 10 月 15 日青海省人民政府撤销歇武乡，设立歇武镇。

③ 石渠县（སེར་ཤུལ་རྫོང）：位于四川省西北部，青藏高原东南缘的川、青、藏三省区接合部，北起巴颜喀拉山南麓，南抵沙鲁里山脉的莫拉山段，西北部与青海玉树州接壤，西南面与西藏江达县隔江相望，东南面与色达县、德格县毗邻。隋为附国地，唐属吐蕃，元属朵甘思宣慰司，明属朵甘卫行都指挥使司。清初，受辖于蒙葛结长官司，后属德格宣慰司。清宣统元年（1909 年），置石渠县。民国初年属川边特别行政区。民国二十一年（1932 年），隶西康特别行政区。民国二十八年（1939 年），属西康省第四行政督察区。1950 年属西康省藏族自治区。1955 年 10 月属四川省甘孜藏族自治州。

④ 起坞村（ཁྲིའུ་སྒང）：今四川省甘孜藏族自治州石渠县起坞乡。位于县境南部，1959 年置起坞乡，1974 年改公社，1984 年复乡。

续表

地点	月日	气压海拔	早晨温度	午间温度	晚间温度
山口	1/9	四九六〇公尺	零下一一度		零下五度
竹庆寺①	1/10	四八〇〇公尺	零下一二度	零下八度	
玉隆②	1/12	四七八〇公尺	零下一三度		零下八度
松林口	1/13	四八五〇公尺	零下一五度		零下八度
绒坝岔	1/14	四八〇〇公尺	零下一三度		
甘孜县③	1/15	四五〇〇公尺	零下七度		零下五度

七月一日　星期五　晴阴

1. 搬至帐篷野居。2. 李班长返香。3. 赏卫士酒。

饭后搬至野外，与格同居，清静宜人，编著国防论文，收效较快。派赴甘达担任连络之李班长返香，报告甚详，据云：藏方因与青方会议决裂，以后戒备甚严，来往番民商人，非有索康护照，概不准通过。

卫士连日代余抄写文件及此次随余入藏饮食等项，非常苦闷，又

---

① 竹庆寺：又名佐钦寺，全称“佐庆大圆满禅岭院”。位于四川省德格县竹庆乡更达村，是藏传佛教宁玛派六大传承寺院之一，寺院建于1685年。

② 玉隆（ཡིད་ལྷུང）：今四川省甘孜藏族自治州德格县玉隆乡。位于县境东南部，解放初置玉隆乡，1974年改玉隆公社，1984年复玉隆乡。

③ 甘孜县（དཀར་མཛེས）：位于四川省甘孜藏族自治州北部，雅砻江上游。东与炉霍县接壤，西与德格县毗邻，南与新龙县、白玉县交界，北与石渠县、色达县、青海省相依。“甘孜”为寺庙名称，意为洁白美丽的地方，拥有1300年建制史。甘孜县古为白利摸徒部落牧居地方。隋为附国地。唐、宋属吐蕃。元属朵甘思宣慰司都元帅府辖地。明崇祯十二年（1639年），漠西卫拉特蒙古和硕特部首领固始汗占领康北，封蒙古族王子七人于孔撒、麻书二安抚司，白利、东科二长官司。乾隆五十七年（1792年），孔撒安抚司升为宣抚司。同治元年（1862年）置麻书汛。宣统三年（1911年），置甘孜委员会。民国二年（1913年），置甘孜县。1935年红军长征路经甘孜，建立了甘孜县博巴政府和白利、绒巴岔、孔萨区博巴政府，以及贡萨、林冲、着洛乡博巴政府。民国二十八年（1939年），属西康省第四行政督察区，为专员公署治地。1950年，属西康省藏族自治区。1955年，属四川省甘孜藏族自治州。

因李班长新归，特赏酒一桶，以资鼓励而策将来。

七月二日　星期六　晴

1. 发电两通。2. 李主任来香。3. 著文。

致孔处长冬电

（衔略）闻驾西来，快甚！柱处经费，已达极度困难，员士薪饷，至今一文未发，或进或退，盼兄转呈委座，请中央将各项经费明白规定，汇济急需为祷！如何，盼复。

致吴秘书、邢科员电

（衔略）本处经费困难情形，请呈使座，转电吴公汇款，并指定员士待遇，各款领下，盼德弟速归，并购送团长等衣料。

玉防警备司令部李书记主任来香，至余处晤谈甚久，藉悉白孜卡长，借故强索，被人控告，奉命前往调查真相。

该卡长已食禄公家，何故又强索百姓，有碍省府名誉，有违中央爱民之旨，此辈实应严办，以儆效尤，否则边民将怀疑中央。故用人一项，当严加考虑。

此日仍著国防政策与筹边。

七月三日　星期日　晴

1. 大会餐。2. 宴请军政当局。3. 畅谈余之抱负及中日战况。

本日星期，援例举行员士会餐，并宴请马团长、李县长、马营长、侯卡长、李书记主任、赵科长等，席间欢呼畅饮，得消积闷，亦乐事也！宴毕均告归，独李县长未去，叩余近来能否入藏？精神是否苦闷？并请将中日战事，最后胜利，应归何国，请指示等语。

余答：县长此问，实非余所敢闻，既承垂问，兹将管见所及，竭诚以告。

余此次奉命入藏，幸蒙马主席帮忙，今被阻中途，滞留贵治，鼎力协助，不胜铭感。藏方拒绝，早在意料中。西藏为中国领土一部，自无疑义，惜逊清以愚边、闭边政策，造成恶因。中国革新以还，又因内地多故，致无暇顾及边陲，听其自生自灭，又兼英人欲保障其生命地之印度，乘机煽动，以致西藏不能完全听命中央，若断若续者，已二十余年。二十三年黄专使入藏，始将以前隔阂打消，藏人见英图藏不已，故内向之心愈切。不幸余奉命之初，即全国抗日之始，藏方婉阻于途，幸本处同仁上下和睦，努力学问，本人亦编著边疆常识问答二千题，及边疆论文三十余篇、国防政策等，以供国人有志疆边之参考，精神稍觉安慰。本人出身军旅，不能参加抗日，盖男儿不能效命疆场，为国出力，实堪羞耳！然抗日为目前急要，而筹边亦刻不容缓，决本中央意志，据理驳斥，以期达到入藏目的。

至中日战事，余等更应乐观与自信，最后胜利，必操在我。君不可见小挫而自馁，以中国人口众多，友邦之助，又有贤明领袖领导，最后胜利，必属我无疑也。日本武器虽精，而不顾世界舆论，冒此大逆，此其必败明证之一。军阀专政，不顾民意，财政拮据，贸然侵略吾国，此其必败明证之二。日本军人平日养尊处优，已成习惯，所谓非肉不饱，非裘不暖之士兵，一日使之忍饥耐寒，与非拼命不足生存之中国军队战，此其必败明证之三。

日本所占领各地，均有义勇军破坏其后方，扰乱其秩序，使其防不胜防，精疲力倦，处处均为日本之敌，我军到处是友，且百姓已知日本之残暴，均为我侦察破坏诸工作，则我无往而不利，此其必败明证之四。

日本不打中国，亦是强国，中国不战，则无所求生存，不战亦亡，与死拼命不能求生之军伍战，此其必败明证之五。

有此五端，即可致死命于日本，不必再言。其他吾等努力充实自己，以备国用，锻炼身体，备赴国难，胜利即在目前。语至此，李县长眉飞色舞，诺诺称是。并云：与参议谈话，长我许多见识，倘不我弃，当执弟子礼。余曰：不敢当，互相讨论，尤余所愿。晚十时告归。

七月四日　星期一　晴

1. 与李主任洗尘。2. 来电五通。3. 来信一件。

起床后，命杨办事员治宴，为李主任洗尘，并请马团长、李县长、马营长作陪。二时余，宾主尽兴而散。

奉吴委员长之梗电

（衔略）电告青藏交涉各节，业经诵悉。至可否应邀调停一点，须颇虑者：（一）青藏意见各执，纵兄前往调停，是否有圆满解决之把握，如无把握，当以不往为是。（二）藏方对兄入藏尚多阻难，现又以何项资格前往调停，故目前兄事以设法入藏为最高原则，恐专使行署裁撤后，困难益多。

电二

（衔略）元电计达，准院秘书处函，以据青、康两省当局先后电允，俟与藏方会议时，将执事入藏中节，附带提出讨论矣。特此电达。

罗参议之宥电

（衔略）函悉。（一）章须俟初步交涉有端绪后，始去德格。（二）抗战事，现郑州吃紧，安庆沦敌，敌极图袭攻武汉，但难逞。闽、广敌机常来，伤损甚多。（三）兄入藏事，刘委座[①]已交会提出交涉矣。请释念。

邢科员之寝电

（衔略）刘来各情敬悉，均向吴、阎告商后，复婉陈使座，除云将此情电告钧座外，并与吴、阎商决，本处经费，行署不能接济，只可代向中央尽力催请；钧座补薪，现已无钱发给，行署每日向邮局借少数钱维持伙食。余函详。

周秘书之有电

（衔略）巧电已代陈，可否入藏问题，业由政院电知青、康两省，在与藏方会议时，特予提出。关于该会决议情形，尚乞随时电示。

魏秘书长来函

（衔略）自违教后，于二十八日安日结古，即将我公才器罄陈居停，极表佩慕，甚望我公刻即来玉，凡事均愿竭力帮忙也。兹带来香墨一锭，小楷笔三枝，信封信纸均阙如，尚祈鉴谅。前奉马主席转奉行政院电令，着青藏、康藏办理交涉时，均将我公入藏事列入条件，

① 即刘文辉。

青藏已失时效矣。昨日又函昌都，着派原代表来当头寺①再议，届时当如命提出也。

七月五日　星期二　晴阴

1. 发电五通。2. 八面寺②活佛来谒。

呈吴委员长之微电

（衔略）马、梗两电均奉悉。（一）青方正拟邀藏于当头寺会议，刻得魏秘书长函称，届时准将柱入藏事，提入讨论。（二）此间经费已达极度困难，先后已历陈在案，恳将全部员士薪饷核定，并即先汇款为祷！谨复。

致吴秘书、邢科员之微电

（衔略）陷电奉悉。此间经费，亦极度困难，盼请赵公转电吴、孔二公，速汇款接济。抱兄赐教，现正研究军事，预备将来效死疆场也。

复罗参议之微电

（衔略）宥电敬悉，至感。柱已特电刘委员长致谢矣。余续报，战况盼时示知。

---

① 当头寺：全名为“当头大乘如意法帐寺”，位于青海省玉树州玉树市巴塘乡当头村所在的拉娘山腰，属萨迦派寺庙，由西藏萨迦派喇嘛亚丁更嘎松保来此传教兴建。当头寺在清康熙年间以后发展甚快，寺僧达200余人，下辖今四川石渠县境内的须拉寺、邦岭寺、拉居寺和西藏昌都的萨沟寺。寺院建筑宏伟，主体建筑大经堂雄踞全寺中心，其他殿宇、门舍围绕四周，形成方形建筑群，布局奇特，气势壮观，但毁于光绪年间地震。后又经重建，于1985年批准开放。参见丹珠昂奔、周润年、莫神山、李双剑主编《藏族大辞典》，甘肃人民出版社，2003年，第33页。

② 八面寺：此处应为巴乜寺，亦称巴米寺，全称为“巴米大乘显密乐园洲”。位于青海省玉树州囊谦县香达乡巴米村。原有寺僧150人。寺院建筑分为上下两部分，上部主体建筑为“巴米子浪顿昂谢舟楞”经堂，高三层；下部主要是早期建筑，称为母寺，有一座60柱经堂。该寺属止贡噶举派，由文庆嘉宝创建于17世纪。设有讲经院，辖有本乡买庆尼姑寺，已消亡的达索改寺、拉玛寺等寺原为该寺子寺。1981年重新开放。参见丹珠昂奔、周润年、莫福山、李双剑主编《藏族大辞典》，甘肃人民出版社，2003年，第33页。

致刘委员长之微电

（衔略）刻得贵参议罗君侠兄电开，敬悉多予垂顾，拟将柱入藏事列入讨论，谨谢。余续复，战况盼便示知。

复周秘书之微电

（衔略）有电奉悉。刻接魏秘书长函称，青藏会议时，决将柱入藏案列入讨论。此间经费，已极度困难，切盼兄转恳即汇三千元接济为荷。

午后一时余，素不见人之八面寺活佛特来谒余。寒暄后，彼云：委员住此，感寂寞否？余答：每日除看书，即写字，精神有所寄托，未觉如何。继云：委员住此，凡贵处兵夫均能深体民艰，举动守法，言语有礼，委员如有所需，百姓均乐从命，又兼今岁冰雹未降，青稞茂盛，秋收必佳，附近居民及有知识分子均云此系委员住此，愚民均沾洪福。敝僧以地主之义，特来慰问，并代百姓申致谢意。语毕，并赠山猫皮一张，却之再三始收下。并云回去后，当命所属百姓供给支应，务使委员安心静居，以待时机入藏也。

余答谢谢，不敢当。本人奉命入藏，不幸滞留贵地，诸多麻烦，殊甚抱歉，又承鼎力协助，更感激莫名。本处员士以言语隔阂，或有失检，希予原谅。彼云：贵处员夫均能循规蹈矩，奉公守法，并无丝毫越礼之举，以个人意见，愿代表多数民众，甚欲委员永久住此，则小民幸甚。临行时并言竭诚诵经，默祷委员安康，早日入藏也。谈一时余，辞归。

七月六日　星期三　晴雨

1. 发电三通。2. 发信二件。

致马主席之鱼电

（衔略）刻得安轩兄函称，贵方拟藏方于当头寺再议，并蒙垂顾，准将柱入藏事，列入讨论，公私均感，抗战消息如何？盼便赐示为荷！

呈孔院长之鱼电

（衔略）刻得海南警备司令部魏秘书长函称，青方正邀藏于当头寺会议，届时准将柱入藏事，列入讨论，谨报。

呈赵专使之鱼电

（衔略）刻得海南警备司令部魏秘书长函称，青方正邀藏于当头寺会议，届时准将柱入藏事，列入讨论，谨报。

复魏秘书长函

（衔略）历蒙吾兄嘘植，及贵主席司令眷顾之诚，准于会议中，将弟事列入讨论，无任切感，谨此鸣谢！此间风物如恒，无多上告。尊况及抗战情形如何？盼随时示知，香墨及小楷笔，均已收到，附谢，肃复。

致王县长函

（衔略）侧闻足下有荣返之行，不识何日起驾，并是否重返玉治也。柱此间久处，颇感寂寥，屡拟来玉与贵司令及诸友好把晤，如成事实，谅可再事言欢也。贵处近得战况消息如何？及尊状何似？盼随时示知。

七月七日　星期四　晴阴

1. 修补帐篷。2. 写字著文。3. 观足球战。

搬住帐篷数日，空气新鲜，精神焕发，胸襟亦随之畅然。惟昨夜暴雨狂风，帐篷亦为之吹倒，拉坏数处，幸为时不久，今早饬卫士觅裁缝修补，写字数百，并著国防论文数张。午后本处新组织之足球队，与驻军作有意练习，马营长请予往观，卫士连络确实，进退有节，青军虽勇，不能施其技矣。结果四比零，卫士胜。傍晚，散步青野，回思进退无定，滞留边塞，不禁悲愤中来。

七月八日　星期五　晴雨

1. 牙痛。2. 与格秘书谈本处目前现状。

近日牙痛病复发，今日转重，焦急异常，然对余拟定应作之文，曾未稍辍。余正编著间，格秘书来，谓："牙疾未愈，不宜过劳，请稍休息。"余笑谓："吾等既不能入藏，又不能赴前方杀敌，大好光阴，徒使空过，扪心自问，能无愧乎?!"

彼继谓：余对参议此种精神，吾等除敬佩而外，只有谨记实行。然身体亦须珍重，并希稍息，俟病愈后再努力，亦不为晚。命就坐并搁笔对话：

以目前所得各方电讯判断，中日战事最近失利，不久定有佳息传来，而本处进藏问题，最快亦须两月后，俟青藏、康藏会议结束后方能实现，中央既电令青康当局将本处入藏事列入讨论条件之一，决不能在青藏、康藏会议未结束前准本处东返。在此情况下，吾人惟有静候中央命令而定行止，当此之时，应致函索康，据理责问，促其从速明白答复。

本处入藏，全以战事为转移，我战胜则入藏易，若战败则无希望。而战事解决，亦无如此之快，吾人应本始终不渝之精神，继续交涉，君以为然否？

格答：对中央在此抗战之际，犹能注意本处入藏问题，同时电令青康当局力予协助，此固中央所当然，亦系参议策动之力。由此观之，吾等入藏时间问题耳！谈时许，告辞。

七月九日　星期六　晴

1. 发电一通。2. 由各方消息判断中日战况。

饭后，杨办事员签呈，米面仅能维持二旬。据报转请赵专使给大米两驮，维持现状，否则两周后将有断炊之虞。其他菜蔬及零用，更无钱应需，即卫士、夫役糌粑，均无酥油调拌。虽在此困难之际，尤能克尽职责，忍苦自乐，此种精神实堪欣慰。

呈赵专使之庚电

（衔略）此间公私存款俱罄，债台高筑，给养仅足两周，拟恳给大米两驮，其余各物及款少许，请饬刘玉珍运来，该款俟后结算为祷！

昨闻安庆失陷，郑州吃紧，敌图武汉。以情势推之，安庆沦敌，敌军水陆并进，防御较难，但敌人若进我山险困难地形，必为我歼灭也。

七月十日　星期日　阴雨

1. 杨办事员报告本处员士之苦况。2. 会餐。3. 写字。

上午十一时许，杨办事员至余室，报告本处所存各物数量，及卫士夫役之生活状况。

据谓本处经费拮据，上下同人，均能共体斯艰，故种种设施均能达到目的，中间无所阻隔。仅就卫士夫役饮食一项言之，自客岁十一月至今已七月，每日两餐糌粑，钧座见彼等生活太苦，故每周会餐一次，现米将告罄，卫士曾言不宜每周会餐，只有糌粑充肠可也。彼等并言随参座入藏，滞留中途，钧座犹能日夜孜孜研究学问，以备国用，当此困难期间，吾等有心肝者，何暇计较饮食也。昨日发糌粑，马夫亦云：当此公家无钱之时，夫等亦不忍要求领钱买酥油茶叶，有开水就可。

查马夫等虽无智识，其爱团体之心，其意之诚，良可慰也！余点首含笑应之，约一小时告归。

本处自出发迄今，已近八月，而仅领四千余元之经费，除购置马料杂项等用项外，所余无几。职员卫士所恃以维持伙食者，全系由余设法，向当地政府挪借，故卫士夫役，除糌粑外，酥油茶叶亦咸珍品。彼等之苦，余非不知，实亦无从设法也。幸彼等均能仰体斯艰，甘受其苦，此余稍可告慰者也。然卫士皆系知识分子，明理之人，余亦诲之不倦，以期将来同负重任，彼等忍苦自奋宣也。

惟马夫等，皆系目不识丁之农民，而甘受此苦，诚出余意料之外，少数蓄意破坏之流，何啻霄壤之别！

下午在野外会餐，傍晚写小楷数百，九时半就寝。

七月十一日　星期一　阴雨

1. 高国梁来报告。2. 八面寺佛爷野居与余为邻。3. 余近来之工作。

高国梁报告

一、甘达寺一切如常，惟马司令所派之款一千元，该寺喇嘛卖牛卖马摊凑此款，甚为忙碌。

二、藏达所驻之西藏兵，于日前返昌都，自青藏交涉决裂后，青藏来往商客甚少，故消息甚滞。

八面寺佛爷来访，并送余酸奶一大桶、酥油两块，要求在余帐篷侧搭帐篷，允之。

余近工作概况：（一）边疆论文已成三十篇，日记约十五万言，由王科员德基携呈中央鉴核。（二）关于筹边计划，已成青海、西藏、甘肃、拉卜楞等四篇，约十万言。

现决计东返，参加抗战，以尽军人天职、国民义务，惟五年来编著《最新战术原则图表详解》《最新步兵动作绘图详解》及《步操典纵与横之研究》，为时已久，似有改正之必要，并参《世界大战史》战例及吾国应择抗日之方针，编为三项，期于两月内完成：

（一）抗日战术之研究。

（二）世界大战于吾人之教训。

（三）阵地战之研究。

以上三项完成后，拟着手下列工作：

（甲）战术之温习。

（乙）应用战术之研究。

（丙）近代武器发展之概述。

（丁）统帅之研究。

以上数项，期于二月内完成，在上述各项未研究透彻时，决不另看别书，并不以小故而中辍。

七月十二日　星期二　阴雨

1. 李县长来询牙疾。2. 赵科长来询其讲演台事。3. 八米寺①佛爷送药。

早饭后，正在研读军事书籍，李县长至，询余病状，余答已稍好。谈数钟，辞归。

一时许，赵科长亦来探视余疾，余答称谢谢。赵并云本县奉命筑演讲台一座，监督工作，未能时来聆教，殊为抱歉。末云徒劳民力，空费国帑，又有何益？以我施政方针，不必徒恃宣传，尤其番地人民困苦已极，为政者减其苛捐，减其田赋，则民众必怀德，乐为我用。反之，无论如何宣传，今天加税，明天派捐，人民逃亡一空，于事何补？讲演台筑成后，又不知讲演者系何人？听讲者何人？岂不徒劳民

① 即前文之八面寺，详见第105页八面寺注释。

力。二时告归。查赵科长为人精明，富于经验，彼出此言，对施政者不满，概可见矣。

五时许，八米寺活佛来谓：闻委员患牙疾，特将最珍贵药品送余一小包，并云服完后即可见效。然余之牙疾系心火上攻，非药可治，该活佛之药已知无效，然其意诚可感矣！

七月十三日　星期三　阴雨

1. 来函一件。2. 发电一件。

赵专使来函

（衔略）函电均悉。兹奉复如下：（一）本署初拟至甘，将佛榇停妥，即赶结束，讵意奉中央电令，须俟戴院长致祭后方能结束，但结束时间延长，经费并不增加，仍在原核定预算范围内核拨。从四月半起，本署经费即已截止，现已届六月杪，戴院长尚在炉城，预计本署结束期间须在九月，此五个月间无款可领。职员补川各费，除兄等离职者发至去岁十二月份外，其余从十月份起未发分文。本署存蓉少数之款，补发欠薪犹感不足，将来开支更一筹莫展，故兄处经费实属无力接济。前接蒙藏会电，比将本署困难情况详复，请呈政院另拨；兄处经费，今为我兄着想，仍惟有多陈苦况，向中央催发，弟亦当从旁为助，以促其成。（二）请求撤回事亦经转蒙藏会（附原稿），惟兄前既呈请中央将入藏问题加入青康藏会议中谈判，恐须待此会议终了，方可决定撤回与否。（三）康藏会议纯解决大金寺悬案，康方代表为驻甘之章副旅长及德格范县长，会议地点即在德格，兄入藏事，康方已遵中央令转知代表提出谈判。惟据弟所闻，大金寺案本身尚多困难，恐兄事亦必无圆满结果。大金寺案，康方要求赔偿甘孜地方损失康银八百秤，藏方只允三百秤；藏方要求将该寺土地、人民归还该寺，但当大金寺乱平后，康方早将该寺土地、人民分配给附近受有损失之土司头人管理，若重新割还，必非各土司头人所愿，故前途实未予乐观。章副旅长犹在甘，赴德格与否，尚在考虑中。（四）佛榇回藏已决定由行辕自行交涉，本署待致祭事毕，决办结束，弟本人已奉派回晋组织民军，参加抗战。以弟思之，边疆工作固属重要，但国难严重如斯，我辈军人实不如归而请命杀敌也。

赵专使致蒙藏会电

重庆蒙藏委员会吴委员长礼卿兄勋鉴：密。顷接高参议函述，如中央于入藏问题短期内无明确把握，或抗战中有难兼顾之处，则久羁中途，公私两无裨益，拟请暂予撤回，或根本裁撤，待机再举，以节国帑。等语。查此次青藏会议对该参议入藏事如无结果，而抗战又非短期内所能结束，似不如暂予撤回。可否呈院之处，乞卓裁并示复为盼。

呈赵专使电

（衔略）俭日钧谕敬悉，至感。（一）钧署困难，拟恳转呈中央，即先汇款三千元来香，俾偿债并维生活。（二）钧座既誓志杀敌，职决东返。惟员薪饷及全部遣散费如何规定，恳代呈中央即予决定拨发，俾在香达遣散。（三）此间几断炊，敬恳赐米两驮、各物并现款少许，由耀德运来，以维生计为祷！此款决由职负责归还。

七月十四日　星期四　晴　阴雨

1. 访马团长。2. 写字著文。

饭后往访马团长，谈半小时归。

写小楷后，继著论文十余页。

七月十五日　星期五　雨晴

1. 感慨。2. 高国梁返香。

本处自出发迄今八月，共领款四千余元，骡马三十余匹，职员卫士夫役二十余人，伙食马干不足，尚向当地军政机关挪借，暂维生计，又以环境关系，不能不应酬连络，免失中央颜面。

晚八时余，高国梁返香报告一切，昔苏武牧羊，恐亦无此困苦也！

七月十六日　星期六　阴雨

1. 致函索康。2. 写字著文。

致信索康

（衔略）径启者：顷接来函略闻，关于本参议入藏事宜，已迭经专差请示，一俟奉令，即行欢迎。等由。查贵总管秉要一方，对本参议此行实负有极大责任。前奉中央电令及贵噶厦函称，均以贵总管为交涉枢纽，似此请示延期已达半载，了无结果，将谓之何？本参议尝以君子为政，务宜光大明正，决不宜藉词敷衍。民族抗战古今有之，贵总管如以中央之心为心，民族之虑为虑，休戚与共，缓急同怀，盼即肺肝相示，早日相迎，如必以风势为依归，从容纡回，尚有所待，则非本参议所敢知也。《春秋》责备贤者、善人能爱忠告，敢布腹心，伫候明教。专此布达，即希查照见复为荷！

午后写字千余，腕酸头晕而止。

七月十七日　星期日　晴

1. 来电五通。2. 会餐。3. 招集同仁开会。

张工程师之马电

（衔略）昨日特往谒热振，据云吾兄入藏，已有可能确商，俟明日再向噶厦探询后，详细电告，特复。

又电

（衔略）今午前往噶厦探询，由朗仲噶伦答复云：藏方自始至终，无不准诸兄入藏之意见，不过为人数太多，恐起误会，现已饬索康与兄磋商，人数愈少愈好。弟当公请其将人数确定，究竟若干方能入境，彼答以会议后再复，如仍不得要领，亦请明白答复。

吴委员长之陷电

（衔略）准热振呼图克图有电称：敝代表隆图嘉错等已安抵藏，大扎及所赐珍品均经收到，该代表又述各项面谕敬悉。此次深蒙中央大德无量，慨捐巨款，又蒙贵会鼎力成全，盛德隆情，实难报于万一。至于高参议入藏事，本人为中藏和平计，屡饬司伦噶厦从速决定，现经议定高参议许可入藏，祈释锦念，并布谢忱。等由。除电复并呈报院会及转电赵专使外，特电查照，即希速洽电复为荷。

赵专使之支电

（衔略）顷准吴委员长卅电开：准热振呼图克图有电称：敝代表隆图嘉错等已安抵藏，大扎及所赐珍品均经收到，该代表又述各项面谕敬悉。此次深蒙中央大德无量，慨捐巨款，又承贵会鼎力成全，盛德恩情实难报于万一。至于高参议入藏事，本人为中藏和平计，屡饬司伦噶厦从速决定，现议定高参议许可前来，祈释锦念，特电奉复并布谢忱等情。除电高参议速洽及呈报院会外，特闻。等由。特电转达。

又艳电

（衔略）顷准吴委员长有电开：号电悉。高参议入藏事久延未决，此次青藏会议对该参议入藏问题如无结果，而抗战又非短期内所能结束，似可暂予撤回一节，弟甚赞同，除俟青藏会议闭幕时，再斟酌情形呈请核示外，特先奉复。将来该参议如能随本署同时东撤，当尤妥善也。等由。特此转达。

邢科员来电

（衔略）专使江接蒙会电云，我公入藏，热振已表欢迎，该电已转钧览等语。

午后会餐，傍晚召集全体职员开会，吾等留此数月，有此佳音，幸甚！吾等应于最近先行入藏，能直接与索康交涉为妙，勿使良机失去，蹉跎日久，不但吾等不能入藏，即国恩亦难报于万一。所谓夜长梦多，日久恐生变也。议定：

1. 派格秘书前往昌都，俟格秘书信至，本处即出发。

2. 派吕科员赴结古，以债台高筑，实难动身，拟一方电请中央拨款，一方与玉防司令挪借数千元，俾作还债并前进之用。

七时余散会。

七月十八日　星期一　阴雨

1. 派格秘书赴昌都。2. 派吕科员赴结古。3. 饬杨办事员整理公务准备西进。4. 发电五通。

格秘书赴昌都以速洽故，饬其四日抵昌，故四时起行，吕科员亦同时就道赴结。

并命杨办事员将本处公礼公物装箱，预备西进，勿使临行匆匆也。

呈蒙藏委员会之巧电

（衔略）两电敬悉。（一）柱已派员赴昌接洽，并赶备行装跟进。

（二）窃查抗战时期，藏人素怀观望，似此良机，万不可失，惟此间债台高筑，行署已无力接济，而起行又在在需款，柱除已派员面向马司令借款外，敬恳钧座于驻藏办事处经费项下，先拨垫五千元，由马主席电汇，以便偿债并资沿途开支，俟到藏后即行报销。情属急切，敬乞俯允为祷！

呈赵专使之巧电

（衔略）（一）柱已派格赴昌接洽，并赶备行装，跟即进行。（二）刻奉吴公转奉政院令电称，于未入藏以前，柱处经费仍由钧署支领。等因；窃念钧署既有困难，柱处复拮据万分，而攫此良机，前进复在在电款，除呈请吴公拨五千元外，拟恳钧座给现洋或藏洋三千元，并给养交耀德运来，以济急需。

致邢耀德之巧电

（衔略）柱已准备前进，并已电呈使座借现金三千元，俟款领到即返，可与结古治平同返。

致周秘书之巧电

（衔略）历承兄等嘘植，并委座培成，至感！柱已派员赴昌接洽，随即前进，另呈委座汇款接济，盼兄等协助，俾减困难，公私均拟图报，余续闻。

致马主席之巧电

（衔略）刻得吴委员长电转热振电称，关于柱入藏，已经议定，许可前进，柱已派员赴昌接洽，并拟即短期起行，余续报，谨闻。

七月十九日　星期二　晴

1. 马营长派人送物至。2. 整理书籍装箱。

驻结古子才营长，知余久留香达，文具非常缺乏，特派该营连长送余信封信笺数百份，并云如以后再用时，定送前来。

午后整理军事边事书籍，装箱包皮，以备前进。傍晚精神颇倦，就寝较早，光阴徒掷，殊堪惜耳！

七月二十日　星期三　晴

1. 邓、杨欢迎马参谋长。2. 往访马参谋长。3. 来信一件。4. 阿夏百户①来谒。

今早闻李县长云：警备司令部马参谋长今来香，派邓、杨二员前往代表欢迎，一时许抵香达。

二时许，去营房访马参谋长，衣长袍马褂，精神奕奕，态度和蔼，对余尤恭。彼谓此次来香，系代表司令前来慰问余者，并云有何驱策，定尽棉力，并希时加指教为感。谈半小时归。

马司令来函

（衔略）前者魏秘书长道出香达，承兄备极优待，益滋感激。惟据魏言，兄日内拟来结一次，然望穿秋水，终未睹台旌之降临也。意者上命尚未奉欤？惘何如之！兹派舍侄杨武前趋崇阶，面领教益，随带菲仪数事，至祈莞收。至我兄历次电报，均随时拍发，勿烦远注。

距香达约三百里之阿夏百户来谒，并送藏洋十元、长寿果一大包，余坚辞不受钱，只领谢长寿果一大包。彼云送钱为见面礼也，委员不受，想嫌微薄，经格秘书再三解释，彼始心安。

彼云此地向未有中央大员莅此，民等亦不知中央究竟如何，据闻中央与青军无异，故民等初不敢前来，今见中央大员留香半载，一切行动竟出小民意料之外，至今始知相传与青军无异讹传耳，故民等不知内地皇帝有否？只知有一蒋委员长，恨不知何许人也。近见委员处兵夫均能体民之艰，态度和蔼，以礼待人，远非前清及青军能望项背，故民不揣冒昧，前来晋谒，敬乞委员将此地民众之困难报告中央，幸甚！不过委员住此，民等碍于种种，未克尽敬之意，伏乞原谅等语。

---

① 阿夏百户：阿夏部落位于青海省囊谦地区西90里之当巴那地方（今囊谦县吉尼赛乡）。阿夏百户为囊谦千户七佐政之一。据《囊谦王系谱》记载，清雍正二年（1724年），云南提督郝玉麟率兵万人至昌都，招抚囊谦等部落。第十八世囊谦王多杰才旺派阿夏·多杰衮前去见郝玉麟，表示愿意归顺，并历述宋、元、明历朝皇帝册封囊谦王的经过，请郝玉麟颁给文册，承认囊谦王多杰才旺的地位。郝玉麟遂发给文册，并在他的力举之下，推举囊谦王多杰才旺为玉树地区35个部落的总头人。因其为囊谦王室建有殊勋，该部落被封为百户部落。参见丹珠昂奔、周润年、莫福山、李双剑主编《藏族大辞典》，甘肃人民出版社，2003年，第15页。

余答：谢谢。扰攘地方，扪心难安，民众之困早已洞悉，惟正在抗日之际，除尽力服从当地长官外，尤应静候中央命令，目前种种困难，不久即可解决，同仁之循规蹈矩应当如是。中国在蒋委员长领导之下，大有一日千里之势，数年内驱除日本，定可见诸事实。谈约半小时归。

七月二十一日　星期四　晴

1. 发电一通。2. 宴请马参谋长。

致张咨议电

（衔略）马两电悉。此间随行人员多已东返，本处人数寥寥，已准于五日内动身，两周可抵昌都，跟即前进，希询噶厦有无令饬索康？并请见告为荷。

午后设宴请马参谋长，并邀马团长、李县长、马营长作陪，席间欢呼畅饮，四时余尽欢而散。

七月二十二日　星期五　晴阴

1. 感慨。2. 散步江头。3. 条谕事务室出发时应注意事项。

窃思人之所以异于禽兽者，即人与禽兽有无人格之分。人具有人格，始证明其之所以为人，青年人对于人格尤须重要，故视人格为神圣，大有理在，青年人之所以在社会上轰轰烈烈事业，即为人格之表现。政府人民早就在渴望着具有伟大人格来担任救国复兴大业，一般人说青年是国家主人，是复兴中坚分子，如此青年责任何等重要。然试静观，不禁大失所望，令人不寒而悚，予不忍言矣！

因伏帐幕已久，极欲作郊外游，俾畅胸襟，特至江头远眺，青山在望，绿水当前，作万马奔腾状，流连江畔，约时许归。

午后条谕事务室：（一）出发前应宣告当地百户头人，本处用物均系按价照付，并无一草一木未给价者。（二）本处员士夫役有无拖欠债者，限出发前设法一律还清。（三）本处借用桌椅等物，均于出发日归还本主，如有损失，按价赔偿，以昭公允。（四）本处所有对外接洽事情，均须在出发前手续办清，以免人民黑白不分，有失中央威信。（五）本处住地及附近门窗均应完整清洁，给当地人民一良好印象。此谕。

七月二十三日　星期六　晴

1. 职员卫士全体动员垂钓江头。2. 写字著文。

天气和暖，由邓科员提议，前往垂钓江头，余亦前往，数小时归，得鱼数十尾。

午后，写小楷数百，继著国防论文数篇。

七月二十四日　星期日　晴阴

1. 余之人生观。2. 会餐。3. 格秘书来信。

余从事行伍将近十年，戎马半生，转战南北，出入枪林弹雨之下，奔波决战疆场之上，生活不定，起居无时，故近数年来奉命事边，愈感兴趣，决究研边事与国防，以期报国于万一也。

不幸抗战军兴，边政未曾推进，深引为忧，然抗战结束后，筹边与国防之实行决不能缓，亟宜乘此良机，以备将来效命之用。

午后三时会餐。

格秘书来信

（衔略）职于二十日抵藏境藏达，有藏兵五名，初以强硬对付，拒决［绝］进境，后经数次谈判，始允同往孙达该连长处。虽经数次会谈，然终无结果，并云无论如何，再不能前进，并言他们在此驻防，完全因我们而设，因前次我们直行到萨通故也。看此处情况，我们被欢迎之信尚未到昌，只有等候昌都回信，方能预料。候昌都回信意思如何，职当速呈。此地甲本①等对职礼貌还好，特此奉闻。

七月二十五日　星期一　晴

1. 马参谋长由囊谦返香谒余。2. 集合卫士训话。3. 写字著文。

马参谋长以草头税关系赴囊谦，与千户接洽事毕，今返香来访，

① 甲本：又作甲琫，清代西藏地方军官名。“甲琫”为藏语音译（བརྒྱ་དཔོན）。乾隆五十七年（1792 年）定编，全藏设甲琫 24 名（六品）。每甲琫下辖定琫 5 名，统辖藏兵 125 名。

并谓草头税之难收，已达极点，定后日转苏莽等处催收等语，谈半小时告归。

十二时集合卫士训话，约分五点：

（一）本处在西进无期、东返不得之际，大家尤能刻苦自励，实属难能。（二）在此国难严重时期，吾辈军人，不得效命疆场，若不乘时努力学术，以备将来国用，徒耗时间，非智者所乐为也。（三）大家以后，除公事外，努力求智，为第一要务，切不可徒掷岁月。（四）本处经费困难，致使不得每日两餐，糌粑酥油均感困难，此种忍苦耐劳精神，非一般所能及，俟经费领下，此种困难，当可解决。（五）本参议希望大家精神一贯，努力做去，终有否极泰来之时，本参议有厚望焉！

午后写小楷数百，继著国防论文数页。

七月二十六日　星期二　晴

1. 马参谋长赴苏。2. 派邓、杨欢送。3. 观球战。

马参谋长赴苏莽，午前七时就道，特派邓、杨前往送行，十二时返。

马营长邀余观篮球战，连络尚确，惟投篮多不命中，而个人之技术均有长足之进步，约时许返。

七月二十七日　星期三　晴

1. 往访马团长。2. 著编军事。

据杨办事员报称：现值青黄不接，而本处必需之青稞无从购买，且当地驻军亦颇感困难。故饭后往马团长，适李县长、马营长均在座，请彼等费神代购青稞百桶，以备中途应用。谈半小时归。

近来勤研军事，译成阵地战一册，午后继译编战史数篇。

七月二十八日　星期四　阴雨

1. 格秘书来信。2. 王怀伯返香。3. 读战史。

格秘书来函

（衔略）前派赴昌都之专差始回，只与驻防甲本有信，略谓高参议及格秘书函均悉。据云由藏中转电蒙藏委员会各情，想不致有误，但此刻尚未奉到藏政府命令，兹准格秘书前来，但此时高参议前来时仍须拒绝，不得入境。查此情形，钧座入藏原则上似无问题，但时间上昌都未奉到噶厦命令以前，恐不能欢迎。职拟即时起程前往，大约后日上午可到昌都，最好钧座俟职到昌接洽妥善报告至香后，再定行期较妥。所需食米一驮已购妥，一并奉上，米价大洋二十七元，请先将米款及两皮口袋派人送至色达驻防甲本旺结为祷！

派驻甘达之王怀伯亦于是日返香。

午后继著国防之研究，并读《世界大战史》。

七月二十九日　星期五　阴雨

1. 发电四通。2. 发信一件。

呈孔院长之感电

（衔略）前奉吴公电转热振已允入藏原电，当即派员赴昌接洽，刻索康已将该员迎至昌都，并复称所转藏中原电不致有误，俟奉命即前迎等语。柱一切已备妥，俟得复后即启程，余续呈。

呈吴委员长之感电：

（衔略）巧电计邀钧览，刻索康已迎职派接洽人格秘书赴昌都，并复称所转藏中原电不致有误，俟奉命令即前迎等语。柱一切已准备就绪，俟得复后即启程，恳将所请五千元经费，即请汇马主席转兑为祷！余续呈。

呈赵专使之感电

（衔略）巧电计邀钧览，刻索康已迎所派接洽人格秘书赴昌，并复呈所转藏中原电不致有误，俟奉命后即前进迎等语。柱一切已备妥，俟得复后即启程，恳钧座将所请三千元现款早拨给耀德具领运来，以便成行。柱在昌候款，谨先报。

致王科员电

（衔略）吴公转热振电，索康已欢迎格秘书前往接洽，筹办乌拉。关于本处，先将日记、论文、计划各件呈孔、吴诸公。

致曾队长函

（衔略）顷接大函，敬悉一是，承补发子弹，不胜感激。至随弟入藏士兵，闻兄已向彼等宣布发饷至十二月份止，故敝处逗留期间经费拮据，希兄以部属之情感，早为颁给，将来该士兵等效劳于吾兄之处正多，如何盼复。弟此次入藏，以抗战失利及蒋参议关系，致阻中途数月，刻已奉吴公转来热振欢迎通知，即将西进，格秘书已抵昌都交涉，各方观察入藏可无问题。迺者弟此次蒙中央厚爱、使座之栽培、兄等之帮助，得奉命入藏，决本初衷勉尽驽力，以期完成使命。虽被阻中途，然对纪律之整肃、中央威信之保持，竟竟自守，并勉同人不致出意外事也。（下略）

七月三十日　星期六　晴

1. 派李班长赴生达①。

自格秘书去后，迄今旬日，昨得函报昌都噶厦较前转圜，惟命今未到，不敢擅权欢迎等语。余为提前达到昌都，亲与索康喇嘛两总管交涉起见，并备好行装待发，为免沿途滞搁计，特派李班长前往生达藏兵甲本处，接洽乌拉候信，俟信到即星夜返香，俾便首途。李班长于今早四时就道。

七月三十一日　星期日　晴

1. 继研军事。2. 会餐。

继著阵地战未竣之稿，并攻读《世界大战史》。

午后会餐。

八月一日　星期一　晴

1. 饬杨办事员赶办途中报销。2. 入藏后工作初步计划。

近得各方情况，判断入藏或无问题，如抗战胜利，最近必能前

① 生达（སྲིབ་མདའ）：生达乡，隶属西藏自治区昌都市江达县，地处江达县西北部，东与邓柯乡相连，南靠字嘎乡，西接昌都县面达乡，北与青海省玉树县相邻。全乡行政区域面积 1983.39 平方公里。1959 年，建生达乡。1970 年，改公社。1984 年，复置乡。截至 2019 年末，生达乡户籍人口 13281 人。截至 2020 年 6 月，生达乡辖 9 个行政村。

进，如抗战失利，余亦要求东返抗敌，总之无论前进东返，而本处自去岁十月至今，时已十月，而途中报销，即应赶办，以照公允，切勿丝毫差错。方今国难严重，吾人应体国艰，节省国帑为要！

饭后拟定抵拉萨后工作初步计划。

中藏关系，若断若续二十余年，自黄专使入藏后，中藏关系始更进密切，与藏方再四交涉，方允中央设置办事处，连络双方感情，不意中道迭生枝节，虽经据理交涉，曙光可放，入藏有期，决不能蹈前辙，务期藏人内向，实现总理五族一家之真谛也。

（一）整饬内部。1. 起居规定。2. 办公时间之规定。3. 外出限制。4. 服装划一。5. 语言谨慎。6. 嫖赌律条。

（二）完成情报纲。1. 贵族官员之亲戚联络。2. 各派别之数量。3. 各派首领姓名权限及企图。4. 各派活动情形。5. 各派对中央不满之原因。6. 各派之组织章程。

（三）宣传。1. 口头宣传。2. 壁报汉藏合璧。3. 周刊。

（四）上三项期于抵藏后三月内完成之，其他按当时环境，及群众之需要再定计划。

八月二日　星期二　晴阴

1. 邓、杨钓鱼。2. 格秘书来函。

邓科员、杨办事员垂钓江头，午后二时返，得鱼十余尾，烹佐晚餐。

格秘书来函

（衔略）职别后，因沿途更换乌拉太多，又等候扎萨回信，延搁数日，至昨二十八日，始抵昌都。比备薄礼于下午分别拜访此间各重要藏官，略将来昌任务说明，惟据答复，皆谓拉萨噶厦此项命令尚未到昌。职见仍无确切表示，遂以参议决于十日内向昌都前进之意告之，各藏官遂允翌日开会讨论，再行答复。今日各藏官集议结果，决定派多德代本来寓，作隆重之酬答，由噶厦赠送粮食八包。据告拉萨命令实未到昌，发誓表明，惟热振佛既有电呈中央，料无欺假，此项命令必快到昌，务请参议稍迟数日首途。现扎萨以此答复参议，并请职亦作函报告，无论如何，敬恳俟职第二次函呈到后，再行前进。又职仍恐此间无故拖延，曾将职临别聆训大意，分作三项直告：（一）此次到昌，二扎萨如表示拉萨命令已到，则只与商欢迎问题，一切当与二扎萨商办。（二）如二扎萨仍藉口命令未到，则其原因不外二点：1. 为热振佛对中央外表欢迎，对昌都阴令拒绝，果尔，殊非堂堂藏政府所应出，然亦无问题，二扎萨不妨直告，以便余辈作退回之准备。2. 为目前藏方对青对康均有问题，二扎萨或欲使青康交涉办妥后再行发表拉萨迎接命令，果尔，则欢迎命令发表于青、康二方提出之后，使别方作此人情，而藏方形同被迫接受，似非贤明之二扎萨所应出此，应向各重要藏官明白告之。（三）如扎萨既言命令未到，又不直率表示拒绝之意，则系藉故拖延，参议既奉有中央命令，中央又接有热振电报，决不俟二扎萨确切答复后毅然前进，将来二扎萨迎拒两难，好意转成恶意，殊为不值，尚请详细筹之。以上所示各项意见，已陈之各重要藏官，现军粮官俄丕处已定后日起宴请三日，届时各重要藏官均皆赴宴，约定会面时再行商谈。现察看各藏官态度均好，不久定有转机，故万恳俟职下次函呈后再行裁夺，余待续呈。

八月三日　星期三　晴雨

1. 吕科员由玉返香。2. 来电七通。

派赴结古借款吕科员来香，款已带到，本处伙食又能维持一二月，马主席之爱意，令人难忘。

王科员来电：

（衔略）删电敬悉。1. 政院令在钧座未入藏前，由署支领自十二月至二月三个月经费，乞钧座向署交涉，故无款兑章购物。2. 自三月至十一月概算正赶办中，俟会审核后再电呈钧座呈院，在可能内力求经费增加。3. 在署借款闻向署报销。4. 意见书及日记正缮中。

赵专使来电：

（衔略）巧电悉。先派格秘书赴昌甚是，应候洽商妥当，再行前进。本署及仪仗队经费，近经国防会议议决，只能领到二月底。现行署经济困难万分，已迭电蒙会、财部请予设法拨款维持，员兵伙食、旅费一俟领到，当给转拨。特复。

王科员等来电

（衔略）巧电奉悉，已遵转江、周，所编本年三月至十一月九个月入藏临时概算书，约五万八千十余元，刻正呈会审核中。现入藏有期，基在此候批及办理一切，尚须两旬后始可就道。政院令行署拨款事，交涉如何？乞示！

蒙藏会来电

（衔略）微电悉。尊处经费，刻正帮同王德基君补编概算呈候核定中，目前恐难代为设法也。

邢科员来电

（衔略）遵电令拟日内取道石渠返香，款无着，米购四包，职拟代钧座赠杨主任、马司令各一包，酬谢其帮忙发电之情，因职默察彼等实需物质上连络也。是否可行，乞即寄函玉树世昌隆饬职遵办，一切统容面报。

马主席来电

（衔略）巧、马两电奉悉。我兄入藏事已决定，闻知欣慰，至所备用路费洋二千元，已电马司令良臣就近照拨矣，祈提用为盼。特复。

蒙藏会来电

（衔略）卅电计达，关于执事经费事，准冬专使筱电开，高参议经费既院令必须由敝署支领，自应遵照，此不过支领手续问题，实际上同须请求中央设法也。惟查高参议此行，原属本署职员者，高参议以下计有藏文秘书、书记、翻译、卫士各一，兹按高参议等在本署每月补助川资各费并旅费，本署旅费虽有各别规定，但为实支实报，且沿途均共同生活，事实不能分开。此次分配系以川资为标准计算，共一千一百一十五元零，截止本年三月底，本署欠薪现只发至三月，已无余款，与高参议前在本署带去之骡马、给养、用品、药品、文具等类折价，前经电达在案。及借支款项折抵，尚欠本署五百余元，仍属无款可拨，势须待本署此次续请经费领到补发薪时，再行连同高参议等经费，一并照发。上拟办法，即请呈政院备查，并转知高参议。等由。特达。

八月四日　星期四　晴阴

1. 发电七通。2. 马团长来访。

呈行政院吴委员长、赵专使电各一，原文如次：

（衔略）青藏二次会议，据属员吕治平报称：据马司令谈称地址卡擦，青方代表仍派司令部秘书长魏安轩。青方撮要条件：1. 须注意中央威信并顾全青海体面。2. 须遵照二十一年和约，当头寺一带，双方不准驻兵。3. 二十五年邓柯事件，藏方须向青方书面道歉。4. 今后双方不得容纳亡氓逃兵。藏方如不接受，在此抗战期中，青海决不轻起衅端，酿成内讧，以增中央西顾之忧，惟静候中央解决，并嘱职如能于会议前抵昌，特请代为斡旋一切。谨闻。

呈赵专使电二

（衔略）回电奉悉。格已由索康于感日到昌，招待甚佳，职入藏事，俟噶厦公事到后即欢迎。现职已函格促其提前迎职赴昌。谨禀。

复王科员电

（衔略）惊悉伯母仙游，台端素富孝思，怆痛何极。惟死生定数，尚盼节哀，珍重移孝尽忠。兹柱具奠仪五十元，平、武、耀、明、东各谨具十元，已电由慧中付给，略表微衷，希哂纳，特唁。

致王科员电

（衔略）宥、箵两电悉。所办属是，至慰。刻拟定入藏后工作大纲：1. 宣传中央战日准备与最后胜利，期唤起五族一家，共同对外。2. 联络感情，密采各方政治势力与向倾，以为施政张本。3. 整顿内部，刷新过去秕政，以光藏人观听，创办浅近周报，沟通情感，以广宣传。格已赴昌，周内全部可前进，行署一文未支，已电德馨返川协助，余详函。

致马主席电

（衔略）大电敬悉，并借给二千元已收到。柱久羁治下，力蒙公私维护，曷胜钦佩。入藏事短期或可赴昌，此后有效棉之处，当图报万一。中央经费已连电请拨，到时当即奉还。特复。

十月二十三日　星期日[①]　大雪

1. 启程离玉东返。2. 下巴塘宿营，计程约五十里。3. 马司令远送禅谷寺[②]。4. 马卡长等送羊致敬。

忆自去岁十月二十五日，由玉树出发赴藏，经过香达至距昌都四十里之萨通，适被藏方阻拦，退回甘达寺交涉。迨藏方来函，以蒋参议在藏杀人，处置失当，人民对于中央大起疑虑，请予退回为口实，乃返驻香达羁留九月之久。不意在入藏途中，有少数人员捏造事实，藉图中伤，而长官同事不明皂白，贸然信之；对于矢志边事、图报党国之青年所受之苦衷，所处之恶境，所遭之横逆，未予慰励，复漠然置之，坐令备尝艰辛，精神大为顿挫，实为一生奋斗史上所难忘之一页也。迺者中央已电准东返，虽入藏之志未成，而效力杀贼之机可达，午夜思维，愧感交集。昔曾文正公有云：“天下事极困极难之时，打得通的便是好汉。”余自信奉命入藏，以至东返，为期瞬达一载，饮食虽难下咽，交涉已竭绵薄，然未完成入藏使命，上负中央及长官期许，下愧职员及卫士之爱戴，先贤明训，果我欺乎？抑志未坚，命已定，有以致之耶?!

晨五时起床，满天飞雪，遍地顿成银世界。马司令派员坚阻余出发，免受征尘之苦，柱以变价所余川资有限，乌拉已准备完毕，万难停留，婉谢之。旋率职员邢耀德等赴马司令处辞行。

---

① 8月4日日记后，间隔两个多月，高长柱复记日记，此间为何中断，原因不明。另，1938年10月23日在日记中记为星期一，实则应为星期日，自该日起后高长柱所记日记日期均有一天误差，笔者已将日期逐项核对并作更正。

② 禅古寺：曾名创古寺，全称禅古扎西求林寺（ཁྲ་མགུ་བཀྲ་ཤིས་ཆོས་གླིང་དགོན），亦称禅古寺。属青海省玉树藏族自治州结古镇管辖，位于镇南五公里处。“创古”意为“花石头”，得名于寺院附近的一块花色磐石。该寺分上下二寺，相距70米，初有下寺，后有上寺，故以下寺为母寺。创古寺属藏传佛教噶玛噶举派寺院，修持本派“大手印法”。寺院始建于公元12世纪，历史悠久，相传噶玛噶举派创始人都松钦巴曲吉扎巴曾来创古寺活动，从此，创古寺成为玉树地区著名的噶玛噶举派寺院。在最鼎盛时，该寺僧众达五百余人。创古寺以西藏堆龙楚布寺及四川八蚌寺为母寺，一直联系密切。有察列嘉贡、创古祖古和斯日祖古、洛卓尼玛四个活佛转世系统。

九时许乌拉出发完毕，余乃策马离玉，当地男女番民俯头伸舌，似有不忍遽离之状，余答谢之。至平坡见马司令、魏秘书长、李县长、常会长等数十人，立大雪中恭送，盛意殷殷，良可感也！同行至禅古寺对面滩上，余乃下马，以古人有“送君千里终须别”，坚请返辔，遂于大雪纷飞中，分道遽唱骊歌矣。

沿途因大雪掩覆，乘马行进，至感困苦，于下午四时到达下巴塘宿营地，余之帐篷正在雪地，由卫士等撑支。适马卡长请予入室休息，送羊一只，当地布庆百户尕留派头人亦送羊一只前来，余均以茶回馈酬之，以示还礼之意。

十月二十四日　星期一　早晴晚雪

1. 出发前进。2. 满真日洼[①]宿营，计途七十里。3. 途中概况。

昨晚落雪，达二三尺许，夜间余帐篷为雪积压倾塌，命卫士胡纪武等重撑，晨起满地积雪甚深，员士整理行装完毕，即进早餐。惟以雪大，乌拉尚未前来，命格秘书转令头人四出催促，于九时始到一批，驮载帐篷、锅灶、用具前进，余至十一时半始到齐。沿巴塘向东行十余里，见一寺庙，房屋约四五十间，寺名甘谷，仍属尕六百户管辖，再行十余里，巴塘始尽。查上中下巴塘共长约二百里，宽各数十里不等，诚绝好飞机场与骑兵集团训练之处也[②]。平原宽阔，但见牧群数落与帐房三五、炊烟数点而已。

巴塘行尽，入一山洼，两边山势颇高，山腰丛生矮树，可作燃料之用，时已下午三点，雪随风舞，宛若杨花万点。十余里至卡擦，地属西藏管辖，有税卡一，余等在此拟换乌拉（青海乌拉例不给价——玉树地为然，由西宁至竹节寺须发价——仅发赏钱，中央人如此，其他人则不给分文）。为免延误时间计，事先商妥多发赏钱。在达金沙江边，余下马在巴达寺旁休息。该寺背倚高峰，门临清流，岸

① 满真日洼：满真村音译，“日洼”藏文写作རུ་བ，在藏语康巴方言中为“村落”之意。满真村隶属于四川省甘孜藏族自治州石渠县奔达乡。2019 年 6 月 6 日，列入第五批中国传统村落名录。

② 今玉树机场就在巴塘。

有杨柳，通天河远出其左，风景颇佳，地形亦至扼要。休息片刻，复向东行，道路在山坡上，道幅甚狭，人行其上，俯视金沙，即在骑下，颇觉懔然。至河边余率职员渡河，行李等件由杨办事员、李班长负责照料，以时已天黑，船夫向例不能渡河。

渡江行约五里，至西康邓柯县属之满真日洼，青海先派安军械主任到来迎余，当赏烟酒、现洋等物，并复书谢之。安君面称明日再送一程，情不可却，允之。

满真日洼背倚大山，俯瞰通天河南岸，南属西藏，西属青海，地形至为险要，为绝好炮兵阵地，万一有战事发生，此处实为扼制青藏、西康交通之咽喉也。

晚十时，邓柯县长黎可行派来士兵一名并书一封，系奉命负沿途照料之责，余命卫士款待之。

十月二十五日　星期二　晨微雪晚晴

1. 沿途概况。2. 清查行李，遗失木箱一个，即命寻觅。3. 宿营地噶巴日洼，计程十五里。

本日因待行李到后方启程前进，于十二时许出发，沿途崎岖难行，二时半到达噶巴日洼宿营，计程二十里，以行李未加检查，深恐青、藏、康三方所管区域或有作奸犯科之徒，发生窃盗等事，乃严令杨办事员清查行李，结果遗失职员王德基木箱一个。乃令邢科员明早返回原道寻觅，并谕令卫士如再有遗失物件情事，当照价赔偿；如遗失公文时，当依法严办，以儆玩忽其责之罪。

十月二十六日　星期三　晴

1. 在噶巴日洼休息。2. 邢科员返回寻物。3. 严令管理行李人员负责。

本日决定在此休息，早，邢科员卫士赴金沙江边一带寻觅失物，余以为应定悬赏办法，方有希望，同时命杨办事员重新指定卫士胡纪武、胡绪勋二人，管理公私物品，如再有遗失情事，定依法重惩。王君失物，由余赔偿。下午命乌拉赶行一站，俾减途中一日之停留，致多费川资也。

晚宴安军械官，以银耳油鱼席酬之，边地得享此味，亦殊不易。席间宾主相谈，甚为欢洽。临行安军械官云：青军待遇太薄，每一连仅支十月伙食，由公家发给糌粑酥油，吾人如不另谋补救办法，实不能维持生计。据称马司令到此，仅七个月腰缠已五万以上矣，剥削番民太甚，故有此次民变发生，其实番民如能照参议一面保持现有习惯，一面从事兵垦种林，及限制宰杀牛羊与交配选种办法，玉树实为易治之区。余慰勉之。

十月二十七日　星期四　晨雪晚晴

1. 途中概况。2. 青康人民贫富之比较。3. 宿营地镇东日洼，计程约七十里。

晨七时十分出发，天阴雨雪，沿通天河左岸上山行，寻下山遵河濡而下，险狭处仅容一人，骑马不能行，须徒步方可。十余里经日则寺，僧来献哈达致敬。再数里至恩巴日洼，复上山下山，路更崎岖，雪亦更大，风且为之依，致人马均难张目，雨衣亦为透湿，一上一下约三十里，费去四小时。山尽在溪东德林库饮茶，再行约二十里，抵镇东日洼宿营，其间经数村落，据土兵称均属镇东云。余等到镇东时，昨日出发之乌拉始到，马行实快于牛，本日行程共约七十里。

按青属海南与西康虽同为半耕半牧社会，然海南垦地有限，可垦而未垦之地尚多；康属邓柯所垦似较广，土壤似亦较海南肥沃，人民似亦较殷实，其负担两相悬殊之故欤？

十月二十八日　星期五　晴

1. 途中概况。2. 宿营地邓柯县府，计程约七十里。3. 黎县长、袁连长率队欢迎。

晨八时，由镇东出发，派吕科员作前站，偕邓柯县府派来士兵先往接洽，十二时后抵拉惹。午后三时左右经旭巴，吕科员已偕黎县长等一行前来欢迎，达县城时，又有二十四军驻军一连官兵整队迎余。晚在县府便餐，县长云来朝方为本处人员正式洗尘。

本日约行七十里，路颇平坦，仅费七时，尚在途中耽搁一时许。

十月二十九日　星期六　晴

1. 在邓柯休息。2. 黎县长请宴。3. 邓柯县之近况。

早派杨办事员分送黎县长、袁连长绣织裱好佛相各一幅，旋往访谈。据黎县长称：邓柯自大金寺案发生后，昔时赵尔丰所建之大厦，早付一炬，至为可惜。现对江邓柯寺驻藏兵百余名，归敬巴代本管辖，前班禅派旺堪布与索康在此寺开会，七八月来，未能圆满，主因在索康操纵，一方受班禅三四万元贿赂，一方又邀功噶厦。至邓柯全县有户口三千余，汉人仅五六家，已半康人化。人民农牧并重，教育甚属幼稚，现由县署办理短期小学，学生约五六十名外，有壮丁队三四十人，土兵二十余名，多系征雇而来。现拟遵照中央意旨，扩大兵役，但能否实行，尚不敢臆定也。

余答：邓柯地形扼要，居青、藏、康三处之中心，县政好坏，影响筹边甚大。此时应举办者：

1. 农事试验场
2. 畜牧改良场
3. 推进边民教育
4. 增强武力训练
5. 县府所在地应设立大规模工商地区以增大县府收入

黎县长认为确系目前改革县政之要图，并称现已着手办理农事试验场云云。

袁连长柏森面称：敝连有官兵一百三十七人，每日米饭糌粑各一餐，士兵除练习学术科外，现多从事修路工作。

查黎、袁二人，富有朝气，待人接物，均尚虚心，如能确定军政推政方针，邓柯前途，确有希望！

午十二时黎县长请宴，菜为川味，颇佳，吾人年余未尝此味，骤食此肴，不禁有大嚼之概。下午杨秘书等欢宴，从略。

十月三十日　星期日　晴雪

1. 袁连长坚邀赴宴。2. 乌拉队出发。3. 余讲抗战必胜理由。

袁连长闻余决定出发，坚辞请宴，乃面称参议熟习边事、军事专家，久思请教，此次幸蒙莅此，曷胜雀跃，无论如何，请休息一日，请示教言，为免误行程，可将乌拉队出发，明日多行四五十里，并无问题。余不忍过拂其意，允之，派杨办事员率队先往。

十二时袁连长盛宴，具备职员卫士各一席，黎县长等坚请讲述抗战必胜。余初以久羁边塞，闻见甚鲜，辞之，继再坚请，乃略云：

一、中国为实行总理三民主义，取消次殖民地位之大耻辱，国家频在领袖蒋委员长领导下，埋头准备，兹举其要者：

1. 实行征兵制度。

2. 举行学生军训。

3. 兴筑国防公路。

4. 发行法币。

5. 严格训练党政军干部人员。

6. 实行新生活运动。

7. 其他如空军人材之培植、经济之建设等项。

二、日本自二十六年六二事变发生后，少壮军阀，已如疯犬，目空一切，视中国为侵略目标，忽略吾国国力之估计，及吾国已有一个政府、一个主义、一个领袖之长足进步，去年不顾信义，演成卢沟桥事变。九个月来之神圣抗战，结果打破其速战速决之迷梦，现在虽欲求和势不可得，日本经济破产与补充兵役之困难，实难达到征服吾国之目的。仅就日本兵额言之，日本已训练兵员，总其不及二百万，补充兵员约二百五十万，第一国民兵役，仅足支持后方反动分子维持治安之用；第二国民兵役，年老体弱，不堪参加前线，且在华伤亡兵力，据闻达六十余万之精锐士兵，故日本再欲增加五十师团来华，万不可能。

至吾国常备兵役，约有二百万，现在征兵志愿兵实行结果，每年约有三四万人之增加，纵吾国士兵知识稍差，武器稍弱，但二比一结果，日人兵力终较我为劣，且其侵华名既不正，士兵心亦涣散，又非我抗战图存所可比拟，故今后二十年可达抗战必胜建国必成之目的，日本势必崩溃，而降为二三等国也。

以上仅述其大者，至于边疆问题，中央认为巩固国防第一着手事件，惟值抗战期间，在安定和平政策中求进步，甚希诸君多将实地情况见告云。

十月三十一日　星期一　晨晴晚云雾

1. 出发东行。2. 沿途概述。3. 宿营地俄滋，计程百里。

早八时，兴请黎县长、袁连长、杨秘书便餐，九时许出发。黎县长先派人设帐饯别，赏差役十元；袁连长派队欢送，赏洋五十元，并摄影纪念。

下午一时许，行约四十里，至马噶换乌拉毕，仍前进，沿途山道虽时上时下，但路幅宽坦，地质坚硬，修筑公路，不感困难，到神家岭下马休息，晚六时到达俄滋喇嘛寺宿营。寺有房屋数百间，颇整齐，四周居民甚多，田畴尽辟，人民颇富。

十一月一日　星期二　晚寒

1. 途中概述。2. 宿营地拉巴，计程约六十里。

早六时起床，乌拉出发一批，所余锅灶重要物品，以乌拉未齐，候至十一时始出发完毕。沿途积雪甚厚，马行较缓，幸道路平坦，气候温和，四周农田多已垦熟，居民亦夥。行约三十里下山，气候转寒，雪深难行，再二十余里，天黑路滑难行，不得已在拉巴牛毛帐篷宿营，本日计程约六十里。

此处帐篷仅五六家牧畜，牛羊甚多，似较青海人民富庶。

十一月二日　星期三　晴

1. 途中概况。2. 宿营地竹箐①，计程约五十里。3. 竹箐头人素称凶顽。

---

① 竹箐（རྫོགས་ཆེན）：指竹庆镇，四川省甘孜藏族自治州德格县下辖的一个镇，由竹庆乡改设而成。1962 年置竹箐乡，同年协庆乡并入。1966 年更名竹庆乡，同年改公社，1984 年复乡。位于县境西北部，距县城 166 公里。面积 1101.04 平方公里，人口 6765 人（2017 年）。三（岔河）邓（柯）公路和马（尼干戈）石（渠）公路过境。辖竹庆、扎东、更达、拉甲、巴色、档木、协庆、拥吉顶、更隆 9 个村委会。以牧业为主，主要有牦牛、绵羊等。境内竹庆寺为德格土司五大家庙之一。2014 年 1 月，经四川省人民政府批复，同意德格县撤销竹庆乡，设立竹庆镇，辖原竹庆乡所属行政区域，镇人民政府驻更达村。

早餐手抓羊肉，因降雪初寒，羊肉触手即行凝结，帐房内温度想在零度下矣。

七时出发，一时许到达竹箐，计程约五十五里，路较昨天平坦，惟为高原，两旁均有高山，且有良好炮兵阵地，为行军最忌者。又本日因行经各地，日前积雪甚厚，平地深可没马蹄，至于山谷间至少在二尺以上，极目力之所及，惟白茫茫一片而已。

昨日余及本处同人，因天晚住于拉巴之牛毛帐篷，乌拉则直至竹箐。本日达到后，据押乌拉卫士报告，彼等于昨夜午前二时后始行达到云。

竹箐系邓柯、石渠、德格三县交界地，土著最悍，往来客商及单人行经此地者，多受其辱。本处卫士刘玉珍前经此地，亦被詈殴。此次本处经此，头人先遁，意在避免差役。其实本处早知有此情弊，已先与邓柯县府商妥，由俄滋乌拉直送至玉隆，到此间后仅令格秘书再向乌拉娃说明，另给赏钱并口粮，乌拉娃均颂德不置。

十一月三日　星期四　晴午后微雨

1. 途中概况。2. 宿营地加纳孙多，计程约六十里。

晨七时，由竹箐出发，向东沿溪左岸行，寻上山，微雪，下山至乾海子，原拟在海滨宿营，因前站先去，复行二十余里，至一牛毛帐房，地名加纳孙多，住下已午后四时左右，计程约六十里。

本日沿途石块太多，马行甚缓，有良好飞机场。

十一月四日　星期五　早雪晚晴

1. 途中概况。2. 宿营地玉隆，计程五十余里。3. 文校长谈戴院长致祭班禅事。

晨微雪，七时许，于雪花飞舞中离加纳孙多，行约五十余里，沿途平坦，除极少狭路外，可通汽车，到达玉隆，住短期小学内。此地乃故黄专使入藏时所筑，校长文姓，四川××人。据云玉隆百户名夏格达邓①，为德格土司大头人，挺有势力，可号召邓、德、同、石、白等县民众；又云中央此次派戴院长致祭，班禅行辕各堪布以为藉此机会可以解决佛椋入藏问题，乃藏方宣称佛椋归来，决表欢迎，余者概非所知。故戴院长到时，云本人此次纯为致祭而来，故各堪布对戴失望而表不满云。

闻甘孜以东乌拉支应困难，乃先派邢科员先往接洽。

十一月五日　星期六　晨雪晚晴

1. 沿途概况。2. 宿营地松林口，计程约五十里。

乌拉到迟，九时许始离玉隆东进，雪花扑面，微有寒意，塞外关山为之装成一片银色，征驷冒寒踏雪，沿玉隆溪右岸下行，路颇夷坦，闻因戴院长前来巡视，经德格县长饬修故也。行行重行行，于午后二时抵松林口宿营，计程五十里许。沿途系黄土层，多产杉树，并

---

① 夏格达邓：亦称夏克刀登，生于1898年，出身于贵族世家。其父为德格土司大头人，在土司家族内部的争权夺位中被毒死。辛亥革命时，夏克家族在保护十三世达赖喇嘛逃亡印度以及攻打驻藏川军中均立有战功，因而受到达赖喇嘛的器重，进入西藏贵族阶层，夏克刀登也因此进入贵族学校读书。1930年，夏克刀登任聂钦，执掌处理德格日常公务的大权。1933年，夏克刀登娶玉隆头人的女儿为妻，很快获取了玉隆头人的全部权利。1935年夏克刀登接受诺那活佛建立康区藏族自治政府的建议，以实现他“康人治康”的政治抱负，后因诺那去世而终止。1936年夏克刀登在狙击红军过程中被俘，其间受到共产党民族宗教政策的感化，由敌视、怀疑红军到信服、支持红军，并与朱德总司令结下了深厚友谊。此后夏克刀登当选为中华苏维埃甘孜“博巴政府”副主席，以实际行动支援红军。1940年，夏克刀登与德格土司的矛盾开始白热化，号召废除土司制度和乌拉差役。1949年，夏克刀登主动派使者迎接解放军，并派代表到北京转达拥护康区解放的心愿。1950年，康区解放，夏克刀登任“康定军事管制委员会”副主任，旋即任西南军政委员会委员。1950年7月，夏克刀登当选为西康省藏族自治区人民代表会议协商委员会副主任；11月，第一届各族各界人民代表大会推举夏克刀登为西康省藏族自治区副主席。此后，夏克刀登被选为全国人大代表，并担任四川省政协副主席、甘孜藏族自治州副州长等职务。1951年，在和平解放西藏的进程中，夏克刀登进行了军需物资的全力支援。1960年4月2日因病在四川省人民医院去世。

未见有所谓松林，其误杉为松欤？

此口有帐篷两家，以游牧为生，状甚贫苦。

十一月六日　星期日　晴和

1. 沿途概述。2. 阿都营长、小学校长等列队设帐欢迎。3. 宿营地绒坝岔，计约五十里。

七时一刻，离松林口前进东北行，上山梁约十数里下山梁，一路日丽风和，马行甚健，不数时抵绒坝岔。有该地阿都土兵营长、绒坝岔短期小学校长何国良及夏通事等前来欢迎，即留宿短期小学内，计程约五十里。

阿都营长送来白面、鸡蛋，余以无量寿佛赏之。短期小学有学生五六十人，服装均用毛毡制成，亦颇整洁，每早集合师生举行升降国旗。边地学校有此，亦可见爱护国家、拥护中央之心，余遂以绸轴一幅赠之。

十一月七日　星期一　晴和

1. 沿途概述。2. 甘孜各界及中央驻甘人员远迎河岸。3. 宿营地甘孜，计程约七十里。

八时，由绒坝岔出发，翁呷营长、何校长等均来献哈达，送行数里乃告别。二十里过林葱，保正因病致使乌拉耽误，未能来齐，仍由绒坝岔乌拉送往白利①。经康藏战争导火线之大金寺之地，昔之庄严古刹已成丘墟。行约二小时，即行达到白利，短期小学雷校长率全体学生来迎，稍事休息，即向甘孜前进。雷君云甘孜各界均在大金滩欢迎，于是不由白利过渡，顺鸦砻江右岸下，则江波甚碧，令人爽然。午后三时许即抵大金滩，竟未见欢迎者，良久方知欢迎者都以为余由白利渡河来，故未前往该方欢迎。四时后，彼等又赶往接按亭来迎，计各界及队伍千余人。余寒暄握手后，由董代县长、杨团附导往行寓，班禅电台谭主任又为本处全体人员洗尘，宾主尽欢，直至夜阑始散。

---

① 白利：彼时康区甘孜北部的白利土司所辖的白利地区。

十一月八日　星期二　晴和

1. 住留甘孜。2. 与罗桑坚赞委员谈话。3. 罗委员为余洗尘。4. 杨团附等来访。5. 报告孔、吴二公。6. 送各堪布土司香根佛各界礼品。

早八时，班禅扎萨现任中央委员罗桑坚赞乘马来访，全身黄缎马褂皮袍，须发皓然，笑容可掬，首致沿途辛劳意，彼旋以汉语承告如下：

大师圆寂后，行辕备感困难，参议过去帮忙同人，谢甚。惟今后大师灵榇回藏及驻康各事尚望协助，并请多留数日，以便畅谈。

余答：此来一方为致祭大师，表示过去爱护指导之谊，一方来慰诸堪布驻康为大师处理善后之苦心，至先生有何意见，无论对中央、对刘委员长，余均可代达，彼此相处甚久，谊如手足，请勿客气，多加指导。

罗再谓：1. 大师因素亲汉，不愿与英人合作，故于民国十三年离藏来内地，已十五年，时受中央厚恩，故矢志报效，无如所志未成，不幸圆寂。现堪布官兵约千人，中央仅有二万元经费，值此困难期间，决不再要求一文，增加中央负担。

2. 现行辕同人住此至感困难，中央如不予设法，今后边人对中央势必减少信仰，返渝后请代向蒋委员长、孔院长、吴委员长解释，并恳解除今后之困难。

3. 参议专意致祭大师，至为可感，至仪式欲与戴院长礼节相同，愧不敢当。

4. 刘委员长文辉对行辕略有误会，甚盼参议先为解释，不久余拟赴炉商谈。

5. 佛榇决定早日回藏，以慰僧俗人民之望。

余再答：1. 中央尊重大师，过去已有事实证明，无庸赘述。至蒋、孔、吴诸公，虽值此抗战期间，对于大师善后及诸先生拥护中央热忱，早为关心与设法解决外，对贵辕经费、待遇较其他机关尚优。至大师灵榇回藏，俟谒蒋、孔、吴诸公后，再为奉闻。

2. 刘委员长为人爽直，凡事能开诚相商，自可达圆满之结果，柱当从中竭力绍介，使行辕与西康军政人员一体化。

旋往访刘秘书长家驹、旺堪布、森且堪布、大夫堪布、大卓尼、张副处长，相谈甚久。乍见之下，无不快慰，除彼此各道别后情形外，对于柱不能入藏及大师行辕处境困难，亦略述之。

下午分访香根呼图克图①、德钦汪母②、杨团附、董代县长、葛特派员诸先生，道谢远迎及代觅住所之盛意。

下午三时，罗委员请客，席设两桌，坚请进酒，并有计秘书诸人

---

① 香根呼图克图：指香根活佛，全称火竹香根，清朝末年曾称火竹香根呼图克图，藏传佛教格鲁派活佛，驻锡长青春科尔寺（理塘寺）。理塘寺是甘孜藏族自治州各藏传佛教寺院中活佛较多的一个。据《理化县志稿》称，理塘寺的转世活佛共有18个，其中以香根活佛最为知名。该活佛系统源自阿汪洛绒益西丹比结存。他是理塘人，早年曾经成为十世达赖喇嘛转世灵童的候选人，但未能成为转世灵童，故后来回到家乡，成了理塘寺的活佛。1908年，十三世达赖喇嘛曾封理塘寺的阿汪洛绒益西丹比结存为“康南最高活佛”，这使阿汪洛绒益西丹比结存更加积极推行“亲藏远汉”的方针，即靠拢西藏噶厦，疏远清朝中央和地方政府。但该方针遭到失败。宣统三年（1911年）四月九日，赵尔丰、傅华峰自巴塘抵达甘孜，在今甘孜青柯普底召开了民众大会，公开收缴了孔萨土司和麻书土司的印信号纸，革除了香根呼图克图名号，并且设立了类似县一级的甘孜委员。此处所说的香根呼图克图即二世香根活佛阿汪洛绒丁珍加措，他于1936年任理塘寺堪布后，改采“亲汉近藏”的方针，既向国民政府方面输诚，又对西藏噶厦示好，使理塘寺获得双方支持的同时，他自己也左右逢源。

② 德钦汪母：她是一位充满传奇的女人，在各种政治势力中起伏漂浮、命运多舛。曾是康巴地区最后一位女土司，精明能干，主政有方，被誉为“康巴女中三豪杰”之一；她的一生始终处在历史的风口浪尖上，是一位20世纪上半叶中国大动荡年代中亲身参与了汉藏两地错综复杂历史演变的枢纽人物。她曾是中国共产党领导下最早建立的带有民族自治色彩的红色政权——博巴政府的最年轻的副主席，又是国民政府考试院院长戴季陶与大军阀、西康省省长刘文辉先后认领的“干女儿”。1939年她与九世班禅行辕侍卫队长益西多吉的婚事，引发了西康当局武装冲突，她对自主婚姻的追求引发了这起中国近代史上一次少有的“事变”——“甘孜事变”。为了爱情，她曾长期有家难回，颠沛流离。1950年甘孜和平解放后，她被任命为西康省藏族自治区首届政府委员。但不久，德钦汪姆就过世了。她的丈夫孔萨益多继承了她的土司之位，成为孔萨家族的代表人物。

德钦汪姆这位女土司短暂的一生，经历了许多重大的事件，她与长征时路过藏族地区的中国工农红军和中华人民共和国成立后进军西藏的人民解放军，

陪饮十数觥，始尽欢而散。

晚，谭主任、刘秘书长、杨团附来访，对柱不能入藏至为系念，并拟稿呈报院长孔、委员长吴，报告抵甘孜情形及致祭班禅大师之意。

复分送罗桑坚赞、森且堪布、旺堪布、大卓尼、香根佛、德钦汪母等黄缎、黄褂、袍褂、佛相及烟茶等礼品，价共约在二百元以上。

十一月九日　星期三　晴和

1. 驻甘孜。2. 呈委员长电。3. 章副旅长邀宴。4. 葛特派员①邀宴。5. 在堪布会议厅谈话。

早，董代县长、刘秘书长、解科长来谈，闻参议入藏，携有汉藏小学教科书多种，西康教育现正向上发展中，敢请将书籍留下，以备学生之用，则中央嘉惠康民不浅等语。余谓此事中央正谋积极发展教育文化之时，汉藏合璧之书当可奉赠，惟须向蒙藏委员会备案。渠等并闻参议著作甚多，对于边疆方案闻有多种，可否借读，以增见闻。余答边疆七八年来，日记所载尚未失真，惟边疆问题计成三十余篇，已携渝预备付梓，其他如《中国近年来之边政》《新疆问题》等书，早登入《英文年鉴》《边铎半月刊》，以后当酌奉寄。旋辞归，当命邓科员拟稿呈吴、赵二委员长，准予发给汉藏小学教科书，以增长康民之知识。

葛特派员耕南、曾秘书等邀宴，据谈西康邮政自伊接办以来日形发达，汇款亦能办，惟越冈拖河②后，因藏方自办邮政，自印邮票，

（接上页）都有过密切联系。1936年曾担任苏维埃博巴政府副主席，为支援红军过雪山草地作出了重要贡献。川北根据地创始人、红四方面军33军军长王维舟的指挥部，就设在孔萨土司的官寨；孔萨官寨后来又成为苏维埃博巴政府所在地。1949年后，18军副政委王其梅和第二参谋长李觉两位将军率领的人民解放军第18军前方司令部，又驻在孔萨土司官寨。孔萨土司家尽其所能，支援人民解放军进军西藏、解放西藏。

① 葛特派员：指西川邮区一等邮务员葛耕南。

② 冈拖河：在德格县境内。1932年10月8日，康藏双方订立《汉藏暂行停战协议》，因会址在冈拖河东岸，《冈拖协议》由此得名。

尚未统一，为憾事耳。

下午一时，旺堪布来约往堪布会议厅谈话，至时各堪布及赵秘书等在座，首由森且堪布致词：

参议系老朋友，大师圆寂时，承函告以精诚团结，拥护中央（原文已详一月日记内），意诚至感！现在同仁等决本此旨，期待大师转世后再整个入藏。惟佛榇拟明年夏运回，藏方虽来电表示欢迎，因蒙藏会来电，须俟噶厦切实来电后始可决定，故至今仍在停止交涉中，恐中央……或有误会处，敬请参议返报中央，代为解释云。

余答：诸先生现在所持态度至佳，惟佛榇先回藏事，噶厦有电表示欢迎，交涉易办，如仍袭敷衍故智，实有顾虑之处，至中央对大师行辕有误会，恐系不明大体之人之中伤，想中央年来对大师回藏问题至为关切，证之，足征中伤者之无益，请勿介意。

旺堪布发言：1. 中央对余等不甚明了，其中原因甚多，希参议解释。2. 参议不能进藏，抗战固为主因，而中央在藏及派随人员之不和及处置失当亦有关系，前在赵专使前曾屡请速调参议返康，未蒙见纳，但对老朋友之情已略尽之。3. 参议在此种困难期间，犹不忘大师，举行致祭，更为感谢。

其他有关藏康事件，详载拙拟解决西康、西藏两问题中，从略。

下午四时，章副旅长因赴德格解决大金寺案，电嘱杨团附、陈营长代表洗尘。

十一月十日　星期四　晴，晚雪

1. 县政府欢宴。2. 香根佛德钦汪母谈话。3. 催办乌拉。4. 行辕择定明日致祭班佛。

香根呼图克图、德钦汪母来访，首致慰劳意，继谈大师圆寂后，中央特派戴院长致祭，足见爱护佛教尊重教主之至意，参议系二次来康，对于康民关切，久所敬佩。柱当答中央本五族一家之精神，人民信仰宗教自由，尤对佛教更为尊重，并希贵佛予以发扬，裨益边民。复谢告别。

德钦汪母为女子，年仅二十二岁，现袭孔撒土司[①]，兼任甘孜总保及第一营土兵营长，过去康藏发生纠纷时，彼家帮忙刘部[②]甚多，对中央尚知恭顺。查孔撒家原在土司中势力本小，后因麻青土司绝嗣，遂并麻青而归孔撒，故势渐大。近闻德钦汪母又欲赘婿（前赘婿德格土司已早离婚），闻求婚者颇多，并有汉人垂涎其位，亦欲娶之，惟班禅行辕某队长[③]与其恋爱甚久，最有希望云。

香根呼图克图，系德钦汪母之胞叔，自幼入寺修行，年约四十二岁。现该寺有喇嘛二千余人，在甘孜寺院中势力最大，财产最富者，班禅行辕一行人员住此。该寺凭山建筑，宏伟庄严，诚不亚故都城也。

章县长因公返炉，董代县长邀宴，有司法部派来考察司法人员罗慕义等三人同席，谈及甘孜建设，较昔进步，多为章团长士兵筑路之功。宴毕，托催乌拉，俾早东返。盖久留边地，东归心切，且本处经费困难，多留一日即增一日之负担也。

刘秘书长来谈，明日为吉日，参议致祭大师日期，决定明日，一切已代办妥，并代点三千酥油灯云云。

---

① 孔撒土司：全称为霍尔孔萨安抚司，清代四川藏族地区土司名。霍尔孔萨为蒙古固始汗后裔，清雍正六年（1728 年）归顺清廷，授安抚司职，领印信（即印，行使权力的象征）、号纸（即朝廷的任命文书），从五品。治所即今四川甘孜县县城。

② 刘部：此处应指西康省主席刘文辉之康军部队。

③ 班禅行辕某队长：指九世班禅行辕侍卫队长益西多吉，1916 年 10 月出生于西藏日喀则江孜县，著名的藏族爱国人士。他与孔萨女土司德钦汪母结婚后名为孔萨益多。民国时期，孔萨益多历任九世班禅行辕护卫队班长、队长，甘孜县孔萨乡乡长，西康保安司令部参议员等职务。中华人民共和国成立后，历任西康省藏族自治区政府文教处副处长、区政府副秘书长，甘孜州政协副主席、州人民政府副州长、州人大常委会副主任，政协四川省委员会第六、七届副主席等职务。2000 年 1 月退休。2010 年 12 月 30 日在成都逝世，享年 96 岁。

十一月十一日　星期五　阴

1. 致祭大师。2. 与各堪布摄影。3. 香钦德钦汪母欢宴。

午前十一时，率属致祭班禅大师，其程序为：1. 奏乐；2. 就位；3. 主祭就位；4. 陪祭就位；5. 与祭就位；6. 读祭文;7. 献灯;8. 献花；9. 献帛；10. 行最敬礼；11. 主祭退位；12. 陪祭退位；13. 与祭退位；14. 奏乐；15. 礼成。

由班禅行辕解科长司仪，本处格秘书、邓科员赞礼，吕科员读祭文，张联络员、邢科员、杨办事员及电台谭主任陪祭，卫士全体与祭，余为当然主祭。

祭文云："维中华民国二十七年十一月十一日，中央驻藏代表高长柱率属，谨以香花不腆之仪，致祭于班禅大师之灵，曰：呜呼！山岳其颓，昊天不吊，别曾几时，遽摧庙貌。忆昔遨游，偶贲东土，维我大师，慈悲为主，念载驰驱，备历难苦，伤心国事，系念乡关，徂西宣化，意证涅槃，生天成佛，亦既慰止。嗟嗟国步，如履虎尾，我佛在天，尚祈护卫，掬情陈辞，悲来何既，尚飨！"

挽联云："为国伤心，为乡劳形，羽仪深悲西逝。生人济物，生天成佛，灵光犹盼东来。"

祭毕，与罗桑坚赞委员及森且堪布摄影。

午后三钟，香根佛及甘孜总保西康民兵第一营长德钦汪母会同请宴，届时全处职员均往赴宴，极尽主客之欢。

十一月十二日　星期六　雪

1. 谭主任、解科员欢宴。2. 向各界辞行。3. 宴请各。①

谭主任、解科长系旧日老友，在护送班禅途中，感情甚洽，所见略同，此次数度倾谈，关于西藏问题，中央在甘人员失当之处，得益颇多。本日邀余小宴，对余不能入藏，至表安慰，并希将来不改初志，以竟全功。余致谢之，并略谓：往自东瀛返国，服务军界，边事已有十年，向抱埋首工作主义，此次因……关系，不能入藏，反受若干闲气，中央用人，固主宽大，但派来边地人员，不能抱团体共同奋

---

① 日记原文如此，似未完，笔者未作改动。

斗之决心，反行以私废公，至堪愤恨！柱以为将来抗战结束后，或可达再事边区工作，至经费困难原因甚多，毋庸赘述也。言毕，相继尽数十觥，盖块垒久积胸次，乍遇良知，不觉玉山颓矣。

午后一时，分访各界辞行，道谢，召宴帮忙赐教之意。

罗友仁①处长来谈，略谓大师不能回藏，中央所派专使，实不得力，《大公报》已有社评……至刘委员长尚希竭力解释，俾两方情感益洽。余答刘委员长处，柱可代述一切，请勿介怀。

杨团附来谈，参议过去赠敝部军事书籍甚多至感！再此次情形，本部已派一连士兵，于二十八日修成二十华里汽车公路，若由甘孜修至康定，以一团士兵专修，五个月即可完成云。此点希参议转报中央，开发边地交通，并不困难。余答贵部士兵苦干精神，足资矜式，惟康北旷地甚多，如能利用士兵学术科余暇，从事兵垦，将来获益良多。杨谢毕，并请以后多赐教云。

下午四时，森且堪布、罗处长等来送礼物，计豹皮、狐皮等件，并送本处人员班禅相片、狐皮及卫士洋五十元，余谢受之，略备小宴，并饮酒及咖啡，宾主极快。首由旺堪布致词：

回忆民国二十五年一月，在塔尔寺见参议为人豪爽，关怀西藏，心至窃喜。三年来随大师同行，关于大师入藏一切大计，诸赖擘划，尤为感激，适值中央多故，不能达入藏目的，参议又因种种关系，未能完成使命，同人至为愤惜。然往事不咎，敝辕一切困难，参议均悉，尚希本汉藏一家、五族建国之旨，继续帮忙，在最短期间能重来甘孜，最所欢迎。

余答：诸先生与柱相处有年，彼此情感甚佳，虽因大师圆寂，未如所愿，然大师精神，三年又复转世，甚愿与诸先生能在西藏见面，共同效力。今天别离在即，同尽此杯，并祝诸先生健康。

晚六时，派格秘书送致祭大师所用款项计百元，赏音乐队二十元。

---

① 罗友仁：罗桑坚赞的侄子，时任九世班禅行辕军务处长。

十一月十三日　星期日　晨雪晚晴

1. 甘孜各界远送。2. 途中概况。3. 宿营地镇坝，计程四十五里。

离甘孜，各界计千余人均来送别，并设帐房三于远到城二里外，余心滋感。八时半，与各界人士一一握别致谢，策马东进。马行甚速，公路三十里，二时即毕，十一时半达蒲玉隆后即上山，雪霁日出，积雪渐溶，山道泥泞，马行不似首此之健矣。寻下山，马行益艰，一时许抵镇坝休息，勤务余发升来报告，后面乌拉在渠出发时尚未见一头前来，即厨夫之马亦无，因决定留宿镇坝以待之。二时后厨夫来，傍晚，乌拉到齐，大半属马，据报乌拉牛不足，由县城各住户出马应差云。

本日行程约四十余里。

十一月十四日　星期一　晴和晨寒

1. 途中概况。2. 宿营地典党古，计程五十里。

七时一刻离镇坝东进，越一小溪，上山，雪风刺面，有如刀刺，手足亦僵，于下山时徒步，而下马既得休息，手足亦得暖矣。十一时许，山尽过卡撤，卡撤背山面湖，颇占形势，正午越朱倭①而过，至典党古，本欲前进，因当地本日恰为换差，无法按站前进，因留宿。本日计程约五十里。

十一月十五日　星期二　晴和

1. 途中概况。2. 宿营地计炉霍县②，计程九十余里。

晨七时，离典党古出发，沿谢楚河右岸下行，十二时至惹尼村，

---

① 朱倭：四川省甘孜藏族自治州炉霍县辖乡，位于县境西北部，距县城52公里，面积102.5平方公里。1956年置朱倭乡，1964年改公社，1984年复乡。317国道过境。辖朱倭、更达、杜柏、虾扎、颠古5个村委会。

② 炉霍县（བྲག་འགོ་རྫོང）：今四川省甘孜藏族自治州炉霍县，位于甘孜藏族自治州中北部，东接道孚县，西北与甘孜县相邻，西南与新龙县接壤，北面毗邻色达县，东北则与阿坝州的壤塘、金川两县相邻。历来为去藏抵青之要衢和茶马古道之重镇。炉霍县是康北中心，交通要地，属半农半牧区。炉霍系藏

有村店一，东行至此，始见店子。店主系汉人，来此已三十年矣，平时务农，春秋间居则卖酒面以赚零钱，亦可谓生财有道也。一时策马再进，经瓦达村，日已西斜，而天气转热，约十余里过溪上山，再十余里抵炉霍，时约傍晚。住于一苏姓汉人家，稍事休息，即偕吕科员赴县府访黄县长，应其便餐，谈笑多时始辞归。本日计行九十余里，或云一百二十里，乌拉尚距五十里，格秘书、邢科员均未赶到。

十一月十六日　星期三　阴晴

1. 在炉霍候格秘书及乌拉。2. 炉霍县之简述。3. 寿灵喇嘛寺之近况。

昨晚大风，晨霜严寒，因乌拉未到，并候此间乌拉催齐，同时县府请宴，势难出发，故在此休息一日。

炉霍旧名章谷，距康定七日程，东连道孚，南界瞻化，西界甘孜，北邻俄洛野番，全境纵一百一十里，横百五里，周六百七十里。原有章谷（霍耳五）、朱倭两土司，前清光绪末年，章谷土司绝嗣，由四川委员设县管理。全县所辖户口约二千，另牛厂哇[①]七百余，分为五乡（详载西康之近况文内）。

寿灵喇嘛寺[②]为康北三大寺之一，喇嘛一二千人，枪数百枝，二

（接上页）语“山岩村”之意。因原为霍尔章谷所属四土司之地，东南与打箭炉毗连，故名。清置炉霍屯。民国初期设县。民国二十五年（1936 年）中国工农红军第四方面军抵达炉霍，建立县、乡博巴政府。1950 年，建立中国共产党炉霍县工作委员会和炉霍县人民政府。

① 牛厂哇：牛厂娃。任乃强《西康札记》载：“康区习称牧场为‘牛厂’，称牧民为‘牛厂娃’。”

② 寿灵喇嘛寺：寿灵寺为藏传佛教格鲁派寺院。位于甘孜州炉霍县城新都镇内鲜水北岸的“色登龙然苏”山腰上，是“霍尔十三寺”之一。“灵”在藏语中意为祝愿长寿平安。寿灵寺初名呷丹绕登郎吉岭（དགའ་ལྡན་རབ་བརྟན་རྣམ་རྒྱལ་གླིང་། 意为知足天永恒降福寺），清顺治七年（1650 年）创建，历史上曾毁于地震数次，后改名为霍尔章谷寺，再改名为寿灵寺。寿灵寺始建以来曾三度迁址，1973 年地震毁坏后迁至县城以北两公里处的然苏岗与色德龙之间，1982 年经甘孜州人民政府批准开放，1983 年动工复建，1984 年后相继修复大殿等，1988 年 9 月复建竣工。

十一年度康藏发生战事，该寺欲内应未果，二十二年又谋叛变，为章团长擒杀巨魁四人，始告无事，现由格聪呼图克图管理。

十一月十七日　星期四　晴和

1. 黄县长送别。2. 途中概况。3. 宿营地虾拉沱①，计程四十里。

晨八时，离炉霍，黄县长欢送后东进，路虽不甚崎岖，亦不平坦，山尽过河桥，桥将倾圮，恐难及来年水季也。过桥后行三里许，即抵虾拉沱住下，惟时不及十二钟，路程或只四十里而已。该地有汉人，约五十家，多从事农商，人口有属藏族者，有仍汉族者，并有小学校一所。校长马姓，另教员一人，学生五十余人，男女兼收，汉藏均有，校址系陈保正家者。

本日整理康定至甘孜兴辟公路计划。

十一月十八日　星期五　晴和

1. 途中概况。2. 宿营地大寨子，计程约七十里。

七时左右，离虾拉沱，沿谢楚河左岸东下二十余里，至噶拉仲，上山下山又二十余里，至将军桥打尖，再山行二十里许抵大寨，行程约七十里，需约五时半，因路平坦。大寨有人家约四五十户。

十一月十九日　星期六　晴和

1. 途中概况。2. 宿营地道孚县②，计程四十里。

---

① 虾拉沱（ཤྭ་ར་ཐང）：四川省甘孜藏族自治州炉霍县虾拉塘村。

② 道孚县（རྟའུ་རྫོང）：道孚县隶属四川省甘孜藏族自治州，位于四川省西北部，甘孜州东北部。地处青藏高原东南缘的鲜水河断裂带，东与丹巴，西同新龙县，南和康定市、雅江县相连，北与炉霍及阿坝州的金川、壤塘县接壤相邻。道孚昔称“道坞”，藏语译意为“马驹”，县名依地形而定，县城地形如马，故名。早在公元前已有先民繁衍生息。春秋时期，羌人西迁，子孙众多，史称西羌或西南夷。汉武帝时置沈黎郡，以鲜水为关徼，道孚史称为牦牛徼外地。隋为附国地。唐属吐蕃。明属长河西鱼通宁远宣慰司。清康熙四十年（1701 年），册封境内十土百户。雍正七年（1729 年），境内由明正、丹东、麻书、孔撒四土司分治。宣统三年（1911 年），建制道坞设治局。民国元年（1912 年），建制道坞县，翌年更名道孚县。“孚”意为“信任”，表现当局对

晨八时，由大寨起身，沿谢楚河左岸向东行约数里许，路圮，骑不能行，下马徒步，既过险，再升乘遵岸行，经数庄，正午抵道孚，计程四十里左右。到后便访戴县长，谈有顷，辞归行寓，寓即县公园。

十一月二十日　星期日　晴和

1. 住道孚。2. 道孚乌拉难派之原因。

道孚气候忒热，御行衣犹感过暖，苍蝇仍扑扑乱飞，系不讲究卫生之故，实亦气候有以使之然也。

本日因乌拉办不齐，在道孚休息一日。

道孚计户口千数百家，支差者仅一百七十余户，细查其由，极贫者不能应差，而极富者亦不应差，头人不应差，头人之亲戚及头人亲戚之亲戚亦不应差，应差者只中人，且头人及县府中人又从中舞弊，故乌拉感觉困难。

十一月二十一日　星期一　晴和

1. 住道孚候乌拉。2. 派邢科员携函赴康。

本日乌拉仍无消息，故决定在此再休息一日。

戴县长为人年老忠厚，惜用人不当，故政绩不佳，人民尚尊敬之。

为答谢刘委员长电饬沿途照料盛意计，乃派邢科员先往康定，面陈一切，并探询康定到成都路线旅行工具，以免多住康定，消耗国帑。

十一月二十二日　星期二　晴和

1. 乌拉未齐，戴县长来寓道歉。2. 道孚县之概述。

（接上页）该地和平安定，以及长官能够治理好百姓的信任和希望。道孚县属川边特别行政区。民国十四年（1925 年），属西康特别行政区。民国二十四年（1935 年），设西康宣慰使公署驻道孚。1936 年，红军长征经道孚，成立道孚县博巴政府。民国二十八年（1939 年），属西康省第一行政督察区。1950 年，属西康省藏族自治区。1955 年，属四川省甘孜藏族自治州。

戴县长来访，对乌拉未能早齐，至为抱歉。余慰谢之，请明日能早到为盼，并谢其赠送菜蔬及肉类之谊。

查道孚番名道坞，设县于宣统三年，治所为马昌骥任内特建，如内衙式，惟规模较小耳。全县面积东西约二百二十里，南北约五百里，为孔撒、麻书①、明正②、单东③四土司分辖地，现分八区，有民三千余，设团保管之。县北榆科（距治百八十里）概系牛厂，民性犷悍，亦设团总以统率之。县治依山麓为市场，无城廓，有街一，长二十丈，多住营商汉人。附街锅庄百余家，则康汉杂街，中为治所，东北有天主堂一所，西北则著名康北三大寺④之灵雀在焉。僧舍依山之高下，层层建筑，约二百余幢，围以高墙，远望之以为县城也。鲜水河，由炉霍入境，横绕治前，与松林口小口合流而南，入雅安⑤境，有名之道孚鱼，即产是河，惟每年产量无统计。

---

① 麻书：麻书土司，清代藏族土司，在四川省甘孜县境内。全称“霍尔甘孜麻书安抚司”。雍正七年（1729 年）受封，领地一在甘孜麻书乡和大塘坝，一在道孚县麻孜乡。1939 年，麻书大头人降雍泽辟在国民党政府支持下，袭任麻书土司，摆脱孔撒土司约束，大塘坝和麻孜乡亦脱离土司管辖，领地仅有甘孜县之麻书乡。

② 明正：明正土司，即明正宣慰使司、长河西鱼通宁远军民宣慰使司，嘉绒十八土司之一。今属甘孜藏族自治州康定市境内和雅江县、道孚县，凉山州冕宁县境内全部、大部和小部分地区。始建于永乐五年（1407 年）。

③ 单东：全称为丹东革什咱土司。丹东指四川革什咱河与格生利龙巴河二水上下游区域，下游有革什咱官寨，通称丹东革什咱。清代给该土司封印，亦为“丹东革什杂”。丹东革什咱所居之地，是嘉绒藏族地方之最西，传其祖先东来最早。“革什咱”之名，实由其祖“革须节”之名得来，其后代分为丹东、杂谷、卓克基、松岗、党坝诸土司贵族。在嘉绒藏族中，以革什咱发展最快。

④ 康北三大寺：指位于康定北部的宁玛派寺院金刚寺、格鲁派寺院安觉寺、噶举派寺院南无寺。

⑤ 雅安：今四川省雅安市，位于四川盆地西缘、邛崃山东麓，东靠成都、西连甘孜、南界凉山、北接阿坝。雅安市位于川藏、川滇公路交会处，是四川盆地与青藏高原的接合过渡地带、汉文化与少数民族文化接合过渡地带、现代中心城市与原始自然生态区的结合过渡地带，是古代南方丝绸之路的门户和必

道孚气候较康定尤暖，能产葱蒜、萝卜、白菜、胡瓜、莲花白等类菜蔬，而莲花白尤硕大无朋，有一二十斤一棵者。全县已垦之地，产大小麦青稞豌豆等，县城附近之土质与气候，或能种稻，惜无人试验耳。

康人最信佛教学喇嘛者，有三子必有其二为僧，有二子必有其一，即普通男女，终日口内喃喃，念经持咒，凡团聚之村落，莫不有寺，惟大小之别耳。盖喇嘛能识字诵经，地位高尚，佛法以外，无工作，其生活住所由家庭特别供奉，寺中尚有例给，而与人念经代价尤属优厚，至大喇嘛寺之名远播，奉如神明，见之者多鞠躬俯地，伸首而求摩顶，惟贵族式之土司，可与并衡也。至女子出家，则称觉母①，另居寺院，间一遇之，不如喇嘛千百成群之多也。

十一月二十三日　星期三　晴和

1. 途中概况。2. 宿营地葛卡②，计程四十里。

乌拉太小，牛马较狗稍大，恐长征途中多麻烦也。

十二时始离道孚东进，越一溪，经两长谷、一岭而抵葛卡宿营，行程约四十里。

据杨办事员报称，有两乌拉未来，当夜即派渠返寻。本日沿途因乌拉时丢箱物，必须派人监督，方免遗失。

十一月二十四日　星期四　晴，晨寒

1. 途中概述。2. 派杨办事员候点乌拉。3. 宿营地结初，计程六十里。

（接上页）经之路。清代的雅州府是雅安历史上辖境最为广阔的时期。民国二十四年（1935 年），设四川省第十七行政督察区，治设雅安县。民国二十八年（1939 年），西康建省，四川省第十七行政督察区改设为西康省第二行政督察区。1950 年，设雅安专区，雅安为西康省省会。1951 年，改称雅安专署。1955 年，撤销西康省，雅安专区并入四川省。1981 年，改称雅安地区。2000 年 12 月，撤销雅安地区，设立雅安市（地级市）。

① 觉母（ཇོ་མོ）：藏语音译，藏族对出家女子的称呼。

② 葛卡（འགུག་ཆགས）：今四川省甘孜藏族自治州道孚县葛卡乡，位于县城东南部。1956 年置葛卡乡，1960 年改葛卡公社，1984 年复称葛卡乡。

昨夜两乌拉今晨犹未来，派杨办事员在后待之。

晨七时一刻离葛卡，出发数里经松林口，杉树满眼，所谓松者，即杉树也，土人误杉为松耳。

出松林口，经一大草原，长约二十里，原完下坡，顺编于一荒村名结初宿营，行程约六十里。

十一月二十五日　星期五　晴和

1. 途中概况。2. 宿营地泰宁①，计程三十五里。3. 潘绍武来迎。4. 泰宁寺②之概述。

晨离结初村，越溪上山东进，约十五里下山，于另一溪旁休息，近有红教喇嘛寺院。十一时许再前进，上山遇岭，下坡抵泰宁，约十二时许。

泰宁原属道孚，现已划作农业实验区，直隶建委会矣。西康实验区公署潘绍武等来迎，谈及联运台站，任乃强③主办，恐因主持无法，

---

① 泰宁：今四川省甘孜州道孚县泰宁镇。民国时置惠远乡，1966 年改东风公社，1973 年更名协德公社，1978 年撤销乾宁县划归道孚县管辖。1983 年置协德乡。2020 年，撤销协德乡，设立泰宁镇，以原协德乡所属行政区域为泰宁镇的行政区域。

② 泰宁寺：亦即下文所说之惠远寺。

③ 任乃强（1894—1989），字筱庄，四川南充人，汉族，现代著名藏学家，1915 年考入北平农业专门学校。毕业后，到北平《晨报》馆工作。1921 年返回南充，协助张澜搞地方自治，任南充县实业局局长兼县立中学教务主任。后经胡子昂介绍，被四川军阀刘文辉任用为川康边区视察员，他本人也有志于研究川边历史地理，于是便辞去在南充县所担任的各种职务，举家西迁。1927—1928 年，任乃强首次考察川边，徒步走遍川边 11 个县，写出各县的考察报告，并绘制各县地图，于 1929 年从理化（今理塘县）返回成都。这次考察不仅激发了他对藏族历史、宗教、文化和民俗等的兴趣及强烈的研究欲望，而且在瞻化县（今新龙县）与上瞻对甲日土司之女罗哲情措结婚，从而与藏族地区和藏族结下了不解之缘，定下了专门从事康藏史地研究和川边经济开发的目标。同年被刘文辉聘任为本部（二十四军军部）经济建设委员会委员，筹备四川内属各县经济建设事宜，并于此时开始撰写《西康图经》。1935 年秋，任西康建省委员会委员，后任西康县政人员训练所所长，兼授《康藏史地》

牛马死亡甚多，效果颇少。

泰宁平原长约二十里，宽七八里，四周皆小山包围，中有小溪，南北贯流，惠远寺[①]建于中央，庙基广大，围以方墙，辟东北两竖汉碑四通：雍正御制满汉文碑一，同治讨平瞻对乱事二，果亲王诗碑一。诗曰：曙色欢声动列虫，西南属国画朝元，滴酥熬芋充供俸，宣德还分柏叶筹。后书雍正乙卯元旦果亲王奉使泰宁作。

进大门，平房四舍，僧舍栉比，约百余所，中为大殿，供牟尼佛，后面供九面佛、观音等菩萨，再后即堪布禅室，有呼图克图二人

(接上页）课。1938年底，为解决康区运输困难，创办了牧运公司。1939年，西康省政府成立，受聘担任西康省通志馆筹备委员会主任委员。1943年接受华西协和大学之聘，到李安宅主持的边疆研究所任教授、研究员。1944年，随李安宅再次入康考察，后到凉山地区诸县考察，于1945年返回华西协和大学。随后受聘为四川大学农学院专任教授，在此期间，募捐成立了康藏研究社，创办发行《康藏研究》月刊。1946年在成都加入中国民主同盟。1950年受西南军政委员会等领导人的委托，为和平解放西藏献计献策。后被任命为西南民族事务委员会委员，参与筹建西南民族学院的工作。1957年被错划为“右派”，在处境极其困难的情况下仍未停止研究工作，完成了多部学术专著，并于1960年开始撰写《〈华阳国志〉校补图注》。1978年平反后，虽已85岁高龄，仍笔耕不辍，写出《青康藏高原采金刍议》和《漫谈四川的黄金》两本专著，为四川藏族地区等地的经济发展作出了贡献。1981年受聘担任四川省社会科学院特约研究员，主持编撰《川边历史资料选编》，1986年和1988年两次荣获四川省社会科学优秀科研成果荣誉奖。1989年3月30日在成都去世，终年96岁。一生发表论文100余篇，出版专著20余部。其学术贡献主要体现在藏学、民族史和四川地方史三个方面。藏学著作主要有《西康札记》《西康诡异录》《西康图经》《康藏史地大纲》《〈西藏政教史鉴〉校注》《英藏汉文对照康藏全图》《川康藏农业区划意见》和《川边历史资料选编》等。是中国近代藏学的奠基人和先驱者之一。他对康巴地区的调查和研究，确立了他在藏学领域的地位，对人们认识康区社会历史，开发康区作出了重要贡献。

① 惠远寺：位于四川省甘孜藏族自治州道孚县（原乾宁县）协德乡境内，藏名为“嘎达向巴林”，雍正七年（1729年），清政府因西藏局势不稳而请七世达赖喇嘛格桑嘉措避难于此，特拨白银，征地500余亩，修建庙宇、宫殿楼房，寺门正中高悬清世宗钦赐“惠远寺”巨大镏金匾额，始为惠远寺初建。十一世达赖喇嘛克珠嘉措即诞生于惠远寺附近的村庄，并从惠远寺启程，由专人护送去拉萨。从此惠远寺的声望进一步提高，在藏族地区影响至深。

（呼图克图系喇嘛之佛子，称为活佛，盖寺中之喇嘛圆寂后，寺中即卜其再生所在，俟生长数岁，试以生前之衣物，认识不爽，证为转世，迎归教养，供奉极优）。堪布罗布登殊花甲外人也，本年新由藏方委派来此，僧众二百五十人，颇能约束。每年由道孚县拨藏洋千元补助生活，连其他物产及贸易与念经所入，尚称富饶。庙东里许有小街一道，住汉回三十余户，试验区公署在焉。街头有短期小学一所，学生寥寥。

查此间道路，原由八美①经吉色中直走道孚，嗣因陈立三事变，迭遭乡匪蹂躏，八美与吉色中台站俱毁，乃改道泰宁，而惠远庙遂为台站。该庙为雍正时饬建，西藏达赖曾来此坐床②，故该庙规模极大。

十一月二十六日　星期六　晴和

1. 途中概况。2. 宿营地中谷喇嘛寺，计程六十五里。

由泰宁东进，路甚平坦，沿途多有淘金者，据云每日可得一二厘云。

午后抵中谷寺宿营，行约六十里。

道孚乌拉极坏，沿途多有逃亡者，甚有竟将本处行李抛弃道旁，牵乌拉逃去。

十一月二十七日　星期日　晴

本日因候乌拉休息一日。

十一月二十八日　星期一　阴

1. 沿途概述。2. 宿营地长坝春③，计程六十五里。

早七时半出发，寺内喇嘛因余赏钱赏茶，故敬候寺外，执礼至

---

① 八美（བ་སྨད）：今四川省甘孜州道孚县八美镇。

② 作者日记所云达赖喇嘛曾在惠远庙“坐床”一说与史实不符，应改为达赖曾来此“驻锡”七年。详见前页“惠远寺”注释条。

③ 长坝春（ཁབ་ལ་ཀོང）：为康定县上木雅乡村名。

恭。大坝可作飞机场，行三十分钟始尽，有高达五百尺高度之山，雪仍未溶，牛马难行。下午三时至长坝春，计程六十五里。

自长坝春行约十五里处为古稀，为康将养团总之家，有屋数椽。又一小坝之日管团总，系最顺之百姓，有牛厂多处。

十一月二十九日　星期二　晴

早七时，离长坝春前进，沿途约数千尺高山，纵横眼前，山平如砥，可作飞机场之用。午后一时到水桥子宿营，计程四十五里，有民房十余家。

十一月三十日　星期三　阴寒

1. 沿途概况。2. 宿营地折多塘①，计程约七十里。

早七时半出发，行约二十五里，至一缺口，有石堆树帜，想为神坛，由是分路，一往长坝春，一往水桥子，行数里至二塘子，有官站一所，可供打尖及住宿。折多山无树木，夏时野花小草甚多，小溪流贯其间，颇有天然佳趣。

由此时上山下山，乱石嶙峋，行颇不便，山高度约一万三千五百尺，空气稀薄，呼吸偶感困难，余下马步行，反觉舒适。于下午五时到达折多塘，有民数十家，计程约七十里。

十二月一日　星期四　晨雪晚晴

1. 途中概述。2. 康定各界来迎。3. 宿营地康定，计程四十里。

晨七时许出发，雪片纷飞，天气小寒，一路下山，路亦甚平，惟较昨日稍佳，十二时左右到达康城，来欢迎者有建委会秘书长杨叔明、军部副官长周楚三等数十人，握手寒暄，并进茶点。既毕，往班禅办事处行寓休息，午后往访刘委员长于其私邸，并道渴慕之意。

十二月二日　星期五　晴

1. 在康定休息。2. 电呈院会。3. 刘委员长之谈话。4. 分访各

---

① 折多塘（འཇེ་མདོག）：今四川省甘孜州康定市榆林街道下辖折多塘村。

界。5. 潘组长、杨秘书长分请宴。

早拟电分呈孔、吴二公，及复马主席子香、朱主席一民[①]报告安抵康定，不日赴渝，旋分访唐师长、金参谋长、程经理、徐所长、林局长等。返寓后，卫士报告刘委员长拟来访，询余在寓否？余当答下午趋省府领教。

分送刘委员长金丝缎相片、《世界大战史》、佛相、纺绸及唐师长、杨秘书长、李科长、潘组长等礼品，共约四百余元。

潘组长请宴，有金参谋长博九等相陪，关于抗战消息，承告甚详。

下午二时，赴省府谒刘委员长，承告：（一）参议太辛苦，自奉孔院长及接蒙会电后，时欲一见为快。（二）班禅行辕不善处事，其分队长与德钦汪母闻将结婚，此事影响土司制度甚大。（三）班禅驻甘人员，不给夫价，不给草价，殊与地方治理有关。

余答：（一）柱此次派赴入藏经过，及不能入藏原因，昨已详陈。（二）班禅人员，甚盼委员长帮忙，并愿精诚合作；至外间所传谣言，希勿过问。总之班禅驻甘人员，如委员长能宽大为怀，宥其小处，将来于藏事解决，必易收效。（三）罗委员既定不日启程来炉，彼现负扎萨责任，一切可与商谈，柱亦当电告其彼此应精诚合作，共纾中央西顾之忧。

刘当再表示接受，并致谢送礼太厚，愧不敢当，旋辞归。

杨秘书长叔明[②]、孙秘书煦初[③]邀宴，席间联句吟诗，颇助

---

① 朱主席一民：指彼时的甘肃省政府主席兼驻甘绥靖主任朱绍良。朱绍良（1891—1963），字一民。祖籍江苏武进，生于福建福州。同盟会会员，国民党陆军一级上将（四星上将），抗日名将。

② 杨秘书长叔明：杨叔明（1884—1961），名永浚，祖籍四川省崇庆县，清代爱国名将杨遇春之玄孙。曾任成都联中语文教师，重庆女师校长，四川法政、美术专科学院教授，西康建省委员会秘书长，国民政府行政院政务委员，青年党中央常务委员等职。杨叔明是谢无量的入室弟子，也是刘文辉的儿女亲家，五四时期参加过少年中国同学会。1946 年，杨叔明参加了由蒋介石、董必武、周恩来等 38 人参与的政治协商会议，策划了国军兵团司令罗广文起义，为川西和平解放建立了不可磨灭的功勋。1950 年因“反动党团罪”获刑。1961

酒兴。

晚孙秘书来访，道及刘委员长对柱边事解决意见，及为人豪迈，性情爽直，无任钦佩，甚愿作一良友云云。余当答能薄见鲜，自公如愿赐教，极为柱愿。

杨秘书长、唐师长等来谈，约明日自公邀宴，并愿早一时往谈，允之。

十二月三日　星期六　晴

1. 在康定休息。2. 往游各寺与简述。3. 刘委员长请宴。

早十时，程经理来访，关于西康省银行现有基金三十万元藏洋需用太多。

十一时，随杨秘书长等十余人往游南较场之南无寺①，即仙女寺，在山腹上，系黄教寺院，不甚清洁，喇嘛二十余人。有一老格西圆寂后，转世之小童现年六岁，相貌清秀，并不畏人，能予客等以摩顶红条，似有夙慧。余思政府欲整理佛教，必先令高僧转世之小童学习汉文，成年时考试及格，始准其承袭，斯为统治上之要道欤？继游山下之朵者折寺，即金刚寺②之意，供红教莲花祖师，为明正土司之

（接上页）年死于保外就医。1981 年平反。

③ 孙秘书煦初：孙煦初，荣赫鹏《英国侵略西藏史》一书的译者。他对边疆问题素有研究，曾主编《边铎》。

① 南无寺（ལྷ་མོ་རྩེ）：位于康定城南，葱郁林木中金顶辉煌。南无寺前身为跑马山上的娜姆寺，即“仙女寺”之意。寺院建立之初为宁玛派寺院，经顺治三年（1646 年）重建后按照五世达赖喇嘛的指示改宗为格鲁派寺院，与毗邻的金刚寺被誉为“双寺云林”，是康定古十景之一。

② 金刚寺（རྡོ་རྗེ་བྲག་དགོན）：位于康定市。公元 1272 年，在跑马山脚下建起了一座旧密宁玛派传承的小庙，这便是康定金刚寺的前身。14 世纪，由明正土司祖先和当地信众将小庙迁往康定城西面山脚下。15 世纪初，寺庙被火烧毁后，由明正土司主持，将寺庙迁于康定城西南面山脚下。16 世纪末，大伏藏师古汝·曲杰旺修之转世——绛达·扎西道吉大师及其弟子应明正土司之邀，前来金刚寺驻锡，弘法利生，金刚寺遂成为宁玛派北传伏藏传规之道场，属宁玛派六大道场之一卫藏多吉扎寺的重要分寺。18 世纪初，由明正土司之长子甲赛·白玛特确活佛主持，扩建了金刚寺。迄今，金刚寺已有七百余年历

家庙，有喇嘛百余人。本日适值吃观音斋，因喇嘛是日不食不语，名曰哑巴斋。余思孔子教人勿多言，而佛教亦有哑巴斋，可见吾人处世之宜缄默寡言也。在楼上承供酥油茶后，即由二喇嘛管经者、铁杠喇嘛管风纪者、三喇嘛管庶务者，导游大殿，此三喇嘛不为观音斋所限。大殿宏整，中塑莲花祖师大像，前供开山喇嘛之肉身佛。余虔诚参拜后，至后殿参拜释迦佛，并参观室藏之千佛佛经，每页均用金写，并绘佛像，精善可爱，并出示跳神之青狮白象。往傍室参观镇压土婆龙之像与法力，又往行神福庙，内供佛像甚多，为明正土司历来出门时所塑之像，以为行道之祝福。黄教与红教之服装，最宜分别者，为黄教则戴尖顶黄色之宗喀巴帽。红教习尚神密，大殿傍柱挂人手一只，据称妖魔，用斧砍佛寺之柱，为佛力所断。一只在拉萨，一只在此云。佛前有石一方，印有足迹，以示神异。余之进出佛寺时，大殿楼上特奏梵乐，喇嘛在寺外迎送如仪，遂返寓。

午后三时，往刘委员长私邸，除表示感谢外，兹将所谈略记如次：

刘谈：参议连日承告中央现在安定政策下，谋和平之推进，至得筹边要领，惟西康环境特殊，仅就所知略为奉告。（原词经孙秘书煦初修正后，于五晚送来，兹记于左。）

一、就土地言：西康辖境，分宁、雅、康三属①，面积合计大于川省，然目前实际所能统治者，除雅属六县一设治局外，在康区尚有金沙江以西十四县，久为藏军侵占，欲谋规复，则牵动“外交”；在宁属则大部分土地为夷人盘据，形同化外，刻正积极剿办整饬，短期尚难蒇事。此时无论敷设政治及推行国策，均有重大之阻碍。如国际交通路线之开辟，倘由康定经理化②、巴安③、盐井④、察隅⑤等县，

（接上页）史，是甘孜州内最早宁玛派学修并举的寺院之一。历史上金刚寺的主要施主是历代的明正土司（康区四大土司之一），金刚寺亦为明正土司之家庙，故金刚寺曾拥有过数百年的辉煌。鼎盛时期，寺院占地面积达五万多平方米，有僧众二百余名，一年中每月都有例行的佛事活动。

① 宁、雅、康三属：宁，西昌地区；雅，雅安地区；康，康定地区。

② 理化：今四川省甘孜藏族自治州理塘县，位于四川省西部，甘孜藏族自治州西南部。理塘，系藏语ལི་ཐང，“理”意为“铜”，“塘”为“坝子”，即

（接上页）广阔坝子有如铜镜。故为里塘土司地。理塘县唐属吐蕃，元初置李塘城。元至元九年（1272 年）置李唐州，后设奔不儿亦失刚招讨使司。元至元二十五年（1288 年）设钱粮总管府。明置里塘宣抚司，后为扎兀东思麻千户所；明末清初为固始汗属地。清雍正七年（1729 年）置宣抚司。清光绪二年改土归流，置里化县，光绪三十二年（1906 年）置理化县；宣统三年（1911 年）奏准置里化厅，辖稻坝、定乡、顺化等县。土司制度始于元，至清而兴。民国元年（1912 年）设理化府，民国二年置理化县。1950 年 5 月 31 日理化县解放，翌年 5 月更名为理塘县。

③ 巴安：今四川省甘孜藏族自治州巴塘县（འབའ་ཐང་རྫོང），位于甘孜州西部。东接乡城、理塘县，南连得荣县，西隔金沙江与西藏芒康、盐井、贡觉县和云南省德钦县相望，北与白玉县交界。巴塘，古为部落之地，周曰戎，秦称西羌，汉系白狼国。从东汉末年到三国、魏、晋、南北朝，白狼国一直立于西南部落之林。唐武德元年，白狼国举土内附。唐乾封二年（667），白狼国被吐蕃赞普松赞干布所灭，从此巴塘受吐蕃统治。明隆庆二年至崇祯十二年（1568—1639 年），云南丽江土知府纳西族木氏土司攻占巴塘。明崇祯十二年底，巴塘转隶青海和硕特部固始汗统治。清初，巴塘隶固始汗蒙藏联合政权统治。雍正四年（1726 年），巴塘划入四川。光绪三十二年（1906 年），将巴塘改为巴安县；三十四年（1908 年），改为巴安府，此为巴塘县治之始。民国三年（1914 年）巴安县隶川边特别行政区。1950 年 8 月，巴安县临时人民政府成立。1951 年 3 月，正式成立巴安县人民政府。10 月，巴安县改为巴塘县。1955 年 10 月，巴塘县改属四川省甘孜藏族自治州至今。

④ 盐井：今西藏自治区芒康县盐井纳西民族乡。藏语称为“擦卡洛”（ཚྭ་ཁ་སྣོ）。纳西族人称其为“察卡”，即盐井，“察”是食盐，“卡”是洞眼。盐井乡地处西藏自治区东南端，位于横断山区澜沧江东岸芒康县和德钦县之间，是滇藏公路上云南进入西藏的第一站。东北与四川巴塘相邻，南与云南德钦接壤，西与西藏左贡县扎玉、碧土、门孔等相连。盐井历史上是吐蕃通往南诏的要道，也是滇茶运往西藏的必经之路。盐井本为汉语名，以当地特产井盐而得名。清光绪三十四年（1908 年）设盐井宗，1912 年后为西康省管辖，1950 年为昌都地区解放委员会管辖，1960 年盐井县与宁静县合并称宁静县，1983 年经国务院批准恢复成立盐井县，但因故未能建县。1999 年 9 月 21 日，经国务院批准撤销盐井县建制，并入芒康县。

⑤ 察隅（ཚ་ཡུལ）：今西藏自治区林芝市察隅县。察隅，藏语意为“人居住的地方”。汉语曾译杂夷、杂榆、杂隅等。地处西藏自治区东南部，东邻云南省迪庆藏族自治州德钦县、云南省贡山县和昌都市左贡县，西邻墨脱县，南接缅甸和印度，北连波密县和昌都市八宿县。吐蕃时期始有建制。明洪武四年

以至印度之加尔各答⑥（即康印国际线），或由盐井经云南葡萄⑦以至缅甸之密支那⑧转达仰光⑨（即康缅国际线），则中欧海运，既较

（接上页）（1371年），帕竹政权的沙加坚赞当政，宗址设在科麦。清朝设科麦县，县府迁至吉公。民国元年（1912年），设桑昂曲县，后改称科麦县。1960年，恢复名称为桑昂曲县，县府驻下察隅的赤通拉卡。1966年5月，改称察隅县，县府驻竹瓦根镇，属昌都地区行政管辖。1986年，林芝地区恢复成立后，划属林芝地区管辖。2015年3月，撤销林芝地区，设立地级林芝市，察隅县属之。

⑥ 加尔各答：今印度西孟加拉邦首府，位于印度东部恒河三角洲地区，是印度第三大城市。在殖民地时期，从1772年直到1911年的140年间，加尔各答一直是英属印度的首都。民国时期一般是由印度入藏的始发地。

⑦ 葡萄（Putao）：葡萄县，原名坎底，为缅甸克钦邦所管辖的一县，位于缅甸北部，县设葡萄市，在江心坡地区。自密支那往北乘坐半小时的飞机便可抵达葡萄市，以葡萄市为大本营，可前往东南亚最高峰卡博拉喜峰（5889米）。此峰位于克钦邦的北端，与中国西藏交界，是缅甸及东南亚海拔最高的山峰。还有海拔3485米的奋敢山（Mt. Phungam）是葡萄县附近的群峰之一，除8月、9月外都覆盖着冰雪，接着往西北约60英里是缅印边境。葡萄市实际居住者为云南傈僳族、景颇族日旺人（也称阿侬人，相当于我国的怒族阿侬支及独龙族）。其中傈僳族主要分布在葡萄市东部地区；景颇族日旺人主要分布在葡萄市北部地区；另外还有极少数藏族人也居住在江心坡地区的一些村庄里。葡萄市所在的江心坡地区原属中缅未定地区，清朝及民国时期均属于中国云南省。后1960年签订《中缅边界条约》，我国政府从缅甸联邦政府手中收回1913年被英国侵占的片马地区以及1941年被国民政府割让给英国的班洪、班老等领土，同时放弃了对江心坡和南坎的领土宣称，从此再未提出过领土要求。

⑧ 密支那（Myitkyina）：缅甸北部克钦邦首府，二战时为战略据点，是缅甸北部最重要的河港。密支那位于中国、缅甸、印度交界处，向东沿腾密公路可达中国云南省腾冲市，向南经八莫可达中国云南省畹町，北经葡萄城可抵中国西藏，是纵贯南北的仰光—密支那铁路线终点。密支那具有重要的战略地位，它连接缅甸其他地方的铁路和水路，该城市仅通过特殊允许才对外国人开放。

⑨ 仰光（Yangon）：缅甸联邦共和国的故都，是缅甸最大的城市，也是缅甸全国的经济、文化中心和交通枢纽，位于缅甸南部的伊洛瓦底江三角洲。仰光在2500年前，曾是孟族（又称得楞族）渔村，名叫奥加拉巴，11世纪时称为达贡（又称大光，Dagon），这个名称来自梵文，意思是“三岗村”，传说古

安全，又极便捷，在此持久抗战中，实有力谋开辟之必要。但两线均须经过藏军占领区域，将来进行，必有阻碍。又如宁属夷人，惯种烟苗，习于劫掠，如不彻底剿治，则治安无由维持，禁政无由贯彻。一省以内，竟有广大领土为政府所不能管辖，而又格于形势，不易谋彻底之解决，此西康之特殊情形一也。

二、就人口言：据最近估计，西康十九县，人口约三十万，宁、雅两属，照川省府移交案为一百二十万，合计为一百五十万（康属未归化之俄洛野番，及宁属倮倮皆不在内）。即面积大于四川一省，而人口不及川省三十分之一，荒旷情形，不问可知，以此之故，康省生产力与消费力，同感薄弱，推进建设事业，尤感人力之缺乏。如雅江①修造木船二只，牧运公司修建台站数处，需工才数十名，即非往川省招募不可，其他较大事业，更无论矣。且人口虽少，而种族则异常复杂，如雅属之汉源，则有倮倮遗族，宝兴则西番遗族，然犹以汉族占大多数也。康属各县，则藏族占五分之四，余为汉人与倮倮；宁

（接上页）时候这里有三个山岗。后来成为一个很小的城镇，主要以瑞光大金塔（Shwedagon Pagoda）而闻名。1755 年 5 月，缅族头领雍籍牙基本上统一了缅甸，建立贡榜王朝，雍籍牙占领大光之后，便登临瑞光大宝塔（即今仰光大宝塔），顶礼膜拜，祈求消弭兵灾，永保和平。国王 Alaungpaya 赐名后才改称“仰光”，仰光是两个字“yan”和“koun”的结合，分别指“敌人”和“走出去”，在缅语中为“战争结束”之意，从此，大光即改名为仰光。由于仰光靠近仰光河口，地理位置优越，发展航运事业极为有利，所以很快便成为缅甸第一大商港。1855 年缅甸成为英国的属地，英国人把缅甸的首都从曼德勒（Mandalay）移到了仰光，用来把它作为出口柚木等商品的港口。1930 年仰光受地震和引发海啸的影响，被严重破坏。1942 年 3 月 8 日，在缅甸抗日战争中仰光被日本占领。其后的 1942—1945 年间，中国远征军在以缅甸为中心，滇西和印缅边境为两翼的东南亚战线上，与英、美盟军协同作战，在 1945 年 5 月 1 日，孙立人率新一军占领仰光，缅甸全境光复。后 1948 年缅甸独立后即定都仰光，在 2005 年 11 月 6 日迁都内比都。

① 雅江（ཉག་ཆུ）：今四川省甘孜藏族自治州雅江县，位于甘孜州南部，东邻康定市，南界凉山州木里藏族自治县，西南靠理塘县，北连道孚县、新龙县。雅江，藏语名“亚曲喀”，即“河口”之意。因系雅砻江重要渡口之一，建制县时也曾以河口命名，后更名雅江，是因其县治所处位置在雅砻江边而得名。东汉为白狼国地。隋为附国地。唐、宋属吐蕃。元属吐蕃等处军民宣慰使

属各县未归化之夷人，据估计尚有七八十万；其西部木里一带，又为藏族居住。各族语言风习既各攸殊，情感复未隔阂，各项政令，必须分谋适应，而不能齐一推行。此西康人口少而种族繁复之特殊情形二也。

三、就文化言：西康僻在极边，汉人文化水准，已较内地各省为低，倮倮野番，则几无文化可言，康族虽有较高之文化，而其文化精神，尤为特殊。盖康区藏族人民，百分之九十以上皆信奉佛教，五明以外无学术，寺庙以外无学校，喇嘛以外无教师。其人民一切精神与物质生活，悉受佛法之洗礼与熏陶，因而形成一种少欲知足的人生观。重德行而轻物欲，重未来而轻现实，生活习于固陋，人口亦无繁衍，虽于分析事相慰安情志不无高尚深远之价值，然鄙弃现代科学，排拒外来文化，安于塞野，不求进步，如过求更张，则易滋反感，赵大臣①之失败，即其明鉴。此西康文化上之特殊情形三也。

(接上页) 司，境内为雅砻江以东地方。明代为长河西宁远鱼通宣慰司辖。清分属于里塘、明正两土司辖地，置呷拉、亚曲喀、八角楼、尼马中、八衣绒、夺雅中等土百户。清康熙五十八年（1719 年），于河口设渡口，驻兵镇守，雍正年间置德靖营。乾隆四十三年（1778 年）置中渡汛。光绪三十四年（1908 年）赵尔丰实行“改土归流”时，划出明正土司所属雅砻江以东各土百户地和里化崇西土司地河县，隶属康定府。民国三年（1914 年），更名雅江县，属川边行政区。民国二十五年（1936 年）5 月，红军到达雅江，成立雅江县博巴政府。民国二十八年（1939 年）属西康省第一行政督察区。1950 年，属西康省藏族自治区。1955 年 10 月，属四川省甘孜藏族自治州。

① 赵大臣：此处指赵尔丰。赵尔丰（1845—1911），字季和，祖籍辽宁辽阳市，清朝大臣，盛京将军赵尔巽之弟。历任静乐、永济等县知县，并得到山西巡抚锡良赏识，锡良调任四川总督之后，随之赴四川任职。1905 年 5 月，时任清驻藏大臣的凤全在巴塘遇害，赵尔丰被调任建昌道，并受命招募兵勇，平定地方土司的叛乱，这也是其参与川边藏族地区相关事务的开始。当时，由于清政府和驻藏官员对藏族地区事务处理不力，致使原本反英的西藏高层统治者转而成为亲英势力，而得到英国支持的西藏地方军队也经常在西康和川边地方制造军事冲突。根据这一情况，清政府制定了在川边实行改革藏政和改土归流的政策，意图稳定川边局势。赵尔丰在川边藏族地区进行“改土归流”，历经数年战争，废除了明正、德格、巴塘、理塘为首的大小土司和昌都、乍丫(察雅)等活佛的政治地位，甚至驱逐了一些西藏地方政府在康区的官员。1906

四、就交通言：西康交通之困难，于全国为最，截至现在，川康公路只修至炉边，飞机即通雅安，现代交通工具，省内完全缺乏。全境多雪岭崇山，悬崖邃谷，河流皆湍激险浅，木船亦未易航行，苦力牲畜为唯一交通工具。而关外人稀地旷，市肆未兴，即此工具亦取给困难，致使政府不能不于改善乌拉制度之外，创办牧站联运，以为之救济。此西康交通困难之特殊情形四也。

五、就气候言：除宁、雅两属外，康区各县平均高出海面四千公尺，大部均属高寒，入秋积雪，春尽不消，普通谷物均难成长，故农垦事业，在西康本部绝无发展之可能，即一般认为最有希望之牧业，亦因牧草生长不易，能否获充分发展之前途，尚成疑问。此西康气候方面之特殊情形五也。

六、就政治言：康省推行政务与腹地不同者，除夷患待平，种族复集，及交通人口诸特殊条件，略如前述外，在康区尚有两项特殊问题，不能不加入估计之中。

其一，土司制度，尚未彻底废除，关外人民统治管辖之权，实际仍操诸各地土司及大小头人手中，政府尚不能直接民众，政令尚无法深及民间。

其二，佛教在康潜力极大，不仅在精神生活上支配全康人民，即在实际的生活上，亦与民众发生密切微妙之关系。如在经济方面，康民生前余财及死后遗产，大部奉献于寺庙，寺庙则以之经营商业，或借贷人民，展转增殖，遂形成当地金融之核心。在保安方面，寺庙多

(接上页）年7月，清政府以“四川、云南两省毗连西藏，边务至为紧要”之由，决定设立相当于省级建制的川滇边特别行政区，以赵尔丰为川滇边务大臣。1908年2月，赵尔丰改任驻藏大臣，西藏噶厦深知赵尔丰主藏政必改革，试图武力阻止赵尔丰入藏。赵尔丰与钟颖入藏平乱，俘获噶伦，对所到之处的土司头人进行招抚建立郡县。赵尔丰对于百姓的生计颇为关心，他实施乌拉改革，颁布新的《乌拉章程》，要求征乌拉者必须付给费用等，为遭受沉重劳役的百姓减轻了负担。1911年，蒲殿俊强行在成都阅兵，发生兵变，蒲殿俊、朱庆澜仓皇逃离，乱兵在成都四处抢劫。由于赵尔丰威望卓著，百姓环跪吁请平息兵变。此次应民请愿平定兵变一事，为赵尔丰留下祸端。1911年12月，赵尔丰在被尹昌衡诱骗主动交出军权后，于凌晨被抓捕处决。

拥有强大武装，居民平时赖其保护安宁，设遇外侮，则资其捍卫，其或出外经商旅行者，亦须商请寺庙派队护送。在社会生活方面，则因各地优秀男丁大部遣送寺庙学习喇嘛，故居民皆以寺庙为集会之中心，寺庙遂有代表一地意见，及解决一地纠纷之政治作用。吾人即谓康区喇嘛寺庙兼含管教养卫之设施，亦无不可。此残存之土司头人及寺庙喇嘛，为西康社会三大特殊势力，其形成之背景，及历史之渊源，以下当详为剖析。第就行政立场而论，则吾人既须力谋保持政府之威严与政令之贯彻，而为巩固民族联系，及顾全国家大局计，在目前又不能不迁就事实，徐图改进。此西康特殊情形六也。

晚餐归寓，接王德基来电，谓财部允拨蒙藏会转发。年余奔驰，经费无着，今得此接济，康川途中，幸免告贷，心稍安慰。

十二月四日　星期日　晴

1. 康定四十一机关公宴。2. 徐所长欢宴。3. 西康军财政教各情形之略述。4. 杨秘书长之谈。5. 刘委员长之密谈。

杨秘书长来谈，康定各界有为柱旧友，有慕柱为人者，均欲分别请宴，但以参议行期太迫，现决定省府各科室及银行、党务、军队、工商各界，计四十一人，决定本晚公宴，至请早临。余至谢不获，允之。并云自公为人，柱素所钦佩，柱拟本晚七时，趋往详谈，希予先容，自公有志边疆改革大计，不惟中央与地方之福已也。

下午三时，军委会徐所长宴余及潘组长等，承告西康近况，特志于下，其他重要材料，详呈建设新西康之意见文内，从略。

一、本年产金二万余两，茶、鹿茸、虫草各税，约四十余万元之收入。

二、二十四军现为三十七师师长唐瑛，三十八师师长刘彦唐，副军长陈鸿文，另一补充团，每师分二旅三团，每团兵力约一千八百至二千人。

三、建委会负责人员：委员长刘文辉、秘书长杨永浚、财政科长李先春、建设科长任乃强、兼办政治科刘克如、教育科张韩熙。

四、羊毛每年输出约四十万斤，牛皮十余万张，茶叶本年七万包。

午后四时，在唐师长公馆应各界公宴，席为西餐，主人均纷来献酒，尤以孙、王两秘书为最，余虽量大，亦觉醺然。至六时告辞，与杨秘书长返寓，承告：

一、自公亟愿借重，无论班禅事屯垦事均愿帮忙，以参议之精神能力为人，足可为西康担负重要工作。

二、自公约谈，希多发表筹边意见，盖彼此以诚相见，不能过于客气，如某先生之某某事饮食征逐也。

余逊谢后，遂偕赴自公私邸，承谈中央应明定筹边政策及用人贵专：最近西藏贞冬噶伦①已死，彭休噶伦②势力日涨，余仍抱和平主张，以免抗战期间，另生枝节。至参议为人爽直，亟愿合作，并请代表报告中央，已嘱杨秘书长预备呈孔院长庸公、张主任岳公、吴委员长礼卿三函，因关于人事政策上，另呈，从略。

十二月五日　星期一　晴

1. 唐师长、刘经理分别欢宴。2. 规定员士、勤务花竿骡马办法。

---

① 贞冬噶伦：指哲通·居美嘉措（བཀྲས་མཐོང་འགྱུར་མེད་རྒྱ་མཚོ། 1890—1938），属于西藏哲通贵族家族。他于 13 岁步入仕途，旋即被任命为后藏的代本，驻守康区。事实上负责德格的管理，是签署 1918 年 10 月 10 日停战协定的官员之一。1923 年他在拉萨，后来以德格基巧（总管）的身份返回康区，最后于 1928 年被召回。1932 年，他担任噶伦莱盼，再返康区掌握重权。同年后期，他继承阿沛巴（ང་ཕོད་པ），擢升为噶伦和朵基。1935 年，他离开康区返回拉萨，直到 1938 年逝世。参见［意］毕达克著，沈卫荣、宋黎明译，邓锐龄校《西藏的贵族和政府》，中国藏学出版社，2008 年，第 74—75 页。

② 彭休噶伦：彭休·才旦多杰，亦写作本仲·才旦多杰（བོན་གྲོང་ཚེ་བརྟན་རྡོ་རྗེ། 1889—1945），属于西藏本仲贵族家族。他于 1906 年步入仕途。1909 年被任命为甲达的宗本，1912 年为那仓的衮巴（《索康·旺秋格勒信函》），1915 年为噶仲，并居此职近 20 年之久。这一经历使他得以了解政府事务及其政策，故他在噶伦中有相当大的影响（《黎吉生信函》）。1934 年，他被任命为噶伦。1939 年 9 月，他去那曲喀（ནག་ཚྭ་ཁ）迎接前来拉萨的达赖喇嘛灵童。他死于 1945 年（《哲仁仁钦卓玛口述及信函》《索康·旺秋格勒信函》），此外别无消息。参见［意］毕达克著，沈卫荣、宋黎明译，邓锐龄校《西藏的贵族和政府》，中国藏学出版社，2008 年，第 109—110 页。

3. 向各界辞行。4. 与杨秘书长谈话。

唐师长在炉以厨师善烹调闻，刘经理赞庭厨师以善做面闻，近日分请，以示故人将别之意，殷情难却，上下午分往各界辞行。盖余此次来炉，重晤旧雨，而中央即行拨款，故精神至感快愉也。

明日决定东返，特规定每一职员限乘花竿用轿夫二人，体重者酌加一人，卫士、勤务、马夫各发骡马一匹，并派定杨办事员、高卫士办理前站事宜。

午后五时，杨秘书长送来自公呈孔、张、吴三公函外，并附鹿茸三架，原函于下：

（衔略）前略，惟班禅行辕，久住甘孜，不特民众供应，至感痛苦，且与地方时生纷扰，月前私刑拷打，逼毙喇嘛问题，尚未结束，昨又有卫队分队长宣称与女土司德钦汪母结婚之事，群情激愤。驻军为维持秩序计，已密为戒严。且俄洛野番，地势逼近，以种种不协之故，亦时现蠢动之象。文辉仰维中央负托之重，危机所在，日夜忧虑，为今之计，回、藏交涉，自非其时，窃以为宜由中央明令班禅及西陲宣化使署全部职员，暨所有枪支辎重，即移驻康定，佛榇只留少数人员守护，如此供亿较易，保护较周，边防亦可免别生枝节。顷高参议石辅由玉来炉，会谈数日，亦同此主张。兹高君即时返渝述职，特肃寸椾，详陈边区近状，敬祈鉴詧主持，俾西陲得渐趋安定，实为康省之幸。高参议熟习边情，与各堪布相得，将来处理之时，拟请仍派高君共同办理，其余种切统托高参议面达，恃爱率陈，诸希荃照。

余答谢，此次自公及诸先生赐教至多，甚感！一切俟东返后，当竭绵薄，以达中央与地方共安之目的也。旋杨以省府主办牧畜联站，决定十万元，参议道经该地，有何高见？

余逊后，当奉告于下：

牧运台站联运，在现时实为举办要政，惟须注意者：

一、宜先造成牧运中下专门人才，尤需能懂汉康语言之人，才免隔阂。

二、牛马夏秋喂养时，随地有草，不感困难，惟春冬两季预备干草，方免牛马死亡。沿途所见，贵治牛马死亡原因，多系草料不丰之故。

三、未举办前，应分设牛场，并须将大小台站盖好后，始可大批购办牛马，以免无谓消耗。

四、牛马运输大批川茶、虫草等，旅客次之。

杨极备称是，旋辞归。晚电吴委员长报告启行日期。

十二月六日　星期二　晴

1. 离炉东返，各界热烈欢送。2. 途中概述。3. 宿营地瓦斯沟①，计程六十里。

晨八时出发，杨秘书长、林局长、徐所长等送至东门，唐师长、金参谋长、程经理等二十余人继续赶至，余致谢招待意后，遂乘轿前进，沿途乞丐欢送，分赏而散。

上轿后行约三里，沿途乱石嶙峋，沙砾塞道，轿夫尚易行，惟卫士乘骡时虞倾跌，卅里抵杨林休息，再行十五里抵飞泉，瀑布由万丈高崖激出，水花四溅，诚天然佳景也。又十五里抵瓦斯沟，计程六十里，户口在一百左右，人口颇密，生意亦佳，盖此为川康交通之大道，较昔来康繁华达二三倍。

下午李班长明典坚请在康工作，允之，当赏洋二十元。

十二月七日　星期三　晴

1. 途中概况。2. 李县长等远来欢迎。3. 宿营地泸定县，计程七十里。

早八时出发，李班长远送山巅，一再令回，嘱其以后对长官要忠，对同事要和，不可效昔日之随便也。

---

① 瓦斯沟：藏地常见地名，为汉藏语混用，“瓦斯”（ཡ་སི）系藏语音译，意为关口，沟为汉语，两语混合，即指深陡峡沟。著名的即此处的康定瓦斯沟，因流经康定城，故名。瓦斯沟源自康定县、丹巴县交界处的大炮山南麓、海子山东侧垭日阿错以北海拔4800米处，上游名雅拉河，向东南流经中谷、王母、雅拉等村乡，至康定县纳折多河后为下游，始称康定河，转东流经升航、日地、瓦斯，至冷竹关汇入大渡河。全长78公里，流域面积1530平方公里。河水靠降水、地下水及冰雪融水混合补给。

瓦斯山上下十八里，行毕，渡蔚松桥，据轿夫云：此山有一巨蟒，常出现于山坡之间，此蟒一出，即狂风大雨，百姓见之皆焚香燃烛以敬，此虽神话，姑志之。沿泸水十里即达咱里①，系因咱里土司而名。原其土司古治邦，曾随马军门维麒定巴塘之乱，现仍无嗣，系汉人，多病，辖千余户。伊昔从岳忠琦②征大金门有功，官封千户长，归明正土司管辖。现此地有短期小学一所，学生达百人，成绩甚佳。休息毕，登坡，康滇公路工程团正测量于此。十五里过来龙石，为泸水旁之险地，康人经此，皆口诵经文，附近人民每逢初一十五，皆焚香宰鸡以敬之。再八里抵泸定县西门，李县长等十余人过铁索桥来迎，稍谈后，即渡桥到县府休息，李县长并请宴洗尘。

泸定县③前清设巡检把总，辖境东西百余里，南北数十里，居民

---

① 咱里：咱里村，四川省甘孜藏族自治州泸定县泸桥镇下辖村。

② 岳忠琦：岳钟琪（1686—1754），字东美，号容斋，四川成都人，原籍凉州庄浪（今兰州永登）。四川提督岳升龙之子，清康熙、雍正、乾隆时期名将。康熙五十年（1711年），授游击。康熙五十八年（1719年），以准噶尔部入扰西藏，奉命率兵入川。康熙五十九年（1720年），夺桥渡江，直抵拉萨。雍正元年（1723年），以参赞大臣随年羹尧征讨青海和硕特部首领罗卜藏丹津，出归德堡（今青海贵德），断敌退路。次年正月，授奋威将军。二月，袭破罗卜藏丹津大营，平定青海。雍正三年（1725年），授川陕总督，加兵部尚书衔。次年，奉命在云贵两地实行“改土归流”政策。雍正七年（1729年），受命为宁远大将军，率师出西路，会北路靖远大将军傅尔丹备攻准噶尔部游牧地伊犁。雍正十年（1732年）十月，以“误国负恩”等罪被夺官拘禁。乾隆十三年（1748年），初以总兵启用，复授四川提督。参与大小金川之战，献南北夹击、直捣中坚之策，被经略傅恒采纳，并以13骑入勒乌围（今四川金川东）大营，劝导大金川土司莎罗奔父子归降。乾隆十五年（1750年），西藏珠尔默特那木札勒叛乱，时年64岁的岳钟琪奉命出兵康定，会同总督策楞，结果成功讨平叛乱。乾隆十九年（1754年），岳钟琪抱重病出征镇压陈琨时，病卒于四川资州，时年68岁。乾隆帝赐谥襄勤，并盛赞其为“三朝武臣巨擘”。著有《姜园集》《蛩吟集》等。

③ 泸定县：今四川省甘孜藏族自治州泸定县，位于甘孜州东南部，地处青藏高原向四川盆地过渡地带，东与天全、荥经接壤；西与康定、九龙毗邻；南连石棉县，是进藏出川的必经之地，被誉为甘孜州的“东大门”。清康熙四十五年（1706年）四川巡抚奏准在大渡河的安乐（藏语称阿垄）修建铁索桥，

四千余户，人口约二万九千余人，在县城不过一百五十余户，内有师范学校，学生八十余人，高小学生百余人。出产以荞麦为大宗，矿产有银、铁、煤及遍地仙人掌。泸河系由二水合成（一从松潘①，一从西康），水量尚大，闻需款十五万，即改良通航，以达嘉定。

十二月八日　星期四　晴

1. 沿途概况。2. 宿营地化林坪②，计程七十里。3. 化林坪之概述。

早餐后，李县长等沿东门恭送桥边始返，余登轿后，沿泸水行十余里，登上大鑫山，上山虽为平坦，然峡凸至险，人为惊心，及岭有一土地祠至矗，六七里下山抵冷碛街，仅长约里许，食物贱于西来所购。此处昔为周土司之公署，现有小学一所。休息半小时登山，十里抵兴隆场，人群满街，大半从事赌博也。过此有石灰窑数处，转一角

（接上页）桥成后康熙帝赐名为“泸定桥”，置县时便以桥取县名。清宣统三年始置泸定桥委员会。民国元年（1912 年）设泸定县和化林县，民国二年改化林县为县佐，泸定始为单一的县，隶属西康省政府。1935 年 5 月 29 日，中国工农红军在这里取得了“飞夺泸定桥”的伟大胜利，泸定也因此成为革命历史名城。1956 年 1 月至 9 月属雅安专区，1956 年 10 月划属甘孜藏族自治州至今。

① 松潘（ཟུང་ཆུ）：今四川省阿坝藏族羌族自治州松潘县，位于青藏高原东缘，阿坝藏族羌族自治州东北部。县人民政府驻进安镇。松潘县历史悠久，唐高祖武德元年（618 年）置松州。元朝时置松州和潘州。明朝洪武时期先后设松州卫、潘州卫并松潘卫，松潘由此而得名。清置松潘厅和松潘直隶厅。民国二年（1913 年）改松潘直隶厅为松潘县，县级建制沿用至今。

② 化林坪：地名。位于四川省甘孜州泸定县南，飞越岭西北麓。自古为川藏重要关隘，军事重镇。唐称“仗仪城”。清初设汛。清康熙二年（1663 年）改汛为营，设守备 1 员，标兵 1 营，马步兵丁 200 名。康熙三十四年（1695 年），增设参将、千总 2 员，把总 3 员，兵 375 名，共驻军 583 名。康熙四十三年（1704 年）改营为“协”，设副将。清雍正七年（1729 年）改协为“营”，置都司，修建城垣。雍正十三年（1735 年）果亲王于此题诗一首：“泰宁城到化林营，峻岭临江鸟道行，无限华羌开此地，寨垣宜建最高坪。”化林坪都司赵良臣摹石为碑。参见丹珠昂奔、周润年、莫福山、李双剑主编《藏族大辞典》，甘肃人民出版社，2003 年，第 322 页。

下轿步行，上山略有喘气，抵化林坪宿旅舍，本日计程七十里。

化林坪有居民五十余户，出产以丹桂、大黄、荞麦、玉蜀黍、马铃薯为大宗。前清初年设协镇府，乾隆四十二年改为都监府，驻防兵一营，并有千把总。气候温和，雨水适宜。由此开辟一新路，经飞水场、花滩场至荥经县，较相公岭路线短少六十里。现在商旅多取此道，惟以道路尚未修好，旅舍亦未齐备，大批行旅则多不便。

十二月九日　星期五　阴，午后狂风

1. 途中概述。2. 宿营地宜东①，计程七十里。3. 宜东简述。

早五时起床，六时半出发，四面云雾密布，八时余登飞越岭，山高石乱，行路艰险，惟道路倾斜之径尚好，约在三分之一以下道路均在谷中，无断崖削壁之惊。平日山岭多有雨雪，惟本日均无，轿夫均谓余德所致。至卡子即飞越岭之顶，标高六千二百余尺，此段较为急峻，下坡后十里至三道桥，经三脚坪平坦大道，再行十里至宜东站，住新康旅馆。本日计程七十里。

宜东系泥头驿之改称，现有五六百户，明朝为飞越县，前称泥头者，以明朝大将为贼所杀，用泥作首，以全其尸，故得此名，现改名宜东。境内多产荞麦，稻田不多，商业以转运茶叶为大宗，标高约三千尺。

十二月十日　星期六　晴

1. 途中概况。2. 宿营地汉源县②，计程七十五里。3. 汉源县之简述。

---

① 宜东：今四川省汉源县城西北部宜东镇，地处流沙河上游，北与荥经县交界，南与梨园乡毗邻，东接富庄镇，西靠三交乡。境内四周群山高耸，中央河谷低平，是汉源县西北部的集市贸易中心。宜东镇历史悠久，文风昌盛，民风淳朴。早在秦时，就成为汉、藏、彝各族人民友好往来的要驿，是茶马古道上的重要驿站。其城镇格局及清末以来古建筑保存良好，古茶铺、骡马店古风犹存。宜东镇也是汉源县红军过境时的苏维埃政权驻地，故红色革命传统影响较为深远。

② 汉源县：今四川省雅安市汉源县，位于四川省境西部偏南，东邻乐山

早七时半，离新康旅馆，下坡东行，平坦石道，十五里抵兵营坎对面，即打磨水，民户稻田尚繁盛，行约三十五里至富庄，此庄有民户六百余，富兴场内有二百余户。午餐后行五里，至了口，冬风颇厉，本日风微，尚不甚苦。十五里至冷饭沟，道在山腰，斯时汉源城一目了然。再行五里，即达汉源城县治之清溪，满街贴抗战标语甚多，仍宿新康合作社。张县长及建委会沈参议仲宽来谈，并请留住一日，余以明日过山，婉谢之。

查汉源县即清溪县之改称，县城气候较寒，中部温暖，西南较热，果菜甚多，出产以玉蜀黍为大宗，矿产颇富，人口约十万，俗尚入赘，处女寡妇皆优为之。

苦力背负茶包，有至二十二捆者，每包重十八斤，日行二三十里，每包工力由雅安至康定一元。

汉源县标高三千五百尺，昔汉朝王杨奉诏为益州牧，策马至九曲坂，以老母在堂，不宜冒险，坚决辞官奉母，世称为孝子。王真奉诏为益州牧，至九曲坂，曰：此非王杨所视为畏途耶？余以国事为重，策马前进，世称为忠臣。九曲坂即在此也。

十二月十一日　星期日　阴，小雨

1. 途中概况。2. 宿营地黄泥铺，计程七十里。

晨七时半离汉源县出发，由古城登坡五里为卡噶，轿夫进餐，从此即上陡坡，道路崎岖，荆棘丛深，闻时有土匪出没其间。余以行李甚夥，虽有县府所派保安队护送，为免生意外计，加派卫士防卫行

(接上页) 市金口河区和眉山市洪雅县，南连凉山彝族自治州的甘洛县，西靠甘孜藏族自治州的泸定县和雅安市石棉县，北接雅安市荥经县。汉源县古名筰都，属蜀国。周慎靓王五年（公元前316年），秦灭蜀国设蜀郡，属蜀郡管辖。隋仁寿四年（604年），即以汉源之名于今九襄镇置汉源县。元、明为黎州安抚司。清雍正七年（1729年），改称清溪县。民国三年（1914年），因清溪县与贵州省的青溪县同名同音，复改名汉源县。1950年3月，汉源县城由清溪迁至九襄，属西康省雅安专区。1952年10月，县政府驻地迁富林。1955年10月，西康省并入四川省，汉源县属四川省雅安地区。2000年12月，雅安撤地设市，汉源县隶属四川省雅安市。

李。上大相岭①约十五里，及岭略事休息，下山五里，即大雾满天，对面人骑不见，加之积雪未溶，冰凝至滑，行旅苦之。至长老寨，见岳忠崎所建武侯祠，半已圮废。十里抵大关山②，斯时细雨霏霏，衣皆微濡。再十里过小关山，臭气薰人。复十里至黄泥铺，宿食均佳，本日计程七十五里。

大相岭产煤甚多，惜尚未从事大规模之开采。

十二月十二日　星期一　阴雨

1. 途中概况。2. 宿营地荥经县③，计程四十里。3. 荥经县之

---

① 大相岭：位于今四川省雅安市南部，荥经、汉源两县边境，延伸至洪雅县境内。略呈东西走向，长约110公里，宽25—50公里，面积约4000平方公里。主要包括大雪包、疙瘩包、背后山、老金顶、团宝山、轿顶山、簑衣岭、大瓦山、尖头山、七星台等诸山。大相岭以南为小相岭，但小相岭比大相岭更高。大相岭过去叫邛笮山，又叫泥巴山，《山海经》称崃山，《华阳国志》叫长岭。据《一统志》记载："大相公岭在雅州荥经县西一百里，相传诸葛公征西南夷经此。上有诸葛庙。"又据《诸葛亮集》引《太平寰宇记》记载："相公山，汉相诸葛亮常驻兵于此。"可见，大相岭原称相公山，后来为了与大渡河南面的小相公岭区别，才改叫大相公岭，今简称大相岭。大相岭山势崎岖，起伏难行，上下山即有百余里路程。虽然如此，大相岭却是古代交通的必经之地，南方丝绸之路即取道于此，道路叫相岭古道。据传，诸葛亮南征时走的就是相岭古道。后来明代文人杨慎被贬云南，亦曾由相岭古道入滇，并留下了"九折刺史坂，七擒孟获桥"的著名诗句。

② 大关山：古邛崃山。即今四川荥经县西南与汉源县交界之大相岭山。《明史·地理志》荥经县："西有大关山，邛崃关在焉。"《方舆纪要》卷72荥经县：大关山在"县西八十里，山极险隘，当西南彝要路。或曰山即邛崃之西麓，邛崃关置于此，因名"。清费密《荒书》：明崇祯十七年（1644年），张献忠义军张能奇攻占荥经，"（曹）勋守大渡河所之大关山"。即此。

③ 荥经县：今四川省雅安市荥经县，秦惠文王更元十三年（公元前312年）置县名严道，唐武德三年（620年）改置荥经县，明洪武十三年复置荥经县。荥经县位于四川盆地西部边缘，处雅安市腹地，东北接雅安市雨城区，东南邻洪雅县，西南连汉源县，西交泸定县，北靠天全县。民国二十四年（1935年），设行政督察区，荥经属四川省第十七行政督察区。民国二十八年（1939年），西康建省，荥经县隶属之。1950年2月11日，成立荥经县人民政府，隶

简述。

晨起大雨，八时出发，十里至栖止铺，轿夫早尖后上皇亲山，标高一千九百尺，至鹿鹤坝①，人烟稠密，农田甚多，沿途平坦，行程称快，转一坡后十里至荥经县，宿川康旅馆。本日计程四十里。

荥经县因荥经之水而名，系唐武德年间所设，汉名严道，纵横不足百里，人口五万余，出产以茶、铜、铁、竹笋为大宗。大矿山产铁极丰，经土民之土法开采，每年销售五万斤以上，出销于川滇各省。据王县长谈，日本、德国专家考察，如能大量开采，可供东亚二百年之用，现由经济部补助十二万元开采费云云。

十二月十三日　星期二　晴

1. 途中概况。2. 宿营地雅安，计程九十里。

本日路程较远，且闻有匪警，承王县长昨晚电话通知各区保护。本晨六时出发，沿街数十步左转，过康宁铁索桥②，此桥较泸定桥为佳，二十里平坦大道至马牛场（复兴场）休息。二十五里至观音坝，路较难行，越结子冈，高度一千九百尺，山岭附近甚陡。至观音铺午餐，赏护送者钱后，继向东行四十里至雅安，进南门下坡，驻川康宾馆。本日计程九十里。

十二月十四日　星期三　晴

1. 在雅安候车休息一日。2. 陈副军长、徐县长欢宴。

本日因汽车难雇，决定休息一日，以便交涉。九时许，徐县长来访，承告：

（接上页）属西康省人民政府雅安专区专员公署。1955 年，撤销西康省并入四川省，荥经县隶属四川省雅安专员公署。1956 年，荥经县人民政府改称为荥经县人民委员会。1968 年，荥经县人民委员会改称为荥经县革命委员会。1981 年恢复荥经县人民政府名称。2000 年 6 月 14 日，国务院批准雅安撤地设市，荥经县隶属于四川省雅安市。

① 鹿鹤坝：位于四川省荥经县的六合乡，在县城西，离县城 4 公里，108 国道贯穿其境。

② 康宁铁索桥：荥经县康宁铁索桥。

一、雅安有十余万人，现较富庶，本年中央明令划归西康，在康省最富庶之区，惟名山仍归四川。

二、如周公山①为雅安天晴雨表，若山巅有雾，天必降雨，否则天晴，又俗有清风雅雨旱茶经。

三、本日午后，余与陈副军长鸿文②欢宴，意不可却，允之，并请其代雇汽车。

午后四时，陈副军长等来寓邀宴，陈副军长酒量颇大，承告刘军长电话，询余旅次是否受苦，并已代办车辆，余电谢之。

十二月十五日　星期四　晴

1. 途中概况。2. 宿营地成都，计程三百六十里。

大小行李由搬夫运去汽车站，早飧毕，时已八点，相继步至车站时，副军长及军政当局要人皆先后至车站欢送，同行者有周委员学昌③，以车人多至形拥挤。至八时三刻离雅安向成都进发，经名山而

---

① 周公山：四川省雅安市境内山脉，古称蔡山，位于四川省雅安市雨城区东南风景秀丽的周公河畔，距离雅安市区仅1公里。历史上诸葛亮征讨西南蛮夷途经于此，而梦见周公，故名周公山。周公山自汉唐以来逐渐成为中国历史名山，山上庙宇众多，古建筑鳞次栉比，风光秀丽。山顶有周公庙遗址，山麓有澄清庵，山间到处分布着许多历代名人摩崖题刻，历史文化氛围相当浓厚。

② 陈副军长鸿文：陈鸿文，是一位投笔从戎为抗日救亡而奔波的著名抗日将领。曾于1933年北上抗日，先后任东北军师长，川康边防军第二师师长，国民革命军第五军副军长。

③ 周委员学昌：周学昌（1897—1952），河北安新人，北京大学、广东大学毕业。1925年起任黄埔军校政治教官，国民革命军北伐东路军第二师政治部主任，国民政府劳工部调查科主任，国民党党员志愿军团书记长兼政治部主任，国民党中央党部干事。1931年任国民党北平市党务指导委员兼市教育局长。1932年秋任陕西省政府委员兼教育厅长，国民党陕西省党部执行委员。抗日战争爆发后，任西康建省委员。1939年春依附汪精卫投降日本，任汪伪国民党中央委员，中央党务训练团教育长，汪伪国民政府社会行动指导委员会委员、粮食管理委员会常务委员。1941年12月任汪伪南京市长。后任汪伪新国民运动促进委员会委员。1945年8月16日被军统局京沪别动总队逮捕，囚于上海提篮桥监狱，1952年病逝。

入邛崃①进餐，途程仅半，再五十里抵綦江②湾口，桥梁未成，用木划渡，乘人皆下车，免遭危险。闻民国二十四年十月初，有汽车一辆遇难，除四人得救外，余皆水灭。过此即入蒲城，又下车渡河二十里，转一石桥，正值兴工修筑，下车步行，约里许渡河，复上车，过沙滩经武侯祠到达成都。吴秘书等欢迎车站外，遂同上车，员士均在余寓食宿。

日记暂告结束，以后所记，再续呈阅。

---

① 邛崃：今四川省邛崃市，自古为“天府南来第一州”，位于成都平原西部，川滇、川藏公路要塞。邛崃古称临邛，系西汉著名才女卓文君的故里，始建于公元前311年，迄今已有2300多年的历史，是四川最早的四大古城之一。民国初年（1912年）仍称邛州，废除道制，邛州直隶省府。民国二年（1913年）又恢复道制，以道辖县，邛州改为邛崃县，归上川南道管辖。民国十七年（1928年）又裁废道制。民国二十四年（1935年），防区制结束，实行行政督察区制，邛崃县归第四行政督察区管辖，直到1949年。中华人民共和国成立初期，划四川为川西、川东、川南、川北四行署区，行署下设专区，邛崃县属川西行署区的眉山专区管辖。1952年撤销行署成立四川省，邛崃县划入温江专区。1959年2月15日，邛崃县与蒲江县合署办公。1960年4月29日，国务院正式批准撤销蒲江县，合称邛崃县。1962年11月1日起，又恢复两县建制。1968年9月，改温江专区为温江地区，邛崃县属其管辖。1983年撤销温江地区，将所辖邛崃等县划归成都市管辖。1994年6月6日，撤销邛崃县，改设邛崃市（县级），市人民政府驻临邛镇。

② 綦江：长江上游南岸支流。发源于乌蒙山西北麓，贵州省桐梓县北大娄山系，流经重庆市綦江区，于江津区仁沱镇顺江村汇入长江。据明代曹学佺《蜀中名胜记》载：“江发源夜郎，作苍帛色，故名綦。”因流经夜郎境曾称夜郎溪。南齐时称棘溪，元代又称南江。流域处于贵州省北部和重庆市西南部，地跨贵州省桐梓县、习水县和重庆市綦江区、江津区、南川区、巴南区等6个区县。

三

周昆田随轺吴忠信行辕赴藏途中游记*

编者按：1939 年 10 月 1 日，国民政府在重庆成立了蒙藏委员会委员长行辕，负责吴忠信入藏主持第十四世达赖喇嘛转世及坐床事宜。本篇游记是时任国民政府蒙藏委员会委员周昆田先生，作为该行辕秘书，于 1939 年 11 月由重庆启程前往拉萨的途中所记。

周昆田（1906 年 12 月 20 日—1989 年 3 月 25 日），字彦龙，安徽省合肥南乡人。周昆田自幼家境贫穷，父周步仙，务农，终岁劳作于田间，母丁氏。1912 年，在其姑母的资助下入家塾，1921 年毕业。1922 年，周昆田考入安徽省立第六师范，1928 年毕业。1929 年，周昆田就读于胡适先生所办私立中国公学，学习中国文学。因私立学校学费昂贵，周昆田自愿降级一年，考至由蔡元培、吴忠信等创办的全公费上海国立劳动大学，入读社会科学院经济系。1932 年秋，教育部将经济系并入上海国立中央大学商学院，1933 年夏，周昆田于该校毕业后获学士学位。同年，周昆田回合肥至安徽省立第六中学任高中教员，教授文史。1935 年 7 月，因得到时任安徽省主席的吴忠信先生的赏识，任其机要秘书。1936 年 5 月，吴忠信调任蒙藏委员会委员长，周昆田也同派蒙藏委员会任秘书，从此在吴忠信先生身边工

---

* 该游记原文名为《喜马拉雅山之恋》，最初刊载于台湾《纸业知识》第十一期，1954 年 11 月。

作，立下毕生从事探讨边疆行政事务的决心。

该篇游记记载了他一行人于12月9日从印度加尔各答入藏，途经西里古里、噶伦堡、冈多（锡金首都）、亚东、帕里、江孜、白地、曲水等地的见闻与感怀。所记载资料丰富，其中涉及许多重要的历史人物及事件，对于研究印度至中国西藏沿线的历史、地理、民俗、风物等均具有一定的史料价值，弥足珍贵。

一觉醒来，车已到了西里古里（Siligori）①。在车站餐厅用了早点后，便与同伴们分乘五部小汽车继续北进。这些汽车，因须便于爬山，其容量之小为我平生所仅见：车内连司机只能坐着四个人，除盥洗用具外，简直不能再带什么。好在我们的大件行李，都已托由转运公司径运噶林堡（Kalimpong）②，尚无若何困难。车行了一小时后，穿过一片疏疏落落的森林，便看见远远地横亘着屏障似的峰峦高入云际，东西绵延，更不知其首尾所在，车身也渐渐地显著是由低向高的爬行，这时我们便意识到是已置身在喜马拉雅山的南麓了。

原来西藏宗教兼政治领袖达赖喇嘛第十三，于民国二十二年圆寂后，其转世的呼毕勒罕③已于二十七年夏在青海西宁祁家洼村一农家觅得（灵童名拉木登珠），经呈报中央，中央于二十七年十二月明令特派蒙藏委员会委员长吴忠信先生，会同西藏摄政热振呼图克图④主

---

① 西里古里：位于印度东北边平原上的古城，是印度边境的交通要道，民国时期是由加尔各答入藏的必经之路。

② 噶林堡，即噶伦堡，印度西孟加拉邦北境城市，紧邻锡金。交通位置十分重要，民国时期是印度与我国西藏进行货物交流、民间往来的重要驿站。

③ 呼毕勒罕：也作“呼必勒罕”，蒙古语音译，意为转世或化身。主要指藏传佛教中活佛的转世灵童，亦指活佛传位的制度。

④ 热振呼图克图：呼图克图（ཧོ་ཐོག་ཐུ）在清朝文献中又作“胡土克图”。蒙语，意为转世活佛、圣人、长寿者等。原为蒙古族地区对藏传佛教大活佛的称呼，后清中央政府以此号授予藏、蒙古等地区的藏传佛教最高等级的活佛，并且规定道行至高的喇嘛才能获此称号，并备案载于理藩院册籍。其每代转世活佛须经清廷派遣的官员主持金瓶掣签仪式确定。在西藏，其地位仅次于达赖、班禅两大活佛。清代按地域划分，全国各地包括藏（西藏）、番（甘肃、四川、青海）、游牧（蒙古、察哈尔、土默特）和驻京（热哈、盛京、多伦诺尔、五台山）喇嘛中，呼图克图有百余人之多。拉萨著名的有四大呼图克图，即济咙（རྗེ་དྲུང）、策默（ཚེ་སྨོན）、热振（ར་སྒྲེང）、第穆（དེ་མོ）呼图克图（以上四大活佛分别驻锡拉萨“四大林”——功德林、策默林、锡德林、丹吉林，位高权重，均出任过西藏地方政府摄政）。这里所说的热振呼图克图（ར་སྒྲེང་ཧོ་ཐོག་ཐུ）即第五世热振活佛图旦江白益西丹贝坚赞（1911—1947），当时西藏地方的摄政，也是第十四任西藏地方政府摄政。自幼被十三世达赖喇嘛认定为四世热振活佛的转世灵童，1933 年，十三世达赖喇嘛圆寂，按照十三世达赖喇嘛的生前意愿，呈请中央政府批准，于 1934 年册封 23 岁的第五世热振活佛为

持其转世及坐床事宜。吴公因即呈准组织蒙藏委员会委员长行辕，于二十八年十一月由渝启程，经印入藏。我们这些人，都是行辕的组成份子，随轺前往。吴公系早两日由印度加尔各答（Calcutta）①赴大吉岭（Darjeeling）②转噶林堡，我们径往噶林堡，于十二月九日之夜自加尔各答动身。

西里古里是由加尔各答（相距三百一十英里）入藏的必经之道，自此北去有两途：一则乘汽车经噶林堡入藏，一则乘上山火车，经大吉岭入藏。噶林堡与大吉岭各距西里古里约五十英里，而彼此相距约四十英里，在对藏的地位上都十分重要，西藏商品的吐纳亦都以此两地为境外的仓站。大吉岭乃英印高贵人士的避暑盛地，市面尤称繁荣。我们为入藏准备等事务上方便起见，因选由噶林堡的一线。

印度大部份的地方，是热带气候，在加尔各答时虽已季届隆冬，

（接上页）摄政，掌管西藏地方政教事务，并赐封其为“辅国普化禅师”。在寻访并迎请第十三世达赖喇嘛转世灵童后，热振活佛及时向中央政府通报了情况，并提出“为昭大信，悦遐迩计，中央应当派员参加”。中央政府于1938年12月28日发布训令：“特派蒙藏委员会委员长吴忠信会同热振呼图克图，主持第十四辈达赖喇嘛转世事宜。”1940年吴忠信到藏后，热振活佛又正式具文，呈请中央，请求灵童免予掣签。坐床大典期间，吴忠信在以热振活佛为首的爱国人士支持下，挫败了英帝国主义的阴谋，并成功在拉萨建立了蒙藏委员会驻藏办事处。1941年热振活佛辞去摄政职务，回热振寺诵经修行。卸任后，由其师傅达札暂代理摄政，但达札被亲英分子笼络和利用，致使西藏地方政府与中央关系日渐疏远。1947年热振活佛被以达札为首的亲英势力秘密逮捕至拉萨，投入布达拉宫的狱中，严加管制，制造了震惊一时的“热振事件”。1947年5月7日热振活佛在狱中遭暗害，年仅36岁。

① Calcutta：加尔各答城市名称于2001年1月，由Calcutta正式更改为Kolkata，尽管新名称在语音上更接近于孟加拉语，但大多数人及组织仍倾向于使用旧地名Calcutta。在印地语（Hindi）中则为Kalkatta。

② 大吉岭：是印度西孟加拉邦的一座小城，位于喜马拉雅山麓，夏季凉爽宜人。“大吉岭”这个名称是由两个藏语词“རྡོ་རྗེ”（意为“金刚”）和“གླིང”（意为“洲”）合并而成，所以又被称为“金刚之洲”。1919年，该地区成为一个自治区。当时，大吉岭居民的精英分子是每年夏天来此避暑的英国统治阶级、印度王公贵族以及拥有土地的地主们等生活较富裕的人。所以周昆田在下面的记载中说：“大吉岭乃英印高贵人士的避暑盛地。”

但仍仿佛重庆的夏日。车一到了西里古里后，便觉清快宜人，及汽车入山愈深，海拔愈高，更属清风送爽，轻松欲仙。

噶林堡海拔四千余英尺，环境清幽，风景秀丽，而雪峰远时，洁白长空，一望无际，尤世界少有的奇景。镇上居民，有英人印人及我河北云南四川与康藏人士。我们一行下榻于喜马拉雅旅馆，主人名麦克唐纳①，系锡金②人而入英籍者，年六十余，壮年曾充英人侵藏的

① 麦克唐纳，即大卫·麦克唐纳（David Macdonald），生长于锡金的英籍人，父亲是苏格兰人，母亲是锡金人，其母家世良好。少年时的麦克唐纳曾就读于大吉岭中学，研读英文、藏文，直到19岁。其后在孟加拉政府的种痘局担任职务。由于职务原因，这期间麦克唐纳对喜马拉雅山一带的农业生活、风俗习惯等，都有了深入的了解。麦克唐纳精通藏文、孟加拉文、不丹文、锡金文、雷布查（绒巴）文、印度文和尼泊尔文，且较早从事纂述工作，对于西藏情形较为熟悉。1904年英军入侵西藏，麦克唐纳加入荣赫鹏的远征军，于1905年任英国驻江孜、亚东等地的商务委员一职，至1925年退职，共二十年。主要著作有 *The Land of the Lama: A description of a country of contrasts and of its cheerful happy-go-lucky people of hardy nature and curious customs; their religion, ways of living, trade and social life*（《喇嘛之地——一个快乐又随遇而安的民族却居住于艰苦的自然环境中形成的对比；各种风俗习惯、宗教、生活方式、贸易与社会生活等描述》），伦敦，1929年；*Twenty Years in Tibet: Intimate and Personal Experiences of the Closed Land among all Classes of its People from the Highest to the Lowest*（《旅藏二十年——与这片封闭土地上的从最高等级到最低等级的各色人等形成密切联系的私人经验》），伦敦，1932年；*Tibet*（《西藏》），牛津，1946年。

② 锡金：今印度锡金邦，位于喜马拉雅山东段南坡，锡金邦东面与不丹毗邻，西面与尼泊尔接壤，北面与中国西藏交界，南面与印度西孟加拉邦邻接。古代中国称锡金为哲孟雄，尼泊尔人移居于此称之为新地方，早期西藏移民称之为登疆，意为稻米之谷。远在公元7世纪，哲孟雄曾是吐蕃的一部分。9世纪时，哲孟雄成为独立的部落，但其境内的寺院仍隶属于西藏各大寺。有关古代锡金的史料不多，有确切记载的第一代国王是蓬楚格·纳姆伽尔，其曾祖父是西藏的贵族古鲁·塔希。蓬楚格于1642年登上锡金王位，宣布佛教为国教，实行政教合一的封建制度。他将首都建在甘托克，将全国划分为若干沙古（相当于县）治理。1814年英国开始入侵锡金，1861年迫使锡金签订条约，将锡金置于英国的控制之下。1887年，英国强占锡金，并派驻专员。1890年，升泰与英国驻印度总督兰斯顿（Henry Charles Keith Lans-downe）在加尔各答

急先锋，著有《西藏二十年》[①]一书，内多谬论，然其对我们的招待则备极恭谨。时英军方被希特勒围困于敦各尔克[②]，全镇人心亦十分紧张。吴公与少数人员，住于邦达昌商号[③]内，号为藏人(原籍西康)

（接上页）签订了《中英会议藏印条约》，由此英国成为锡金的保护国。1918年，英国殖民者把政权交还给塔希·纳姆伽尔国王。1947年印度独立，英国在亚洲的势力和影响不复存在，印度继承了英国在锡金的地位。印度与锡金签订《维持现状协定》，继续向锡金派驻专员。1949年6月初，印度派兵进驻锡金，强行接管成立不到一个月的新政府，并委任印度人拉尔为锡金首相。1950年12月5日，印度进一步强迫锡金签订所谓《印度和锡金和平条约》，由此印度又成为锡金的保护国。1973年4月，印度军队开进甘托克，接管锡金政府的一切权力。同年5月8日，印度政府同锡金签订《锡金协定》，该协定削弱国王权力，使锡金的内政外交完全控制在印度手中。1974年6月20日，锡金议会通过了由印度拟定的锡金宪法，规定印度政府派驻的首席行政官为政府首脑和议会议长。同年9月，《印度宪法修正案》规定锡金为印度的“联系邦”，在印度两院各为锡金设一个议席。1975年2月3日，印度军队解散锡金国王的宫廷卫队，软禁了锡金国王。同年4月10日，锡金议会通过决议废黜国王，把锡金变为印度的一个邦。4月14日，锡金又为此举行了“全民投票”，决定锡金的未来，此后印度议会通过决议，正式把锡金变为印度的一个邦。

① 该书即《旅藏二十年》，藏文书名为བོད་བཞུད་ཀྱི་ལོ་ཉི་ཤུ，英文书名为 *Twenty Years in Tibet*。[英]大卫·麦克唐纳著，孙梅生、黄次书译，刘家驹等校，民国二十五年（1936年）商务印书馆版。全1册，共31章，内容有：1904年英军入侵拉萨、十三世达赖喇嘛逃之内地和印度、与班禅会晤及班禅赴印、清朝驻藏官吏、中华民国成立对西藏地方的影响、川军入藏和撤退、驻藏大臣的倒台等，记载较详，有它书不载的珍贵资料。对西藏的风土人情、宗教信仰、趣闻轶事等亦有记述。内容多系作者亲身经历，自该书问世以来备受研究藏学者的重视。参见丹珠昂奔、周润年、莫福山、李双剑主编《藏族大辞典》，甘肃人民出版社，2003年，第482页。

② 敦各尔克，即敦刻尔克，是法国北部靠近比利时边境的港口城市，城市名来自荷兰语，意为“沙丘上的教堂”。周昆田游记所记载的“英军方被希特勒围困于敦各尔克”，后来发展成为1940年5月第二次世界大战初期英法联军的军事撤退行动，即著名的“敦刻尔克大撤退”。

③ 邦达昌（སྤང་མདའ་ཚང），藏语意为“邦达家族”。邦达昌，指的是邦达·阳佩、邦达·热嘎、邦达·多吉三兄弟在西藏地区内外、国内外商业活动的总

邦达昌所开，经营西藏出入口贸易，资本雄厚，为西藏商人中之最具权威者。此次中央大员入藏，彼盖奉西藏地方政府之命，负第一站接待的责任。

西藏境内的运输工具，唯骡马及牦牛是赖，而每驮只能负重一百二十市斤左右，因此，我们用车船运来的礼品（藏人见面，例须赠送礼品，故此次吴公前往不得不携带多种礼品，以便分赠）和行李，都是笨重的大件，必须在此地化整为零，改成适当的小件。同时由此再行北上以后，便要渐与严寒的气候接触，各人的服装也须加以一番的补充与整顿。再则西藏境内人烟稀少，关于食用物品，亦须在噶充分地采购携带。于是耽搁了十天之久，至十二月二十日，才再行动身。各人仍乘着小型汽车，礼品及行李等件，开始由骡马转运。车行了两个小时，到达绒波桥，地势陡降，气候炎热，为英人设站检查之所，有护照者才得通过，这便是英人封锁西藏的实施处了。又二小时到达锡金（Sikkim，原名哲孟雄）的首都冈多[①]（Gangtok），利用现代交通工具的行程，至是便告结束，过此以往，就都须以骡马代步了。

（接上页）称。邦达三兄弟是西藏昌都芒康县人，三代前是萨迦寺在芒康县的差户。从民国初年到20世纪50年代末，邦达昌是云、贵、川、藏著名的商号，在印度、缅甸、尼泊尔、不丹等国家也很有名。邦达昌的兴盛始于1910年，西藏地方政府与清朝中央发生剧烈冲突，十三世达赖喇嘛逃亡印度。邦达兄弟的父亲邦达·列江，当时在印度经商，保护并资助达赖喇嘛。两年后，达赖喇嘛返回西藏，为回报邦达·列江的资助，给予了邦达家族特别的发展机会，授权邦达家独家经营全藏羊毛和贵重药品，并明令其他商人不得经营，违者重罚。但邦达·列江却莫名其妙死于非命。至于是因为政治原因，或是商敌所为，或是旧仇之偿，不得而知。此后，他的三个儿子接过父亲的事业。后来达赖喇嘛又给邦达·阳佩以亚东总管（四品官）的封号。巨大的垄断权使邦达家族成为豪门。生意做到了成都、重庆、昆明、上海，及印度、欧美等地。由于西藏的传统，邦达昌经营场所没有招牌、招幌之类的标志。抗日战争时期，邦达昌以其骡马商队开辟陆地国际运输线，有力地支援了大后方，功绩卓越，成为国内外美谈。纵观邦达昌的兴衰，在那个时代为发展西藏民族商业、维护祖国统一作出了不可磨灭的贡献。

① 冈多，即甘托克，锡金首都，一译“刚渡”，意为“山顶”，位于喜马拉雅山的山麓，是印度至我国西藏传统商路上的交通要道和贸易中心，也是古代中亚香客前往恒河和雅鲁藏布江圣地的习惯通道。

冈多海拔六千余英尺，气候比噶林堡较凉，但树木葱笼，空气清洁，亦不失为一宜于居人的所在。它虽是一国的首都，国王亦居于此，然其范围甚小，仅有商店数十家，建筑都很简单。不过，它是西藏南部的门户（原属我国），在对藏关系上十分重要。所以英人于囊括锡金为其保护国后，即在此地设立行政长官一员，以资控制。① 锡金面积四八〇〇方公里②，居民肤色相貌既与我汉藏民族没有什么分别，而其戴瓜皮帽穿长袍的服装，仍保持着我国旧有的风度，未因其政治环境的变迁而有所改变。

在冈多住了两日，等行李各件齐集，一切准备就绪后，遂开始以兽力和人力，与高山奋斗。为消除几位年高及体弱的先生们不能骑马的困难，并在冈多雇得山行的木轿数乘。这种木轿，无顶无帘，形似浴盆，由四人抬之，上山时则乘者面向后（防止仰靠翻跌），前进如同后退，下山时则面向前。山路因岗峦起伏而高低，乘者便须随之忽前忽后，每有疲于上下之感。

由冈多北行，路极险峻，人马缓缓前进，本日仅行十英里至德司马③（十里地）而止，英人由冈多向北延筑的汽车路（路面过窄尚

---

① 1861 年，英军占领锡金，囚禁锡金国王，强迫他与英国官员伊登签订条约，控制了锡金的内政外交和军事。锡金国王又逃往西藏，躲在西藏亚东一带，号召锡金人民抵抗英军入侵。即使这样，锡金与中国的藩属关系还没有完全割断。1887 年（光绪十三年）后，新的驻藏大臣文硕派遣藏兵进入锡金修建工事，进行军事准备，英国人提出抗议。清廷抱着息事宁人的态度，命令文硕撤兵撤卡。文硕认为：藏兵不宜撤退，而且进驻的各个要地，皆是中国土地，无卡可撤，请求增兵。后来，文硕被清廷撤职，新的驻藏大臣换成了升泰。从 1888 年 4 月开始，英军连连进犯，清兵藏兵节节败退。8 月，锡金国王纳姆佳勒被俘，被运往噶伦堡囚禁。1890 年 3 月，升泰为清朝全权大臣与英国印度总督在加尔各答签订条约，中国正式失去了对锡金的宗主权。年底英国驻锡金行政长官公署成立，全权管理锡金。

② 方公里，即平方公里，是面积的公制单位，四八〇〇方公里即 4800 平方公里。

③ 德司马：在今印度锡金邦境内，海拔约 2743 米，此处有英国人修建的驿站。

不能通车），这时亦以此为终点。自冈多起至江孜①止，每隔十英里至二十英里之间（视路途情形而定），英人都修有驿站一所，内有灯、灶、壁炉等设备，以便行旅。自江孜以至拉萨，每晚便须支用民房，俾作行馆。我们到德司马，便在英人所修的驿站中休息。德司马海拔九千余英尺，回顾来路，则如羊肠般地逶迤悬挂于峭壁绝巘之下，殊有怵目惊心之感；仰望前程，则高峰丛峙，鸟道纡曲，明日的辛苦，亦可想见。气候至此已大变，晚间尤冷，各人乃换穿皮衣。我于无意间发见一种奇异的现象：即皮衣上身时，与内衬的绸衣磨擦格格作响。后经试验，在夜晚无灯处穿脱，尚可爆出点点如电的白光。

德司马行一日而至昌谷②，再行半日而至拉图拉③（山）。拉为中英（锡金）间的界山，最高处海拔一万四千五百英尺，即两国的界线所在。攀登其上，左顾右盼气象万千。我们乃把所带的国旗高插峰巅，大家合唱国歌，并照了几张纪念的照片，然后才带着重入国门的兴奋情绪，继续前进。从此，路系下坡，阅半日而至春丕④，为西

① 江孜（རྒྱལ་རྩེ），藏语意为“胜利顶峰”“法王府顶”，现隶属于西藏自治区日喀则市，位于西藏南部，日喀则市东部，年楚河上游。因年楚河流经这里，历史上称江孜地区为“年”。清代为江孜宗，西藏地方政府管辖。1904年，英军入侵西藏，西藏军民不畏强暴，浴血卫国，在江孜以宗山为中心与英军展开了殊死搏斗，江孜从此以“英雄城”而闻名。

② 昌谷：村庄名，英文做 Changu，靠近乃堆拉（རྣ་སྟོད་ལ），在今印度锡金邦境内，附近有昌谷湖。

③ 拉图拉（རྣ་ཐོས་ལ），山口名，藏语意为“耳听山”，即乃堆拉山口，也作“纳堆拉”“那堆拉”，在亚东县境内，位于县驻地以西，海拔4500米，是西藏亚东县亚东乡与印度锡金邦交界之地。历史上，这里曾是“丝绸之路”南线的主要通道，通过乃堆拉山口的贸易路线是“茶马古道”的一部分。乃堆拉山口距离亚东县20多公里，距离锡金首府甘托克约24公里，是亚东县十几个通外山口里最重要的一个，也是连接中印陆路贸易最短的通道。

④ 春丕（ཆུ་འབི），即喜马拉雅山南麓的一片峡谷，位于日喀则市南部的亚东县境内西北，汉字曾写“春碑谷”。毗邻不丹、印度锡金邦。境内山清水秀，气候温和。谷中有春丕河灌溉其间，春丕河谷地区是西藏地区沟通印度的交通要道，发源于江孜地区的亚东河，由春丕东南经不丹，最终汇入恒河。春丕河谷地区原属于热日宗，在1788年尼锡战争爆发时锡金国王越境逃亡到西

藏边境军事上的要地。我在此曾一度坠马，幸未受伤。由春丕又一日而至亚东[①]，海拔仅九千英尺，气候忽然变暖，苍松古柏，青绿满眼，精神为之一振。亚东为西藏南部通印的最要门户，无论在商务上或军事上都极端重要，清代曾于亚东北三英里下司马处设立海关监督及军粮同知武备游击各一员，辛亥后概归西藏地方政府接管。根据光

（接上页）藏，在此避难，达赖喇嘛将春丕赐给他使用，这也就是后来的亚东。1860年英锡战争爆发，英国在1861年3月28日迫使锡金国王签订新条约，限制了其在春丕河谷地区居住不得超过3个月，并允许英印政府修筑一条经过锡金到春丕谷的公路，以提供保护和帮助等。1886年，西藏地方当局经春丕在锡金隆吐山［山名。在西藏日纳宗东北约60里处，属西藏管辖之地区。乾隆五十九年（1794年）五月，西藏与不丹、锡金在日纳宗的日纳立鄂博为界，界北属西藏管辖，隆吐山位于界北。1888年英国侵略军入侵西藏后，进攻隆吐关卡驻扎的藏军守备部队。藏族军民予以坚决反击，但因清政府奉行妥协退让方针而失败，隆吐山被英军侵占。］修筑堡垒，阻止英国马科蕾使团，从而爆发了第一次英国侵藏战争。1903年7月，英帝国主义派出以荣赫鹏为正帅、怀特为副帅的一支千人大军，由麦克唐纳少将指挥，开始了对西藏地区进行大规模的武装侵略，并于当年12月14日进占春丕，进而占领拉萨。此后，英国通过“拉萨条约”长期占领春丕地区。1954年中华人民共和国和印度政府签订协议，驱逐了半个世纪以来外国在西藏的一切势力，驻扎在亚东的印度卫队也被迫撤离，春丕终于彻底回到了祖国的怀抱。

① 亚东（གྲོ〔གྲོག〕·མོ），又称卓木，卓莫、卓摩，藏语意为“旋谷、急流的深谷”，位于日喀则市东南部，属喜马拉雅山脉中段，北接岗巴、白朗、康马县，西与印度锡金邦接壤，向南伸入邻国印度和不丹之间，为西藏边境县之一。“亚东”一名见于清朝末年，曾隶属于帕里宗。原只是卓木山谷里的一个小村子，清朝驻藏大臣进出西藏曾多次在此地经过，将该地译作“亚东”。清光绪十四年（1888年），英帝国主义入侵西藏，1894年中国政府屈从于英国的压力，被迫开放亚东，设关通商，亚东遂被英帝国强行辟为商埠，成为中印之间最大、最重要的通商要道。西藏地方政府设置卓木基巧（亚东商务总管），开始时只负责商务，后逐渐兼理民事和政务，机关设在下司马，辖上下亚东和帕里宗。1960年6月亚东县成立人民政府，隶属江孜地区。1964年5月江孜与日喀则两个地区合并为日喀则地区，亚东划归日喀则地区（现为日喀则市）至今。

绪十九年及三十年与英订立的条约①，开亚东为商埠，英人得设商务委员并驻少数军队，因之，英人复以下司马②为据点，将其商务委员及军队均驻该处，并设立学校医院邮电局，俨如租界。

亚东藏名卓木，西藏设有纪巧③（商务总管）一员，此次奉命担任乃与（“与”字应为“兴”）巴④（招待员）的任务，随同照料入藏。他是我们入藏途中第一次见到的西藏官吏⑤。他在藏的官阶是四

① 光绪十九年（1893 年）中国与英国签订《中英会议藏印续约》（即《中英所订哲藏条约关于通商交涉游牧之续约》）；光绪三十年（1904 年）英国逼迫我西藏地方签订“拉萨条约”，经过几次谈判交涉后，该约附入光绪三十二年所订之《中英续订藏印条约》内。

② 下司马（ཤར་གསིང་མ），镇名，位于西藏日喀则市亚东县南部，“下司马”的名称来源于藏语音译，意为“东边的沼泽草地”，拉萨至亚东公路的终点，是通往不丹、印度的门户。1888 年被辟为商埠，1894 年清政府在下司马专设亚东海关。1906 年，英帝国在老亚东设立的商务代理处迁至下司马镇，下司马镇成为英帝国的租界地。清王朝覆灭时期，新成立的国民政府由于军阀混战无力西顾，英国遂在亚东攫取了对下司马镇的管辖权力。1947 年印度独立后，继承了英国的既得利益，仍将下司马镇作为其租界区域，在西藏获得许多特权，印商货物只要经亚东商务代表处登记即可进入市场，西藏地方政府被剥夺管理权。1954 年，中印两国签署通商、交通协定，取消了印度在下司马镇的非法特权。1955 年 4 月 11 日，中国政府和印度政府正式签字，下司马镇移交给中国政府，为亚东县人民政府驻地。

③ 纪巧：也作“基巧”，《吴忠信入藏日记》中记为“稽巧”，藏语སྤྱི་ཁྱབ的音译，“总管”之意。亚东商务总管的藏语称为གྲོ་མོ་སྤྱི་ཁྱབ，汉语音译为“卓木基巧”，简称“卓基”。1915 年亚东通商口岸开设以后，亚东地区通商和边境来往事务增多，故西藏地方政府从 1917 年起任命一名四品俗官为驻亚东总管，在嘎灵岗设立总管府，其秘书及办事人员从亚东地区的地方头人中选精明干练的人充当。亚东总管的职责为管理亚东地区的民政司法和通商口岸的进出口物资，按规定禁止出口麝香、鹿茸、熊胆等珍贵物资和进口鸦片、卷烟等，禁止未得到地方政府准许的外国人入藏，处理中锡边界双方百姓越界放牧和人员来往引起的争端等。

④ 乃与巴：《吴忠信入藏日记》中记为乃兴巴、赖兴吧，藏语ཉེ་ཤན་པ的音译，为联络员之意。

⑤ 此处所说西藏官吏应为泽松彭康，原名格桑彭措，为此次西藏地方政府所派四位联络员之一，负责由亚东至拉萨的迎护事宜。吴忠信在 1939 年 12

品（西藏的官阶分九品），头髻上梳，戴一如拳的小辔，左耳缀以四五寸长的耳环，身穿紫缎长袍，腰束一带，足登镶有花纹的短靴，态度潇洒而庄重。

在西藏境内的交通，商民可用钱自雇骡马和人工，公家则一凭征用（给费极低），名为乌拉制度（即差役制度）。用以征用乌拉的公文，名为马牌。所谓乌拉，实包括两种，即兽力和人力，故有“乌拉马”“乌拉娃”（随马的人）、“汤徭”（供炊爨的男女工役）等等的名称。不过，这种乌拉服役的起迄点，亦有一定的规定：如由亚东至拉萨共十五站，须换乌拉十次，可以概见。

从噶林堡及冈多雇用的骡马，送到亚东为止。在亚东住了两天，把乌拉征齐（此次虽是征调，但却以高于市价给资，故人民均乐于应

（接上页）月 23 日第一次所记日记中记载亚东商务总管泽松彭康“为现任噶伦彭休之弟”（见中国第二历史档案馆、中国藏学研究中心合编《黄慕松 吴忠信 赵守钰 戴传贤奉使办理藏事报告书》第 235 页），这里的噶伦彭休，即 1934—1945 年任西藏噶伦的本仲・才旦多杰（བོན་གྲོང་ཚེ་བརྟན་རྡོ་རྗེ），亦写作彭休・才旦多杰，属于西藏本仲家族贵族；而 12 月 23 日第二次日记则记载“为现任噶伦彭康公之弟”（见中国第二历史档案馆、中国藏学研究中心合编《黄慕松 吴忠信 赵守钰 戴传贤奉使办理藏事报告书》第 236 页），这里的噶伦彭康公，即 1938—1946 年同任西藏噶伦的彭康・扎西多吉（ཕུན་ཁང་བཀྲ་ཤིས་རྡོ་རྗེ），属于西藏彭康家族贵族。究竟泽松彭康是谁的弟弟，吴忠信的两篇日记说法不一致，当时《奉使办理藏事报告书》的编者也未能考证。现经笔者查阅，《西藏的贵族和政府》（［意］毕达克著，沈卫荣、宋黎明译，邓锐龄校，中国藏学出版社，2008 年）一书第 109—110 页中提道：“该家族（本仲）唯一一名在噶厦中谋得一席之地的成员，叫才旦多杰（ཚེ་བརྟན་རྡོ་རྗེ། 1889—1945 年）……1934 年，他被任命为噶伦，1939 年 9 月，他去那曲喀（ནག་ཆུ་ཁ）迎接前来拉萨的达赖喇嘛灵童……他有一弟，名叫格桑彭措（生于 1897 年）。此人创立了称为才松彭康巴（ཚེས་གསུམ་ཕུན་ཁང་པ）的支系……直到 1938 年才升任为仁希及卓基。”（卓基藏语གྲོ་སྤྱི，即卓木稽巧，亚东的商务总管之意）这里所说的才松彭康巴，就是吴忠信日记所记之泽松彭康。依据此，可以证明周昆田此处所记迎接他们一行的亚东商务总管和吴忠信日记所记卓木稽巧泽松彭康为同一人，即格桑彭措，且他应该是噶伦本仲・才旦多杰之弟。

征）后，又继续北进。一日至噶乌①，又一日而至帕里②。沿途都是悬崖峭壁，步步上升，状极险峻，涧狭流急，水声如雷。中午以后，则风沙渐起，入夜更狂风怒号，惊心动魄，迄鸡鸣以后风威又息。因此，在西藏行旅，都是鸡鸣而起，破晓即行，未午便须停宿，故每日行程只能以十五英里至二十英里为度。然本地人士，因惯于马背生活，复与气候相习，又当别论（他们吃的是糌粑，无须烹煮，晚间无屋可住时，或住牛毛帐篷，或即露天而卧，极为简单）。

帕里海拔一万四千五百七十英尺，地傍雪山，气候严寒，空气稀薄而干燥，步行数步即喘，煮水不及百度即沸，食物不容易炖烂（喜马拉雅山中多属如此，不仅帕里一地为然），同时因饮水不洁（行旅须由前站带水至此），同人中颇多不适，甚至有病泻者。

帕里为高原上西藏的一宗③（等于县），约有百数十家点缀于平沙旷野之间，以其俯瞰亚东，北蔽江孜，乃军事上一个要害的地方，所以清代在此筑有炮台，后于光绪三十年对英战败，于订立英藏“拉萨条约”后拆除。镇有邮电机构，西藏与印度间的邮电往还，都以此地为接递点。公私信件，如系发往帕里以南而至亚东岗多者，则于贴足西藏邮票外，更须加贴印度邮票，由印度来信亦然。闻距帕里

---

① 噶乌（སྒའུ），即告乌查卡，山峰名，在亚东县境内，意为“像马鞍形状的山”。

② 帕里（ཕག་རི），藏语意为“猪形山”，实指山形如猪的地方。曾译名裴利、裴里、帕克里、帕克哩、帕尔宗，历史上曾为帕里宗。现为西藏自治区日喀则市亚东县辖镇，位于县驻地东北，东与不丹接壤，是日喀则地区边境重镇之一，有“世界第一高城”之称，也是藏南尤其繁荣的古城。帕里在清朝时由西藏地方政府设立宗制，在亚东设商埠、西藏地方政府设置“卓木基巧”（亚东总管）之前，亚东县为帕里宗管辖，之后遂为帕里税官管理，是当时西藏南部的贸易中心之一。1960 年成立亚东县人民政府，废除原“宗”与“总管”制，帕里归入亚东县辖至今。

③ 宗（རྫོང），意为“寨落”或“城堡”，旧籍也作营。清代西藏地方政府基层行政机构，相当于内地的县。隶属于基巧管辖。以其区域的大小、人口的多寡和地理位置的重要，分为边宗、大宗、中宗和小宗（即四个等级）。边宗、大宗人口二三百户不等，小宗仅百余户。通常边宗、大宗多设僧俗宗本（营官）各 1 人。一等宗的宗本（边缺营官）为五品，乾隆年间（1736—1795）

二三里处有温泉，惜未能往。

在帕里住了一天，又继续向北而东前进，经过堆拉①、噶拉②、桑马打③、岗马④、扫岗⑤各站，阅六日而至江孜。由帕里至江孜这

（接上页）有14缺23名，均设于前藏；二等宗的宗本（大缺营官）也为五品，前藏10缺19名，后藏因为未设边缺营官，战略地位又十分重要，故所设大缺营官较前藏边缺营官地位还高，为三品官阶，当时设3缺4名；三等宗的宗本（中缺营官）六品，前藏42缺59名，后藏14缺19名；四等宗的宗本（小缺营官）七品，前藏24缺24名，后藏15缺16名。共计全藏有122个宗（营），大小宗本162人。1950年以后“县”的藏文对应词仍然沿用“宗”。

① 堆拉，即堆纳（དུང་ནི），西藏自治区日喀则市亚东县辖乡，位于县驻地东北，属半农半牧乡，藏语意为“村首、村户的一端”。著名的“曲美雄谷抗英纪念碑”即坐落在堆纳乡古如村南面约2公里处。1904年英军入侵亚东后，3月31日，1400余名守关藏族军民在曲美雄谷阻击入侵西藏的英军。藏军在武器落后的情况下，布防有序，英勇抗击。英军屡攻不克，遂假借谈判诱使西藏军民放下武器，而后攻入此关，包围要塞，以长枪射击，凶残杀戮我藏族同胞，千余藏族军民英勇不屈，慷慨就义，气贯长虹。这次历史事件被后人称为“曲美雄谷大屠杀”。2004年为纪念抗英斗争100周年，西藏自治区政府建立了这座纪念碑，以缅怀抗英斗争中英勇牺牲的藏族同胞。

② 噶拉，即嘎拉（ཀ་ལ），有“风口”之意，但并不是由藏语直译，而是意译。大约是因为这里终年大风的缘故而有此意。嘎拉是西藏自治区日喀则市康马县辖乡，位于康马县西南部，距康马县城50公里。是亚东与岗巴两地的交界处。1948年以前，不丹王国的林浠宗（地名）每年藏历六月十五日左右就派出若干人员到嘎拉乡一个叫“压荡”（拉木湖下边一块草地）的地方进行实物交换的边境贸易，保持了一百余年，直到1948年群众反乌拉差役，才断绝了彼此间的交换往来。

③ 桑马打，即萨玛达（ས་མ་མདའ），藏语意为“半农半牧谷口”，曾译名萨马达、莎马达、萨麻达、沙马达。西藏自治区日喀则市康马县辖乡，位于县驻地西南。西邻嘎拉乡，南邻不丹王国。乡境内有冲巴雍湖，距康马县城53公里，是年楚河的源头之一。

④ 岗马，即康马（ཁང་དམར），藏语意为“红房、红墙房”，曾译名康玛尔、拉康马卢。西藏自治区日喀则市辖县，辖康马镇、涅如麦乡、涅如堆乡、嘎拉乡、萨马达乡、康如乡、少岗乡、南尼乡、雄章乡1镇8乡。位于喜马拉雅山北麓，距日喀则市140公里，拉萨至亚东公路经过县境，向北直抵日喀则，又可经江孜等地东达拉萨。康马县是以牧业为主的半农半牧边境县，境外与不丹王国接壤，边境线长78公里，境内与亚东、白朗、江孜、浪卡子四县相邻。

六天的行程，乃属于山上平原的地带，海拔恒在一万四千至一万三千英尺之间，绝少陡坡峻坂，如果修筑公路甚至铁路，都很容易。每日黎明出发，人影在地，明月在天，空气清洁，荒漠幽旷，人间烦恼为之涤荡一空；而策马奔驰，群相戏谑，几不知是置身在绝塞的山中。惟若一过中午，因为地较平坦，四处没有遮拦，那种威力强大的狂风，吹得沙飞石走，谷震山摇，人马遭之，便要受到莫大的苦痛，甚至发生灾害。

江孜海拔一万三千英尺，东北至拉萨约一百六十英里，西去日喀则⑥（后藏首邑）约一百英里，南距亚东约一百六十英里，绾毂前后

---

⑤ 扫岗，即少岗（ས་བཟང་སྒང），藏语意为“良土岗、土质最好的岗”。西藏自治区日喀则市康马县辖乡，位于县驻地北部，距康马县城20公里。

⑥ 日喀则（གཞིས་ཀ་རྩེ），今西藏自治区下辖地级市，也是西藏第二大城市。西衔阿里地区，北靠那曲市，东邻拉萨市与山南市，南与尼泊尔、不丹、印度三国接壤。藏语意为“土质最好的庄园”。曾译作昔孜、昔卡桑珠则、日噶则、十卡子。又曾写作桑主则、三竹节寨、夏雄甲姆。曾为日喀则宗。公元7世纪初，雅隆部落的松赞干布正式建立了吐蕃王朝。吐蕃王朝按照地理自然分布状况，把所辖中部地域划分为“卫、藏”两大部分，依日喀则东面的“藏”区为“耶如”（年楚河一带）和“如拉”（雅鲁藏布上游沿岸），东以岗巴拉山为界，西至冈底斯山（今阿里一部分）。因“藏”区地处雅鲁藏布江上游，于是才有了“后藏”之说。随着历史的发展，界定的“后藏”区域亦有所变化。但是，日喀则仍处于这个区域的中心地带，故周昆田在游记中把日喀则称为“后藏首邑”。日喀则成为后藏的政教中心，始于元朝时的帕竹政权。14世纪初，得到元顺帝册封的大司徒绛曲坚赞战胜萨迦政权，建立了帕竹（帕木竹巴）政权，得到元、明皇室的庇护，设置了十三个大宗豀，最后一个宗豀便叫作桑珠孜（意为如愿以偿，选址在今日喀则），取名为溪卡桑珠孜，简称为溪卡孜，汉语译音为日喀则。从元至正二十年（1360年）开始在宗山建造宗政府桑珠孜宗堡，日喀则始有首府级建置，从此成为整个后藏区域的中心。西藏和平解放后，1951年11月15日，中国人民解放军进驻日喀则。1956年4月22日，西藏自治区筹备委员会正式成立，在日喀则设自治区筹备委员会基巧办事处（相当于地区）。1959年10月，日喀则专区成立。1964年，日喀则、江孜专区合并为日喀则专区。1970年，日喀则专区改为日喀则地区，驻日喀则县。1986年12月12日，经国务院批准，日喀则县改为日喀则市（县级市），隶属日喀则地区管辖。2014年6月26日，经国务院批复撤销日喀则地区

藏，扼交通的要冲，次于拉萨日喀则为西藏的第三个大都会。光绪三十年开为对英商埠，英人于是在此设立商务委员，并驻兵二十五名。

在江孜留二日续上征途，中经热隆①、朗噶子②而至白地③。因江孜至热隆，热隆至朗噶子，均为三十英里，距离较长，两日都未能午前到达，饱尝了山风的滋味。人都抱着马鞍，缩成一团。幸以事先都有所戒备，尚未酿成任何损害。

白地是建于羊卓雍湖西岸的一座矮山上，湖形似玦，白地孤立其畔，晴天一碧，水光荡漾，成为喜马拉雅山中最美丽的一幅图画。在西藏境内，湖泊甚多，通常分为北部、中部、南部的三大湖群，而羊卓雍湖却为南部湖群中最大的一个，其面积几何虽未确知，但据说骑马绕湖一周，需时八日，大抵可以想见。藏俗不食鱼，湖内游鱼群动，悠然自得。

在白地宿一宵，换乌拉后沿湖岸北行，湖光山色，尽奔眼底，而浮鸥点点出没于琉璃般的水面上，蹄声嘚嘚有节奏似地敲打着沉寂的空气，悠闭宁静很自然地构成了一种诗的境界。

沿湖岸行约三个小时，路忽西转渐入丛山之中，遂与明湖作别。由是愈走山势愈高，路愈陡峻，高岸驾空，云腾足底，又宛如在帕里以南的亚东道上。不久，到达岗巴拉岨④最高的隘口处，大家下鞍休

（接上页）和县级日喀则市，设立地级日喀则市，原县级日喀则市改为桑珠孜区，以原县级日喀则市的行政区域为日喀则市桑珠孜区的行政区域。

① 热隆（ར་ལུང），藏语意为“山羊之地”，即今天的西藏自治区日喀则市江孜县热龙乡，位于县驻地东南。

② 朗噶子（སྣང་དཀར་རྩེ），藏语意为“白鼻尖”，即今天的西藏自治区山南市浪卡子县，位于西藏南部的喜马拉雅山中段北麓，为西藏边境县，南与不丹接壤。

③ 白地（དཔལ་དི），藏语意为“小威”，即今天的西藏自治区山南市浪卡子县白地乡，位于县驻地以北，东濒羊卓雍错。曾译作拜的、巴德、博得、配对、羊卓白地、拜帝城、白底豁。又曾写作岳吉牙来杂、雅尔博罗克巴勒底宗。历史上曾为白地宗。

④ 岗巴拉岨（གམ་པ་ལ），即岗巴拉山，“岨”的意思为“带土的石山”，大约正是由于此山都是崎岖的布满碎石的土路的原因而得名。岗巴拉山位于西藏山南市浪卡子县和贡嘎县之间。正如周昆田的游记所记载的，翻越岗巴拉山

息，准备与更艰难的一段旅途奋斗。岗巴拉岨的最高处，海拔一万五千英尺，丛山层列，一望无际，向北俯视，则去路盘曲下降，远远的最低处一水横流，好像是条素练，大概这便是西藏第一大河雅鲁藏布江了。盖这时我们已行抵喜马拉雅山北麓，横越喜马拉雅山的工作，转瞬便可完成。故虽面对着险峻的下坡路，不免有趑趄怯步之感，但念着本日即可完成此项工作，心里又不禁浮起无限的喜悦。

凡有骑马经验的人，都认为马是极具灵感的动物之一，它在走上高坡时，总不直线上爬，而是用着“之”字的步伐逶迤以登，并且走了几步便停下来喘两口气再走，过悬崖峭壁时，总靠着安全的这一面走，谨慎下蹄，不肯疏忽。及至走着下坡路时，它更显得谨慎缓慢，唯恐使骑者受到危险和痛苦。可是，它在下坡中所遭遇的困难，也远比上坡时为甚。所以在一般当地人的口中有两句成语：“马不背人上山非马，人不牵马下山非人。”这便是说：上山时应该骑马，下山时应该步行，固然这是寓有保养马力的意思，同时也因为下山骑马是太危险了，总以下马步行为妥。由于马下高坡之慢，令我想到古人有谓，“急如骏马下峻坂”，大概是出于没有骑过马下山的书生之口。我们这次由岗巴拉岨的高处下降时，多半是牵扶着马而行的。

下得山后，晚宿于一座招待所（支用的民房，自江孜以来都是如此）中，在佛龛之前下榻，于庄严肃穆的环境中享受了一夜恬适的睡眠。

次晨，出发后不到两个小时，便行抵雅鲁藏布江滨。这时江水澄澈，平静无波，江面亦不甚宽，上浮着木造的大渡船两只，等待接运两边过往的人马和物品（乌拉多到江为止）。雅鲁藏布江高达海拔一万二三千英尺之谱，而能泛舟于其上，亦属快事。自亚东以北，很少见有树木，帕里朗噶子等地则更寸草不生，及至雅鲁藏布江滨，乃复见有杨柳等类的植物，错综点缀于农田山谷之间。渡江后，经过首站

（接上页）时，风光无限，但是山路异常险峻，一边是悬崖，一边是山峦。从拉萨到日喀则的新路（即318国道拉萨至日喀则段）修通后，现在已很少作为客运线路，但岗巴拉山却是观赏羊湖的绝佳地带。

曲水①，便入岗底斯山脉②（斯文哈定称之外喜马拉雅山，但以我国的立场应称之为内喜马拉雅山③），虽然山径崎岖，也不能小视，惟

---

① 曲水（ཆུ་ཤུར），藏语意为“流水沟”，古称“吉麦”（ཆུ་སྨད），意思是“河流交汇之邦”，大约因拉萨河与雅鲁藏布江流经此处而得名。曾译作曲墟、曲宿尔、楚舒尔、楚舒勒宗。又曾写作卓可营子。历史上曾为曲水宗。现为西藏自治区拉萨市辖县，位于拉萨市西南部、拉萨河下游、雅鲁藏布江中游北岸，属雅鲁藏布江中游河谷地带。曲水自古以来就是连接拉萨与山南、林芝、日喀则地区的交通枢纽，现在的中尼（泊尔）公路、拉（萨）江（孜）公路、拉泽（当）公路及拉萨至贡嘎机场公路均经过县境。

② 岗底斯山脉（གངས་ཏི་སེ），即冈底斯山，横贯西藏自治区西南部，在普兰、仲巴、昂仁、南木林等县境内，位于喜马拉雅山脉以北，并与喜马拉雅山脉大致平行，呈西北—东南走向，属褶皱山，其走向受噶尔藏布—雅鲁藏布江断裂的控制，是内陆水系与印度洋水系的分水岭，冈底斯山脉北侧为高寒的藏北高原，南侧为温凉的藏南谷地。印度河流域上源狮泉河发源于冈底斯山北侧，朗钦藏布（象泉河）发源于南侧。冈，藏语，为“雪”之意；底斯，为梵语，亦为“雪”之意。冈底斯山曾译作冈底斯里、阿耨山。藏语意为“众山之主”，又被称作“世界之轴”。东接念青唐古拉山脉，长约1100公里。平均海拔约6000米，最高峰为罗波峰（冷布岗日），海拔7095米。另一座主峰冈仁波齐峰在玛旁雍错以北，海拔6656米，是著名的佛教圣山。

③ 斯文哈定，即斯文·赫定（Sven Hedin），瑞典著名探险家，从1894年到1908年之间，在中亚的高山和沙漠的三次探险中，他研究了中国的新疆和西藏的部分地区，并著有 *Central Asia and Tibet—Towards the holy city of Lassa*（《中亚与西藏——朝向圣城拉萨》），伦敦，1903年；*Adventures in Tibet*（《西藏探险》），伦敦，1904年；*Transhimalaja—Entdeckungen und Abenteuer in Tibet*（《横贯喜马拉雅——西藏的发现与探险》），莱比锡，1909年；*Southern Tibet—discoveries in former times compared with my own researches in 1906-1908*（《藏南——昔日的发现与我自己在1906—1908年的研究之比较》），斯德哥尔摩，1916年、1917年、1922年；*The Chinese Lama Temple—Potala of Jehol*（《中国喇嘛庙——热河的布达拉宫》），芝加哥，1932年；*Jehol—City of Emperors*（《帝王之都——热河》），纽约，1933年；*A Conquest of Tibet*（《征服西藏》），纽约，1934年。此处周昆田所记载斯文·赫定称冈底斯山脉为“外喜马拉雅山”。但无论从哪一方面来说，这种命名都是不科学的。首先从地理上来看，冈底斯山从西北向东南，与喜马拉雅山脉大多平行，对于印度而言，地理位置上更远一些，抑或夹杂有其他政治目的，所以冈底斯山有了“外喜马拉

自曲水至拉萨仅四十二英里，中间只有一站，不阅日即到，其行程既短，险峻的程度，尤不可与喜马拉雅山同日而语。故大家到了曲水，都很愉快地互祝："功德圆满。"

跨越喜马拉雅山，虽已是十余年前的往事，但它所给予我的崇高伟大圣洁的印象，却很新鲜地保留在心之深处。虽然旅途中也历尽了艰危辛苦，但这也正如吃辣椒一样，于辣的滋味中，更可增加那愉悦的享受。再在喜马拉雅中旅行的时间，最好是在阴历七八九的三个月，谚有云：正（月）二（月）三（月）雪封山，四（月）五

（接上页）雅山脉"的命名；另外，在历史上藏族人民自古以来就有了"冈底斯"的命名，冈是藏语"雪"之意，冈底斯是"众山之主"的意思，所以西方人的命名也是无效的。然而，在民国时期，这一无效的命名并没有经过规范，以至于很多地理学著作中都曾使用过这样的命名。直到1952年以后，逐步加以规范修改，才统一为"冈底斯山"。［关于此次规范有文件《中央人民政府内务部、出版总署关于"额菲尔士峰"应正名为"珠穆朗玛峰"，"外喜马拉雅山"应正名为"冈底斯山"的通报》——选自1952年5月27日《人民日报》。这是中央人民政府内务部、中央人民政府出版总署于1952年5月8日向全国发出的公开正名的通报。兹摘录原文如下：**我国西藏喜马拉雅山的最高峰，原名"珠穆朗玛峰"。远在公元1717年（即清康熙五十六年），清朝理藩院主事胜住会同喇嘛绘制西藏地图时，即根据当地藏族的习惯称呼开始用这个名称。"珠穆朗玛峰"是藏语"圣母"的意思。但自1852年印度测量局勘得此峰高度以后，西人便从1858年起，将印度测量局局长额菲尔士（英国人）的名字作为此峰的名字。我国编撰地志舆图的人也盲目采用了这个名称。用帝国主义殖民官吏的名字来称呼我国的最高山峰，实在是很大的一个错误。同时，多数地志舆图中，对于西藏境内的"冈底斯山"一直沿用着"外喜马拉雅山"这一极端错误的名称。冈底斯山横亘西藏中部，位在喜马拉雅山以北，英帝国主义者竟以其侵略者的观点，妄称此山为"外喜马拉雅山"，这种称呼也是非常荒谬的。此后无论教科书、舆图和其他著作，凡用到珠穆朗玛峰或者冈底斯山时，都不得再误称为"额菲尔士峰"或者"外喜马拉雅山"。**］至于斯文·赫定在1906年于西藏考察时发现了冈底斯山，所以被认为是记载中最早见及该山的欧洲人。当时的印度政府还希望把冈底斯山叫做"斯文·赫定山脉"，以给他本人"美誉"，但是被斯文·赫定拒绝了。周昆田这里所说以我国的立场应称之为"内喜马拉雅山"，应该是站在以中国自身为中心的角度相对而言的一种表述，并不是冈底斯山的另一个命名。需要说明的是，无论国内外都没有"内喜马拉雅山"这个称谓。

（月）六（月）雨淋头，七（月）八（月）九（月）正好走，十（月）冬（十一月）腊（十二月）冻得爬（言天太冷简直要弯着腰匍匐而行）。我们这次越过喜马拉雅山，正是开始于阴历冬月，而结束于阴历腊月，然并未遇到怎几不可忍受的寒冷，除略有狂风侵袭外，既无雪，又无雨，每天皓日当空，天高气爽，尤使我对喜马拉雅山怀着留恋之情（迨后在藏事毕于二十九年四月启程返回重庆时，仍系经过该山取道印度，虽在春丕遇雪，德司马遇雨，然能领略到大山中的雪景和雨景，也属难得的机会）。

最后，抄附我在喜马拉雅山中所作的打油诗一律，以作本文的结束：

天竺乌斯①一眼看，纵游宇内敢辞难！
千林虎啸生寒籁，万壑雷鸣下急湍。
绝巘寻幽缘鸟道，高峰揽胜入云端。
晚来酪②醉糌粑饱，更喜霜轻毳帐③宽。

---

① 天竺乌斯：指印度和西藏。

② 酪：用牛、马、羊、骆驼等动物的乳汁做成的半凝固或凝固的乳制品，即酸奶。

③ 毳帐：毳，鸟兽的细毛。毳帐指游牧民族所居住的毡房。

四

周昆田随轺吴忠信行辕由藏内返途中游记*

编者按：第十四世达赖喇嘛坐床典礼于1940年2月22日在拉萨布达拉宫举行，典礼事毕及其他公务等项办理完毕后，吴忠信决定于4月14日离开拉萨返回内地，该篇游记记载了行辕内返途中一行人的所历所感。但游记并非当时完成，是十余年后周昆田先生回忆当时的情形所记。本篇所记载途经地名、人名等项在前一篇游记中出现且注释过的，不予赘述。

---

* 该篇游记为《周昆田随轺吴忠信行辕赴藏途中游记》的姊妹篇，原文最初刊载于台湾《畅流》半月刊十九卷六期，1959年5月。

一、写在前面

“岁月不居，时节如流”，西藏之行，瞬已成为十九年前的旧事，镜花水月，迹象都空；但留在心灵深处的泥痕爪迹，斑斑犹新，偶一回思，恍如在目。关于藏印间喜马拉雅山中的行旅状况，或为大家所愿知。兹乘《畅流》杂志惠以宝贵篇幅的机会，特就记忆所及，追述一二，以供茶余饭后的参阅。

缘于第十四辈达赖喇嘛的转世及坐床，国民政府令派蒙藏委员会委员长吴忠信礼卿先生前往西藏，会同热振呼图克图主持其事，于民国二十九年一月十五日率同行辕人员十六人，到达拉萨。二月十五日举行册封热振呼图克图为“辅国普化禅师”的典礼，二月二十二日举行第十四辈达赖喇嘛坐床典礼，四月一日成立蒙藏委员会驻藏办事处，四月十四日离拉萨，取道印度东还。笔者随轺往返，在拉萨勾留三个月，关于进藏时途中的种种，为节省篇幅计，应予从略，现仅从拉萨说起。

二、拉萨一瞥

拉萨古名逻娑，为西藏的首邑，自唐代的吐蕃建为都城以来，一直便掌握着全藏政治的枢纽。而在宗教上，拉萨尤具有崇高的地位：蒙古、青海、西康以及内地的佛教信徒们，都以拉萨为佛教的圣地，如能一往参拜，则功德圆满，视为毕生的光荣。

拉萨居于拉萨河（逻娑川）之北，除西门有两个（实际应为三个）圆塔象征着城门外，四无城垣，但高峰环峙，状似崇墉，形势极为完固。海拔约一万二千余英尺，而溪流清澈，环境幽静，洵为高原上第一福地。

拉萨最具权威的建筑为城的西北角（距西门不远）布达拉宫，系政教领袖达赖喇嘛驻锡的所在。布达即普陀的异译，拉即山的意思，故布达拉即国语所谓普陀山。山平地突起，宫依山而建，南向，有楼十三层，房屋数千间。宫内除达赖坐床的大殿（上悬清高宗所题“振锡绥疆”① 四金字的匾额一方）可容千余人以外，其它供佛的殿或室，非常之多，并有吐蕃赞普（王）松簪干布②（即唐书上的弃宗弄赞）及其后唐文成公主所遗的古迹。达赖另有一个别墅（夏宫），名罗布岭冈③（宝贝林之意），在拉萨的西南郊，内具园林亭榭之美。在布达拉东南约半英里地方，有清代驻藏大臣衙署④的

① 东大殿“振锡绥疆”实为清穆宗同治皇帝所题，并非清高宗乾隆皇帝。西大殿为清高宗乾隆所题“涌莲福地”。

② 松簪干布：吐蕃赞普松赞干布（སྲོང་བཙན་སྒམ་པོ），吐蕃王朝的缔造者，汉文史籍又称弃宗弄赞，关于其生卒年亦有不同说法。松赞干布继位后平定内部贵族叛乱，兼并青藏高原诸部族，完成统一大业，建立奴隶制政权，定都逻娑。在位期间，励精图治，制定一系列法律、职官、军事等制度；努力发展经济，统一度量衡制；积极开创文化事业，创制藏文，引进佛教，开始翻译佛经。除致力于王朝内部建设外，还积极寻求建立和发展与周边部族的睦邻友好关系，以巩固和发展新生的吐蕃政权。先后迎娶泥婆罗墀尊公主和唐文成公主入蕃，并修建大、小昭寺。松赞干布还十分注重吸收汉族文化和内地先进的生产技术，多次遣贵族子弟至长安入国学，又从汉地引进医药、数术、工艺等知识。对吐蕃政治、经济、文化发展及加强与周边民族之间的联系，均有重大贡献。唐贞观二十三年（649 年），唐太宗卒，唐高宗即位，封其为“驸马都尉”“西海郡王”，并镌刻其像于石，列于太宗昭陵。唐永徽元年（650 年）卒于彭域（今西藏彭波），唐朝遣使臣鲜于匡济赍书入吐蕃吊祭。后世藏文史书将其与赤松德赞、赤祖德赞并称为吐蕃时期的“三大法王”。松赞干布及其所创造的历史功绩，获得藏族人民的普遍尊崇。

③ 罗布岭冈：罗布林卡（ནོར་བུ་གླིང་ཀ），藏语意为“宝贝园林”，是一座典型的藏式风格园林。始建于 18 世纪 40 年代（达赖七世之时），此后便成为历辈达赖喇嘛消夏理政的地方。

④ 驻藏大臣衙署：指驻藏大臣衙门，清代驻藏办事大臣、帮办大臣及所属官员代表清廷行使西藏地方管理权、处理藏政的行政机关。几经变迁。据《卫藏通志》载，初设于拉萨市中心的大昭寺东北方向的通司岗附近。乾隆十五年（1750 年）在珠尔默特那木扎勒事件中，为珠尔默特那木扎勒手下罗桑扎西等纵火焚毁。翌年，清廷根据藏族人民的意愿，在原衙署的旧址上，为平乱殉难的驻藏大臣傅清、拉布敦两人建立了“双忠祠”。并将驻藏大臣衙署迁至

遗址。

除布达拉宫外，为拉萨市区及僧俗民众活动中心的则为大昭寺。寺传为唐文成公主所建①，内供佛像万余尊，公主由长安携奉入藏的释迦牟尼像现仍供奉在内。每年藏历新年的传招，西藏各地喇嘛多聚集于此，接受各方的布施。寺前有唐与吐蕃联和的甥舅联盟碑②，碑傍古柳据说亦属唐代所植。商肆摊贩，围绕着寺的四周，政治机构，

(接上页) 大昭寺以北、小昭寺西南角附近的原珠尔默特那木扎勒居所内。因西藏社会数经动乱，导致衙门地址多次迁移。因此通常都以衙门的所在地冠其名，故又别称通司岗衙门、甘丹康萨衙门、扎什城衙门、鲁布衙门等。以现今所在地冠名，称为朵森格衙门。按乾隆五十八年 (1793 年)《钦定藏内善后章程二十九条》规定，驻藏大臣下设章京 1 人，由理藩院员外郎或主事充任；笔帖式 1—2 人，办理满、汉文书翻译；增设译字房，设唐古忒通司 1 人，司汉、藏文翻译，设廓尔喀通司 1 人，司廓尔喀文翻译。余为听差、防卫官兵，包括游击、都司、守备、司员、千总、把总、粮员等。

① 文成公主所建为小昭寺。

② 甥舅联盟碑 (གཙུག་ལག་ཁང་མདུན་གྱི་རྡོ་རིང): 唐蕃会盟碑，也称甥舅和 (会) 盟碑、长庆会盟碑。藏语称之为“祖拉康多仁”，意为“大昭寺前之碑”。坐落在大昭寺门前公主柳下，立于唐穆宗长庆三年 (823 年)。长庆元年、二年 (大蕃彝泰七至八年，公元 821—822 年) 吐蕃与唐朝互派专使先后盟于长安和逻娑，史称“长庆会盟”，亦称“甥舅会盟”。长庆三年，唐蕃双方又分别于长安和逻娑树碑纪念，将盟文刻石，以垂永久。该碑高 4. 78 米，宽 0. 95 米，厚 0. 50 米，上有石帽覆盖，四面皆有字。正面碑文系藏汉两体对照的会盟盟文：左半藏文，横书，77 列，字体为有头字，字迹苍古，吐蕃时期藏文特点至为明显；右半汉文，直书，6 行，正楷字体，存 464 字。盟文中表达了唐蕃双方“再续慈亲之情，重申邻好之义”的共同愿望；重申：“今蕃汉二国所守见管本界，以东悉为大唐国境，以西尽是大蕃境土，彼此不为寇敌，不举兵革，不相侵谋封境。”盟文中还规定了有关“通传”“交马”“捉生”等方面所遵循的原则。盟文中还指出：“今社稷叶同如一，为此大和，然甥舅相好之义，善谊每须通传。”碑的南北两侧分别为唐蕃双方参与此次会盟的官员名单位次，列有唐朝官吏 18 人，吐蕃官吏 17 人，均为汉藏两种文体对照。东面碑阴为藏文盟辞，共 78 行，其内容为叙述唐蕃友好关系的简要历史和此次会盟经过及其意义。该碑为研究吐蕃职官、氏族、语言及唐蕃关系史的重要文物，亦是千余年来藏汉两族人民团结友好的信实物证。

多在附近。另外还有一座小昭寺，或云为松簪干布尼泊尔的妃子①所建，或云为金城公主（一云文成公主）所建，门东向，以示不忘故土。大小昭均金瓦红垣，极庄严，也极华丽。其外，有四大林、三大寺，在西藏政教上的地位，也十分重要。四大林是：功德林、丁吉林、策觉林、泽墨林，其呼图克图都有代理达赖的资格②。三大寺是哲蚌寺（有喇嘛七千七百人，在拉萨西南）③、色拉寺（有喇嘛五千五百人，在拉萨西郊）、噶丹寺（有喇嘛三千三百人，在拉萨东南，约一日马程），除其堪布可代表寺庙参与政治外，在西藏宗教及学术上握有无比权威。噶丹寺为宗喀巴大师所建，甘丹赤巴即驻锡于此，为黄教道统寄托处所（甘丹赤巴乃黄教的继承者，既非世袭，亦非转世，系由堪布中选举道行最高者担任）。

拉萨的人口无确切统计，但据估计约为五万人左右（包括英印尼泊尔不丹④等国的代表与商人，中央驻藏人员与内地各省旅藏人

---

① 尼泊尔的妃子（བལ་བཟའ་ཁྲི་བཙུན）：吐蕃时期泥婆罗的墀尊公主，亦作赤尊公主、尺尊公主。大昭寺为其所建。

② 四大林（གླིང་ཆེན་བཞི），指藏传佛教格鲁派四大活佛驻锡的拉萨四大寺院，清朝册封此四大寺院之大活佛为呼图克图（ཧོ་ཐོག་ཐུ），通常指功德林（ཀུན་བདེ་གླིང་། 又称永安寺，济咙呼图克图驻场）、丹吉林（བསྟན་རྒྱས་གླིང་། 又称广洁寺，第穆呼图克图驻场）、策墨林（ཚེ་སྨོན་གླིང་། 又称崇寿寺，策墨林呼图克图驻场）、锡德林（བཞི་བདེ་གླིང་། 又称凝禧寺，热振呼图克图驻场）。西藏地方自清乾隆二十二年（1757 年）七世达赖喇嘛格桑嘉措圆寂后，在灵童寻获至达赖喇嘛亲政前，多由四大林中拣选一名，经中央政府批准后担任摄政，又称“掌办商上事务”或“代理达赖喇嘛”，故四大林又被称为“甲波朱古”（རྒྱལ་པོ་སྤྲུལ་སྐུ），这一规定沿用至民国时期。也有人认为四大林应包括策觉林（ཚེ་མཆོག་གླིང），而“甲波朱古”中还应包括第珠（སྡེ་དྲུག）呼图克图。

③ 此处有误，应为拉萨东郊。

④ 不丹，即不丹王国，在梵语中意为“西藏的边陲”。不丹位于亚洲南部，是喜马拉雅山东段南坡的内陆国家，西北部、北部与中国西藏接壤；西部、南部和东部分别与印度锡金邦、西孟加拉邦、中国山南交界。9 世纪开始不丹成为独立部落，但仍深受藏族文化的影响。在清代汉文史籍中不丹称为“布鲁克巴”。18 世纪中叶，英国开始侵略不丹。1907 年建立不丹王国。1910 年英国迫使不丹同意在对外事务上接受英国的“指导”。1949 年 8 月，印度和

士），气候方面，则冬季严寒，亦少防冷设备，殊感苦痛；夏季无酷暑，最称宜人，达官富贵多在此时结帐于柳林中，彼此招请游宴，载歌载舞，共度此快乐的季节。

三、踏上归途

“正、二、三，雪封山；四、五、六，雨淋头；七、八、九，正好走；十、冬、腊，冻得爬。”这是西藏人对于喜马拉雅山中一年十二个月（以藏历为准与农历季节相仿）气候变化所说的口诀，而以七、八、九三个月（秋季）最适宜于旅行。

第十四辈达赖喇嘛坐床及其他公务均次第办理完毕，吴委员长乃决定于四月十四日离拉萨东还，时当藏历三月初六七左右，因不可能等到七八九的秋季再走，只好在那封山的积雪已融，淋头大雨未到的时期，踏上归途。

在西藏行旅也不是一件容易的事体，首先要解决的问题，便是交通工具。在西藏境内交通，商民可用钱自雇骡马及人工，公家则以极低的代价予以征用（吴委员长照市价加成给予），名为乌拉（包括马及服役的人）。用以征用乌拉的公文为马牌，由西藏地方政府噶厦所发给，征用乌拉数目，都加注明，何站到何站更换，亦有规定。其次为宿站问题，西藏境内无旅舍，由江孜至锡金，每隔十五英里左右便有英人所筑的台站一所供行人住宿（无食物供应）；在拉萨至江孜一段，则须借住沿途的民房，此一借住的支用公文，亦须由噶厦发给。再其次便为人食和马料的问题，西藏本地人吃糌粑（青稞制成），不产米面，米面都是由印度输入的，如果在途中要吃米面，便须备齐携带。菜蔬方面，除沿途可以买到少量的鸡蛋羊肉等物外，大量亦须先行准备。马料虽比较容易，但大批骡马，亦应先期通知各站准备。最

（接上页）不丹签订《永久和平与友好条约》，条约规定不丹对外关系接受印度的“指导”，印度每年给不丹50万卢比的津贴，印度在不丹政府和军队中派有顾问和教官。1971年9月不丹成为联合国成员国。

后便是关于炊具、食具、铺盖、衣服、用具（如防风及有色眼镜），必要的药物等等，都必须准备充足。大抵每一骡马可驮的重量为一百二十市斤，每一人所使用的骡马，平均约需三只，再加上公家的物品及达赖、热振与西藏地方政府带给中央的礼品，我们此次所需征集的骡马，实相当可观。而噶厦又派嘉渣代本（等于团长）率兵五十护送，其所使用的骡马，尚由其自行办理。

在各项准备均告完成后，乃如期（四月十四日）成行。当启程之日，天气晴朗，塞风不寒，人马浩浩荡荡于上午十时许经布达拉宫的前面，出西门进发，回首拉萨，不禁有依依之感！噶厦的四位噶伦（即大臣之意）率五品以上的官员，在数英里外距哲蚌寺不远的地方，设帐郊送。西藏驻拉萨的官兵数百人，列队于帐外的广场上。英国、尼泊尔及不丹代表，新疆、川康、云南及河北等省的旅藏同胞，都集此欢送，冠盖满山隈，鼓乐震原野，马声人声，混成一团，场面伟大，情况热烈，极一时之盛。

完成此一送行仪式后，吴委员长及所有行辕人员遂在嘉渣代本的护卫中循着来时的道路向西南前进。沿途地势较平，溪流纵横，柳岸村落，分布眼前，中经一座铁桥后，于下午五时左右到达首一宿站业当①，计距拉萨十七英里。

次晨七时由业当出发，越过冈底斯山脉一段崎岖的路程，狂飙走石，气候顿寒，下午二时许抵曲水（距业当二十五英里），下榻西藏前噶伦兼马基②（最高军事首长）擦绒③的住宅。宅为一西式平房，

---

① 业当（མཉེས་ཐང）：今西藏自治区曲水县聂唐乡，曾译作业党、涅当、聂当谿。“聂唐”系藏语译音，意为“喜悦坝”。聂唐乡位于曲水县驻地东北，此处有为纪念阿底峡大师所建的聂唐卓玛拉康（度母神殿）。

② 马基：藏语音译，藏文写作དམག་སྤྱི，司令员之意。

③ 擦绒，即西藏贵族之擦绒家族的达桑占堆（ཚ་རོང་ཟླ་བཟང་དགྲ་འདུལ། 1886—1959）。他本出身贫寒，却因十三世达赖喇嘛的特殊恩宠而入赘擦绒家族，由此步入仕途，平步青云。他于 1913 年 3 月被任命为藏军总司令，并享有札萨克称号，而他在财政和国际贸易方面的才能也令他极其富有。1914 年达桑札都被任命为噶伦，并全力以赴组织新的藏军。很长一段时间内他是除达赖喇嘛外西藏最有影响力的人物。但是后来达赖喇嘛对他的权势和财富产生了

虽不十分宽大，但颇雅洁可观，惟墙上髹[①]以烟草公司的广告画，未免减色。曲水海拔一万二千余英尺，居雅鲁藏布江北岸的河谷地带，南望喜马拉雅山，北倚冈底斯山，江水流经其前，风景绝佳；而农田罗列，桃李将花，尤为西藏很少看到的佳境。

在曲水休息一日，四月十七日晨六时出发，七时即抵雅鲁藏布江滨，风和日丽，水波不兴，令人精神为之一振。江不甚宽，上浮着木造的大船两只，等待接运两边过往的人马和物品（乌拉多到此为止，过江另换）。过江后，行约三小时即到冈巴拉山下来时所住的招待所（支用较大的民房）中，共行十五英里。晚仍下榻佛龛（西藏家家供佛）的下面，油灯闪烁，佛像庄严，别成一番境界。

四、山峻湖明

过冈巴拉岨的一山，是由北而南攀越喜马拉雅山的开始。为避免午后风大（山中经常如此）起见，晨五时即出发，山势陡峻异常，马都用着“之”字的步法，走了几步便停着喘两口气再走，步步上升，艰苦异常。我便伏在马鞍上，既不便回视，也不敢回视，费了三个多小时到了隘口的最高处（海拔一万五千英尺），向北俯瞰，则一线盘纡下与雅鲁藏布江相接；向南看去，则如一弯明月似的羊卓雍湖在万山之中展开。云飞足底，旭日临空，顿觉自身的伟大。

人马休息片刻后，又继续前进，但此时路系下坡，悬崖峭壁，难行更甚于前，经过两小时到达湖滨，宽敞的大道沿着湖的西边，向南伸展，水光山色，相映成趣，湖面上鸥鸟成群，载沉载浮，随行者歌声荡漾，马蹄踏着有节奏的韵律，令人心旷神怡，忘怀旅途的辛劳。

（接上页）疑虑，遂在 1925 年解除其藏军总司令的职务；之后达桑札都又于 1929 年在噶厦中遭到排挤，使他失去了噶伦之职。但是基于他雄厚的财力和过人的智慧，直到 20 世纪 40 年代，达桑札都在西藏政治中仍保持着相当大的影响。但晚年他追随西藏上层反动集团，在 1959 年参加了拉萨叛乱，担任武装叛乱总部的副司令，后于 3 月 22 日在布达拉宫被俘，并于同年死于狱中。

① 髹（xiū）：把漆涂在器物上。

下午二时许抵白地，遂做饭止宿，本日共行二十二英里。

白地是建在羊卓雍湖西的一座矮山上，凭高远眺，全湖尽在眼中。在西藏境内，湖泊甚多，通常分为北、中、南三湖群，而羊卓雍湖则为南部湖群中最大的一个，据说：骑马绕湖一周，需时八日。藏俗不食鱼，湖中游鱼充牣，同行者捕得数尾以助晚餐，肉虽较粗，但已属山中难以多得的美味。

次晨六时由白地循湖向西南前进，渐渐与明湖作别，十一时许至朗噶子止宿，共行十六英里。再次晨五时由朗噶子出发，预定行三十英里，至热隆住宿。午后天气转阴，复降微雪，继即狂风怒号，沙飞石走，于下午三时许才抵目的地，甚感疲困。

一夜休息，天气亦归正常，上午六时出发，沿山谷而行，路窄峡深，形势险要，亦军事上易于设防的所在，行十五英里至古西止宿。古西至江孜亦十五英里，晨五时出发，十一时到达。江孜宗宗本①（等于内地县长）及英国驻江孜商务委员②等都至郊外欢迎吴委员长，

---

① 宗本（རྫོང་དཔོན）：亦称为“宗堆”。旧时西藏地方政府派往各宗主管该地行政的地方长官。重要的宗可设两名宗本，通常是一僧一俗，或两人均为僧官，小一些的宗通常只设一名宗本，或僧或俗。宗本的官阶从七品至五品不等，任期通常为三年，少数为四年一任。宗本的职责为摊派差役，征收赋税，维持宗内社会秩序并审理本地区发生的民事案件。有的宗本特别是大贵族年轻子弟任宗本者，并不亲自到任，自己住在拉萨，而派一名涅巴（管事）到宗内代理。宗本在任内，所有供给全由本宗负担，有的宗拨给若干土地作为宗本薪俸地，派差民耕种，薪俸地收入扣除种地差民的工资外，一部分作为宗本的薪俸。宗政府设秘书（仲译）、康涅（管房屋者）、信差等办事人员管内务，每年亦有固定工资，另设佐扎、根布等地方头人管外务，负责征税派差等。因各宗内分布政府、贵族、寺院的庄园，农奴都有自己的领主或“列空”管辖，与宗政府的关系并不大，所以宗本行使职权往往要与各领主的代理人和地方头人协商，实权并不太大，事务也不很多。各宗征收的应上交地方政府的粮税，经宗本与地方政府派来的粮库官一起验收入库盖印封存，由宗政府负责保管，以备地方政府需要时调用。

② 英国驻江孜商务委员（British trade agent based at Gyantse），根据1904年“拉萨条约”英国派驻西藏江孜的外交官员职位。1904年侵藏战争后，英国未取得在拉萨设立常驻代表的权利。于是1904年6月26日印度总督寇松

时为四月二十二日。

五、高原驰骋

江孜海拔一万三千英尺，东北至拉萨，西至日喀则（后藏首邑），南至亚东通印度，绾毂前后藏，扼交通的要冲，次于拉萨、日喀则为西藏第三个大都会，于光绪三十年（一九〇四）开为对英商埠，英人驻有商务委员及军士二十五人。

在江孜休息两日，于四月二十五日再上征途。由江孜经扫冈（十五英里）、冈马（十四英里）、桑马打（十四英里）、噶拉（十四英里）、堆拉（二十五英里），阅六日而至帕里（二十三英里）。在这一百零五英里的行程中，地势都保持在海拔一万三四千英尺左右，帕里更高至一万四千七百五十英尺，其余除冈马一带有些是崎岖曲折高挂山腰的鸟道外，自噶拉以后，都是一望无际的平坦原野，如果称之为山上平原，似较妥当，不仅可以行驶汽车，而且可以起落飞机。这几天，我们每日都是黎明出发，时当农历三月下旬，皎皎的月光，洒在寂静空旷的原野上，更显得圣洁可爱，策马驰骋其中，几不知是置身绝塞，惟四围的雪峰高峙，寒气逼人，此次在桑马打至噶拉的途中，又遇狂风大雪，不无苦楚！

四月三十日抵帕里，当地官员及旅帕的内地同胞均至郊外迎接。帕里为西藏一宗（县），有百数十家聚居于此，远望如同堡寨，西通

（接上页）命令印度政府草拟了强迫西藏政府接受“拉萨条约”的要点：建议派代表常驻拉萨，如果不成则至少在江孜设置一名代表，并予以必要时去拉萨同西藏官员和驻藏大臣商讨事务的权利，增设江孜为通商地点，这样英国人可以随时深入拉萨活动。1904 年 7 月 26 日英国政府印度事务大臣布洛德里克复电英印政府赞成在江孜设立商务委员。1904 年 9 月，在英军炮口的威胁下，西藏摄政、噶伦、三大寺堪布等与荣赫鹏在“拉萨条约”上签了字，其中第二条规定：除 1893 年《中英藏印续约》所规定的亚东外，增开江孜、噶大克为商埠，按亚东之例办理。1940 年 4 月 22 日当天欢迎吴忠信一行的应该是桑柏夫（D. G. Thornburgh），他于 1940 年 2 月 3 日出任英国驻江孜商务委员。

尼泊尔，东通不丹，南通印度，在军事上关系重要。清代在此筑有炮台，于光绪三十年对英战败，遂遭拆除。帕里设有英人及西藏的邮电机构，印藏的往还邮电都以此为接递站。

帕里地高而近雪山，气候酷寒，空气稀薄而干燥，步行数步即喘，煮水不及百度即沸，同时饮水不洁（行旅须由前站带水至此），对于人身的卫生，殊多欠缺。

自朗噶子至此，由于地势太高，寒威特甚，而又雨水缺乏，风沙肆虐，故荒山环列，寸草不生，吴委员长因以“去藏东归”为题，成诗一绝云：“此来圆满东归去，全藏人民信佛深；满眼荒山无一物，有心有愿作甘霖。”盖一方称赞西藏同胞宗教信仰的虔诚，一方欲从建设着手，以发展西藏的经济，而裕其民生。

六、军事要区

五月一日上午五时由帕里南行，一日至噶乌（十七英里），再一日至亚东（十三英里），沿途都是危崖欲坠，峭壁嶙峋，而又系步步下降，状尤艰险，有时只得下马匍匐前进，惟恐失足，大有一夫当关，万夫莫入之概。再则涧流湍急，万壑雷鸣；狂风乍生，千山虎啸。人行其中，真是动魄惊魂，提心吊胆。

亚东海拔九千英尺。气候远较帕里为暖，苍松翠柏，绿柳红桃，已有春深的气象，到此胸襟为之一爽。

亚东为西藏南部通印的最要门户，无论在商务上或军事上都极端重要，清代曾于亚东北三英里下司马处设立海关监督及军粮同知①、

---

① 同知：明清时期的官名。同知为知府的副职，正五品，因事而设，每府设一、二人，无定员。同知负责分掌地方盐、粮、捕盗、江防、海疆、河工、水利以及清理军籍、抚绥民夷等事务，同知办事衙署称“厅”。另有知州的副职称为州同知，从六品，无定员，分掌本州内诸事务。康熙之后，一些派驻在外分管某一事务的同知，逐渐成为主持当地政务的实际长官，此区域遂为“厅”，是为“散厅”。这些散厅级别等同于州县，同知视如州县官，不再是副职。

武备游击①各一员，辛亥后归西藏地方政府接管。根据光绪十九年（一八九三）及三十年与英订立的条约，开亚东为商埠，英人得设商务委员并驻少数军队，因之，英人复以下司马为据点，将商务委员及军队都移驻该处，设立学校、医院、邮局，碧瓦红墙，俨然一近代的都会。西藏地方政府设有卓木纪巧②（藏名亚东为卓木，总管为纪巧）一员，驻于亚东，洽办来往通商的各项事宜。

在亚东休息一日，噶厦所派沿途护卫的嘉渣代本亦到此为止。五月四日晨七时出发，沿途风景秀丽，宛如旅行在江浙道上，惟弯弯曲曲的山路，究属费时费力，本日仅行七英里于十时许至春丕而止。英人向以由帕里、噶乌经亚东至此，名为春丕谷，因其气候及土壤均佳，而又为军事的要区。午饭后，忽雷声大作，山摇谷动，旋降冰雹，继以大雪，转瞬间万山皆白，这又是喜马拉雅山中特殊的变化，亦为宇宙间的奇景。

次晨，朝曦东升，雪光强烈，大家都戴上有色的眼镜（否则受雪光刺激易成雪盲），于六时许启程，积雪未消，又值大雾，在爬上拉图拉的最高隘口时，曾有同仁数位因滑落马，但幸未受伤。拉图拉（山）为西藏与锡金间的界山，最高隘口海拔一万四千五百英尺，过此便入锡金的国境。由拉图拉南下，雪已渐融，泥泞载道，行动至感艰难，迄十二时许到达昌谷，计行六个小时仅十二英里，其速度之低为从来所未有。

在昌谷住下后，吴委员长于辛苦之余，复成《再度喜马拉雅山》

---

① 游击：武职官名，始于汉代，汉武帝时设游击将军，统兵专征，职权颇重，东汉至唐沿置，唐、宋武散官中亦有游击将军。明沿边与要地驻军有游击将军，无品级，无定员，位次参将，统率边军一营三千余人以为游兵，主野战，秩武官正五品，其下有千总、把总、百总等官，明初多以功臣、外戚充任，分掌驻地防守应援，清绿营兵军官有游击，秩从三品，位次于参将一级，为将军、督、抚、提、镇分领营兵，也有充各镇中军官者。四川土司又有土游击。参考（清）黄本骥《历代职官表》，上海古籍出版社，2005 年。

② 卓木纪巧：藏语གྲོ་མོ་སྤྱི་ཁྱབ，亦写作卓木稽巧、卓木基巧，简称卓纪、卓稽、卓基，即亚东商务总管，详见笔者整理《周昆田随轺吴忠信行辕赴藏途中游记》中第 183 页关于纪巧的注释。

绝句一首："世界高峰喜马拉，征人过此苦辛尝；原来都是中华地，寄语同胞莫善忘！"良以历代而还，筹边事业最为辛苦，而西南国防，喜马拉雅山最为重要，绝不可以忽视，故吴委员长慨乎言之。

七、功德圆满

五月六日晨六时由昌谷出发，虽系下坡，号称险峻，但较之昨日，已易行多多，十时许抵德司马（十里铺）而止，计行十一英里。德司马海拔九千英尺，气候已较温暖，明日到达锡金的首都冈多（Gantok）即可结束马背生活，精神顿感轻松。乃至傍晚时间，忽霹雳数声，大雨如注，阵阵乌云像飞龙般的向高峰冲去，因受到阻碍，旋又卷而下垂，雨声随以加剧，狂风暴雷，震撼山岳，这种情景亦为平地生活者所少见到。

翌晨，天气晴朗，大家于六时许都挟着极愉快的心情，上马前进。德司马距冈多仅十英里，而须降三千英尺的高度，虽眼见冈多便在脚下，但走起来却不能立刻便到。好在锡金在此一段中已修筑了汽车路，这时虽尚未通车，但对于骡马行走，究已方便多多。惟在此段路上，有几处是傍着悬崖架起的栈道，下临万丈深渊，偶一不慎，便会葬身潭底，又不免令人怵目惊心。十时许抵冈多，英驻锡金行政官署已为吴委员长备有住处，随行人员多住招待所中，我驻印度总领事，今台湾省议会议长黄朝琴①先生亦来此与吴委员长相晤，因得悉

---

① 黄朝琴（1897—1972），台湾台南人，台湾著名政治家。1923年毕业于日本早稻田大学经济科，在日期间曾与友人创办《台湾民报》。之后前往美国伊利诺伊大学留学。1925年加入中国国民党。1926年获得政治学硕士学位。1928年起进入中华民国外交部侨务局，历任亚洲司科员、科长，驻美国旧金山、印度加尔各答总领事。1945年台湾光复后任外交部驻台特派员兼任台北市市长。1946年台湾省参议会成立，膺选为参议会议长，历任第一、二、三届临时省议会第一、二届省议会议长，先后达17年之久。此外，自1947年起出任台湾第一银行董事长，并先后担任台湾银行常务董事等职。1972年因病逝世。

国内外的军政情况，使久在藏中与世隔绝的我们，亦得略闻数月来世界的消息。

在冈多休息一日，遂乘汽车赴噶伦堡，路经两处山脚，天气炎热异常，旋渐次上山，复转凉爽，约四小时即行到达。吴委员长仍住邦达昌商号（西藏经营进出口生意最大的一家），大部人员则下榻英人（原籍锡金）麦克唐纳所开的喜马拉雅旅馆中。

噶林堡海拔四千余英尺，镇筑于一段山冈之上，有商店二百余家，并有旅馆、学校、医院、寺庙等建筑，水电设备俱全，环境清幽，风景秀丽，气候宜人，晨间云海苍茫，雪峰远峙，尤令人起种物外之感！喜马拉雅山第一高峰埃佛埃斯①虽杳不可见，但当天气晴朗

---

① 埃佛埃斯，即珠穆朗玛峰，民国时期亦称为“额菲尔士”，这是1858年西方人用印度测量局局长额菲尔士的名字命名的结果，但这一命名无论从政治角度还是历史角度来说都是无效的。早在1717年，清朝的康熙皇帝就组织政府官员和传教士们测绘了一张科学水平空前的全国地域版图——《皇舆全览图》，其中在绘制西藏地图时，即将当地藏族居民为该峰所取之名“珠穆朗玛”标注在原始测绘图上。地图绘制完成后，立即投置朝廷。但是，这样一份在当时走在世界前列的重要成果却长期被作为密件收藏在内务府，国人根本无从知晓，导致《皇舆全览图》并没有发挥它应有的作用。反倒是后来参与绘制地图的耶稣会士雷孝思将《皇舆全览图》送回法国，根据此图制作的《中国新图》遂在欧洲公开出版。1840年，英国人就是拿着这份《中国新图》用坚船利炮轰开了清王朝的大门，而此时《皇舆全览图》依然被锁在宫廷之中。

此后在1852年印度测量局勘得珠峰高度以后，时任英国统治的印度测量局局长，英国人额菲尔士，自称是珠峰发现者并以自己的名字命名，因彼时我国海内外地理教科书或基准地图，几乎都沿用“发现者有命名权”的国际惯例，所以在中华人民共和国成立前，珠穆朗玛峰即被殖民主义者篡改作“额菲尔士峰”或“埃佛埃斯峰”沿用，时间长达一百年（1852—1952）。直到1951年，著名地理学家王鞠侯，开始了为珠峰正名的工作。王鞠侯在故宫博物院查出了1717年原测绘地图的翻拍照片，有效核实了珠峰的地理、方位、高程、坐标等测绘参数精准无误，且图上确有藏语“ཇོ་མོ་གླང་མ”的原始冠名。不久，《人民日报》专题报道了他为珠峰正名所写的文章及考证核查情况，王鞠侯因此被学术界誉为“珠峰正名第一人”。1952年5月8日，中央人民政府内务部、中央人民政府出版总署向全国发出了《中央人民政府内务部、出版总

时，可见第二高峰（*应为第三高峰*）金城章嘉①披着缟素的上衣矗立于云霞之表，巍峨峻拔，洵属奇观。镇上居民有英人、印人及我河北、四川、云南与康藏人士，内地同胞国外相逢，尤觉亲昵。

在噶伦堡休息六日，于五月十六日乘汽车下山，至西里古里改乘火车到加尔各答，转道回渝，西藏之行遂在功德圆满的气氛下全部完成。

八、赘语

就笔者在西藏行旅中所得的印象：第一是每年宜于在山中活动的时期甚短，除七八九三个月外，非雨即雪，或冷得不可忍受；第二是山径艰险难行，峰峦重叠，机械化部队无法发挥威力；第三是西藏人口稀疏，物资奇缺，由外供应给养，良非易事；第四是交通运输的困难，即能修通一两条公路，运输量既小（不能行大车），亦易遭受破坏；第五虽在帕里一带地势平坦，可用作机场，但四围的环境不能配合，亦孤立无用，且高峰丛峙，飞机的侦察及轰炸，效力都微。

计由拉萨对外面的交通路线有八：①东经太昭②，昌都③到康

（接上页）署关于“额菲尔士峰”应正名为“珠穆朗玛峰”，“外喜马拉雅山”应正名为“冈底斯山”的通报》（以下简称《通报》，全文见本书第191页《周昆田随轺吴忠信行辕赴藏途中游记》中注释）。《通报》的发布，真正恢复了珠峰的原始冠名，结束了珠峰被外国殖民者长期任意篡改名称的屈辱史，珠峰正名也彰显了新中国在行使国家主权上的坚决态度与强大力量。

① 金城章嘉，藏语为གངས་ཆེན་མཛོད་ལྔ，即干城章嘉峰（英文为Kangchenjunga或Kanchenjunga），也作康章忠格峰，藏语和锡金语意为“雪中五宝”，这是从它有五个峰顶而得来，并且其中四个峰顶的海拔在8400米以上。干城章嘉峰海拔8586米，是世界第三高峰，属于喜马拉雅山脉，位于尼泊尔和印度边界，也是全世界14座8000米高峰中，位置最东的一座。

② 太昭（ཀོང་པོ་རྒྱ་མདའ）：在今西藏自治区工布江达县境内的尼洋河和从金达流来的河水汇合处，今工布江达之西北。现为太昭村，藏语称之“工布江达”。从唐朝和吐蕃联姻开始，西藏与内地的联系就日益密切，军旅客商往来不绝。元朝时，太昭始建驿站，到了清朝末年政府在此设立了太昭宗（即太昭

定[4]；②东北经黑河[5]，玉树到西宁；③东南经科麦[6]（桑昂）而到德钦[7]、大理[8]；④西南经日喀则向北由布喀托罗海[9]，或西经噶大克[10]向北由罗多克城[11]而至于阗[12]；⑤西南经亚东、锡金而至噶伦堡；⑥西南经日喀则、聂拉木[13]而至尼泊尔；⑦南经春堆[14]而至不丹；⑧东南沿雅鲁藏布江河谷、经多旺[15]而至印度阿萨密省[16]。在上列八条路线中，据一般说来，以第五条亦即笔者本文所写的一条最为易走，其最易走的尚且如此艰苦，其不易走的当更可以想象其困难。

（接上页）县），治所于此。据记载，当时太昭称为江达，人口众多、市镇繁华、店铺林立，有著名的小八角街和四座香火鼎盛的庙宇，并设有宗政府、粮仓、学校、邮局、旅馆、饭店、金银加工店、裁缝店、刑场等，藏、汉、回等民族和尼泊尔客商来此经商交易，各地的商品也能够顺畅流通，当地藏族甚至开始与其他各民族通婚。太昭成为当时西藏的重要商业文化中心。清末民初，江达更名为太昭，管理着东起巴河镇、西至米拉山、北至娘蒲乡的广大地域。与雪卡宗、角木宗、孜拉宗等三宗，一同构成著名的“工布四宗”。自古内地通往西藏有四条路——青藏西道、青藏中道、青藏东道、川藏驿道，除青藏西道以外的三条路都要经过太昭，因此太昭也是清末西藏经济、文化、军事、交通的重镇。

③ 昌都（ཆབ་མདོ）：今西藏自治区下辖地级市，地处横断山脉和三江（金沙江、澜沧江、怒江）流域，位于西藏东部，处在西藏与四川、青海、云南交界的咽喉部位，是茶马古道的要地。昌（ཆབ），为水的敬语词；都（མདོ），是汇合处、岔口的意思。昌都，实指澜沧江的两条河源扎曲和昂曲的汇合口之处。曾译作察木多、羌木多、昌多。曾为昌都宗。以昌都为中心，东与四川省隔江相望，东南面与云南省德钦县接壤，西南面与西藏林芝市毗邻，西北与西藏那曲市相连，北面与青海省玉树州交界，西望西藏自治区首府拉萨，处在商贸往来的枢纽地位，素有“藏东明珠”的美称。昌都市古称“康”或“客木”，以区别于卫、藏、阿里等地区。唐代，昌都为吐蕃的一部分，13 世纪中叶元朝将西藏地方正式纳入中央政府行政管辖之下后，在昌都和四川甘孜设置了朵甘思宣慰使司都元帅府。明朝（1368—1644 年）时藏传佛教格鲁派兴起，其影响逐渐深入康区，在昌都形成若干呼图克图——大活佛转世系统。明朝政府在此设置了朵甘都指挥使司，委任各地的部落酋长和各大头人与寺庙的大喇嘛管理。明末蒙古和硕特部固始汗击溃白利土司后，昌都也受到固始汗的统治。清朝（1644—1911 年）在这个地区封委了一些大活佛和土司各辖其地，受驻藏大臣和达赖喇嘛的管理。清朝还在昌都设立了粮站，委派粮台、游击等

文武官员驻守昌都，并从四川、云南派有制兵130名驻扎昌都，传递谕旨奏折，保护昌都寺大活佛和粮台。1908年，赵尔丰被任命为驻藏大臣兼边务大臣，同时在昌都推行改土归流。1913年西藏地方政府在昌都设立了地区一级的行政机构，称为“朵麦基巧”（意为昌都总管），由一名噶伦主持昌都地区的军政事务。1939年西康省成立，昌都地区属西康省辖地。1950年10月19日，昌都解放，1951年1月1日正式成立由政务院领导的具有统一战线性质的过渡性政权机构——中华人民共和国昌都地区人民解放委员会。1956年4月，西藏自治区筹委会成立，9月，设立昌都“基巧”办事处，昌都地区正式划归自治区筹委会管辖。1960年1月22日，正式成立昌都专员公署。1970年昌都专区改为昌都地区，地区驻昌都县。1978年11月设立地区行署。2013年11月，西藏自治区人民政府向国务院正式上报《关于撤销昌都地区设立昌都市的请示》，2014年10月，国务院批复撤销昌都地区，设立地级昌都市。

④ 康定（དར་མདོ）：今四川省甘孜藏族自治州州府康定市，位于四川省西部，甘孜藏族自治州东部，地处四川盆地西缘山地和青藏高原的过渡地带，地势由西向东倾斜，是川藏咽喉、茶马古道重镇、藏汉交汇中心。自古以来就是康巴地区政治、经济、文化、商贸、信息中心和交通枢纽。康定系汉语名，因丹达山以东为“康”，取康地安定之意，故名。藏语称康定为“打折多”，意为打曲（雅拉河）、折曲（折多河）两河交汇处。旧史曾译作“打煎炉”，后通译“打箭炉”，简称炉城。古为羌地，三国蜀汉称“打箭炉”，清雍正七年（1729年）置打箭炉厅；雍正十一年（1733年）置打箭炉厅，设同知。光绪二十九年（1903年）升为直隶厅，隶建昌道，三十四年（1908年）改为康定府。1913年，设康定县，属川边特别行政区。1939年，西康建省，省会即设在康定。1950年，属西康省藏族自治区，康定为西康省藏族自治区人民政府驻地。1955年，属四川省甘孜藏族自治州，康定仍为州府驻地。2015年2月，经国务院批准，同意撤销康定县，设立县级康定市，以原康定县的行政区域为康定市的行政区域。

⑤ 黑河（ནག་ཆུ）：今西藏自治区那曲市，地处西藏自治区北部，因怒江上游的那曲河流经境内而得名，藏语意为“黑色的河流”。曾译作纳曲卡、那克楚、那曲卡，为藏北的交通枢纽。在明清时期曾名“喀喇乌苏”（蒙古语“黑河”的译音）。民国时期设有那曲宗（黑河宗），民国三十一年（1942年），噶厦地方政府设立绛曲基巧（相当于今天的地级市），管辖藏北牧区和拉萨以北的14个宗，那曲宗即为其中之一。1950年10月，昌都地区和那曲地区东部首先获得解放，而那曲的中部和西部地区仍由绛曲基巧管理。1953年1月，中国共产党西藏工作委员会黑河分工委成立。1956年10月，西藏自治区筹备委员会设立黑河基巧办事处，那曲宗即隶属那曲基巧办事处管辖。1960年1月，经国务院批准，正式将“黑河专区”改名为“那曲专区”；2月，黑河专

员行政公署成立。1965 年 1 月，黑河专员行政公署更名为那曲专员行政公署。1970 年 7 月，那曲专区改称那曲地区，那曲县由那曲地区管辖。2017 年 7 月 18 日，国务院下发了《关于同意西藏自治区撤销那曲地区设立地级那曲市的批复》的文件。2018 年 4 月 25 日，西藏自治区那曲地区正式公布撤地设市，5 月 7 日，那曲市举行撤地设市挂牌仪式，那曲市从而成为西藏第六个地级市。

⑥ 科麦：地名。在今西藏自治区东部。东跨怒江，西倚觉聋山，北以察洼降山顶与昌都为界。康熙五十九年（1720 年），岳钟琪至昌都收复喀木以南数十部落，差成都同知、四川提标游击黄善材往勘其地，划归昌都呼图克图管辖。雍正四年（1726 年），赏与达赖喇嘛为香火地，藏制设正、副营官，复设左贡协儆、冷卡协儆、昌易协儆，归营官管辖。宣统元年（1909 年），川军入藏，西藏地方于此调兵抗阻川军。经新军后营程凤翔征讨，收复该地。1913 年以清末桑昂委员辖地设科麦县。1950 年撤销，并入桑昂曲宗（གསང་སྔགས་ཆོས་རྫོང）。1960 年改桑昂曲县，1966 年又改名察隅县。

⑦ 德钦（བདེ་ཆེན）：今云南省迪庆藏族自治州德钦县，位于云南省西北部，藏语意为“极乐太平”。德钦原名阿墩子，1935 年以“德钦林”（林：藏语，意为寺院）之音，改称德钦，同时改设治局获批，更名为德钦设治局。1950 年 5 月 20 日，德钦设治局人民政府成立，隶属丽江专区。1952 年 11 月 21 日政务院批准：撤销德钦设治区，设立德钦县藏族自治区。1956 年 9 月 11 日国务院全体会议第 37 次会议决定：设置迪庆藏族自治州，德钦县藏族自治区属迪庆州。迪庆州成立后，将德钦县藏族自治区改为德钦县。1957 年 9 月 13 日，迪庆藏族自治州、德钦县正式成立。1957 年，划出维西县第六区，建立奔子栏办事处（县级），直属于迪庆藏族自治州。1959 年 5 月 11 日，撤销奔子栏办事处（县级），划归德钦县。主要居住民族是藏族、傈僳族。县境内有以金沙江、澜沧江为主的两大水系。

⑧ 大理：今云南省大理市，大理白族自治州的地级行政区首府，地处云南省西北部，横断山脉南端，云贵高原上的洱海平原，苍山之麓，洱海之滨，是一个依山傍水的高原盆地。历史上曾为南诏国和大理国的都城，作为古代云南地区的政治、经济和文化中心，时间长达五百余年。大理国在历经了 316 年后，于 1253 年，为元世祖忽必烈亲征所灭。1274 年，元朝为便于统治，在押赤城（又名中庆路，今云南省昆明市）设置了云南行省，同时设立大理路及太和县，隶属于云南行省。从此云南的中心城市便由大理转移到了昆明。1381 年，明军攻占大理，大理路改为大理府，仍治太和县，并筑新的府城，即今大理古城。1659 年，清军攻入云南。清代沿袭明制。1856 年（清咸丰六年）爆发云南回民起义，建立杜文秀穆斯林政权，控制云南大部分地区。中华民国建立后，裁撤大理府，太和县则改名为大理县。1950 年析置下关市，1983 年，

下关市与大理县合并设立了县级大理市，现为大理白族自治州的州府驻地。

⑨ 布喀托罗海：陈健夫所著《西藏问题》（1937 年台北商务印书馆出版）一书中也提到西藏到新疆的路线中，是由拉萨入后藏，即过“布喀托罗海”向北进入新疆的。“布喀托罗海”为蒙古语 buq-a tologai 之译音，“布喀”在蒙古语中为“种牛”“牤牛”之意，“托罗海”为“头”之意。因此字面上看应理解为“牤牛丘”或“牛头山”，所以“布喀托罗海”应是西藏至新疆途中某一山脉的名字。后笔者询问中国社会科学院中国边疆研究所的张永攀老师，他帮忙查找了很多文献资料，在《清稗类钞》中记载：西藏界巴颜喀拉山衍为六七支，其中一支为“奇尔萨托罗亥山”（汉名牛头山），可见清代确有“海”“亥”相同者。再如青海有“察罕托罗海”，又作“察罕托洛亥”，“察罕”为“白色”，“托洛亥”为“头”，意译为“白云山”。亦名察罕城。位于青海省哈拉图西，南滨倒淌河。康熙帝亲征噶尔丹，遣使宣谕青海诸部，即会盟于此。雍正元年（1723 年）青海罗卜藏丹津叛乱，亦于此诱聚诸部落。

那么，“布喀托罗海”确实可能和牛头山有关，但清代叫牛头山的地方很多，在于阗附近确实有牛头山，但其是一个小山头，应该不是所言“布喀托罗海”。在青海也有牛头山之类，但感觉方位也不对。孙中山先生在《建国方略》里提到西藏到新疆的火车规划线路，即拉萨于阗线时写道：“此线起自拉萨，循宙、洪两线之轨道，至腾格里池之西南角。于是由其本轨向西北前行，经隆马绒、特布克托罗海与四、五处小地方，至萨里。过萨里后，此线即通过一大幅无人居之地，至巴喀尔与苏格特。横过山岭，遂由高原而下，经索尔克，至塔里木河流域之雅苏勒公，在此与西北铁路系统之车尔城于阗线合轨，前行至于阗。此线共长约七百英里。”这里所提到的“特布克托罗海”，应为新藏交通的要地。所以，“特布克托罗海”极有可能就是“布喀托罗海”。由此可知“布喀托罗海”的基本方位应该在阿里、阿克赛钦周围。张永攀老师在查阅 1910 年出版的斯文赫定所著《西藏探查记》时发现，其中记载斯文赫定在从克什米尔前往西藏时，曾经提到藏北有山系“布喀蔓克那山脉”。斯文赫定提到，“布喀蔓克那山脉”的意思即“野生牦牛头体”之意。综上可以推测，布喀托罗海、特布克托罗海、布喀蔓克那山脉应该为同一山。故此，在查阅了不少资料后，虽略有收获，但依然不明确布喀托罗海是今何地，笔者期待对于此问题学界能有进一步的研究与探讨。

⑩ 噶大克（སྒར་ཐོག）：又名噶尔渡或加托克，即今西藏阿里地区噶尔县东南噶尔雅沙（སྒར་དབྱར་ས），为西陲交通要地。藏语意为夏宿营地，因西藏地方政府派兵攻退了克什米尔森巴军队的入侵后，为巩固国防屯兵于噶尔，因此该地就引申为兵营、驻军队的地方，噶尔雅沙亦由此而得名。清光绪三十年（1904 年）与英国签订的“拉萨条约”中规定开江孜、噶大克及亚东为商埠。

⑪ 罗多克城：亦作鲁多克城。《清一统志 · 西藏》载阿里诸城：鲁多克城

“在喇萨西北二千九百三十余里”。即今西藏阿里地区日土县（རུ་ཐོག་རྫོང）。日（རུ），藏语为枪叉支架意；土（ཐོག），为顶、上部之意。日土，实指当地的一座小山，形如藏族使用的长枪上安装的枪叉支架顶。又译作如妥、路多克、卢多克、日托（宋）、茹拖、罗多克喀尔、如朵宗（清）。1751年，清朝中央政府在西藏建立地方政权噶厦制度，日土为阿里噶尔本统治下的一个宗，实行政教合一的封建农奴制度。西藏和平解放前，日土为西藏地方政府所辖，相当于县级行政单位，隶属于噶尔本领导，称为日土宗，历任宗本均属噶厦委派，一般实行三年轮任。日土宗下辖4个措本、14个头人区。日土宗又分为宗政府和拉让两个机构。宗政府官员由噶厦从拉萨直接委派。拉让设堪布，由拉萨色拉寺委派。西藏和平解放后，1956年11月，成立日土宗办事处及其党委。1960年1月，成立日土县委员会，同时组建日土县人民政府。1961年3月，正式设立日土县，由新疆维吾尔自治区管辖。1978年，日土县由新疆划归西藏自治区，隶属阿里地区管辖，县人民政府驻日土。1983年10月，日土县政府迁往德汝昆孜。

⑫ 于阗：指今天新疆和田地区，古称于阗，藏语意为“产玉石的地方”，位于新疆维吾尔自治区西南部。公元前60年，汉武帝驱逐匈奴，建立西域都护府，管辖西域36国。当时的于阗国，就囊括了阿克赛钦以及拉达克的北部地区。魏晋时期的于阗即相当于今天的和田地区的范围，并与祖国内地保持着密切的关系。清初，改于阗为和阗。1920年，设和阗道。1928年改和阗道为和阗行政区，设行政长官公署。1943年，改和阗行政区为和阗专区，设行政督察专员公署。1950年，设立和阗专区专员公署。1959年9月，改和阗为和田。1971年6月，改和田专区为和田地区。1977年，建立和田地区行政公署。1979年，建立和田行政公署。1983年9月，国务院批准设和田市，属和田地区管辖。截至2015年，和田地区共辖8个县级行政区，包括1个县级市、7个县，分别是和田市、和田县、墨玉县、皮山县、洛浦县、策勒县、于田县、民丰县。

⑬ 聂拉木（གཉའ་ལམ）：今西藏自治区日喀则市聂拉木县，藏语意为“颈道”，曾译作尼雅拉木、聂朗、聂浪，又曾写作聂拉宗。清乾隆十六年（1751年）设立聂拉木宗，属阿里辖区。1960年正式设立聂拉木县，划归日喀则地区管辖。2014年日喀则撤地设市，聂拉木县属于日喀则市。

⑭ 春堆（ཚོང་འདུས）：“春堆”系藏语译音，意为集会、市场。这里所说的春堆即《汉藏史集》中所记载的色玛春堆商市。《汉藏史集》载：“（年楚河流域）藏岗札喀以上……中间有一处大商市，叫做色玛春堆，后来迁到格乃宁地方。”色玛春堆在年楚河上游，是当时的大商市。原先在江孜和浪卡子之间的色玛地方，后来迁移到江孜和康玛县之间的格乃宁地方，是在江孜到山南和江孜到亚东的商道上。此集市后来位置又发生变化。《后藏志》载：“大集市

从前在江若萨玛，嗣后集中到乃宁，现今年堆、年帕二地区的集市都集中在白居寺。”此处“江若萨玛”集市即“色玛”集市。

⑮ 多旺：今西藏山南市错那县达旺（རྟ་དབང）地区，位于县驻地以南，藏语意为“马头神灌顶处”。达旺地区属于藏南地区的门隅地区，是六世达赖喇嘛仓央嘉措的故乡，也是门隅地区的宗教、文化中心，是藏南地区开发较早的富饶之地。达旺地区自古以来就是西藏的一部分，1681 年，五世达赖喇嘛阿旺罗桑嘉措下令在此地建立达旺寺，此地从此成为藏传佛教圣地，由西藏地方政府长期进行有效管辖，但此地目前却被印度非法占领。中印这段争议始于1914 年的西姆拉会议，英国全权特使威廉·亨利·麦克马洪在会上提出“麦克马洪线”为西藏和英属印度之间的边界，该线将达旺等地割与英国。后来英代表签字同意该线，与会的藏代表夏扎亦表同意，中国议约全权大臣陈贻范则因中央政府反对而没有签字。中国的观点是，西藏是中国的一部分，不是一个主权独立的国家，因此西姆拉会议条约只能算单方签字（即英国），应视为无效。中国所坚持的是中印传统界线，不承认印度在达旺地区的合法性。1951年2 月，印度军队侵占达旺，用武力赶走西藏地方政府派驻的官员，向当地居民宣布“达旺从此被置于印度的行政管辖下”。1954 年，印度在该地成立了东北边境特区。同年出版的印度官方地图，首次把“麦克马洪线”从 1936 年以来注明为“未标定界”改为“已定界”。1962 年中印爆发边境战争，中国在战争中取得全面胜利，但在战后撤退回实际控制线。1963 年达旺又被印度占领，时至今日，非经特别许可，印度政府严禁外人进入达旺地区。

⑯ 阿萨密省：今印度阿萨姆邦（Assam），位于印度东北部山区，毗邻中国西藏、缅甸和孟加拉国。阿萨姆是傣族的别称，最早记载于我国玄奘法师编著的《大唐西域记》中，称为“迦摩缕波国”，玄奘曾经受邀当地国王拘摩罗到该国讲法。1228 年，缅甸东北部、中国云南一带的傣族越过阿萨姆东部山脉，征服了迦摩缕波国各部族，建立了阿萨（豪）姆王国，并在此后的600 年间盛极一时。1826 年第一次英缅战争结束后，英国殖民者进入阿萨姆地区，迫使缅甸签订《杨达波条约》，将阿萨姆割让给英国，英国派总督进行管理。从此，结束了傣族对阿萨姆地区长达600 年的统治。之后，阿萨姆成为英属印度的一个省。1947 印度宣告独立后，阿萨姆成为印度的阿萨姆邦。

论述

一

高长柱筹边思想及边疆事务论著概述

一、高长柱生平及其著作简介

高长柱（1902—1975）①，字石辅，安徽全椒章辉集人，地主家庭出身，1917年毕业于全椒县第二高等小学校，后又毕业于安庆第一中学校，继在日本士官学校步兵科毕业，回国后任职于国民政府的军政两界。1920年至1937年的十余年间，高长柱曾任连长、参谋科长、河北军事政治学校少校大队长、国民讨逆军第九军中校参谋、第四师上校军官连连长、参谋本部上校参谋、军委会北平分会参谋团上校参谋、新疆宣慰使署上校参谋。1934年高长柱出任参谋本部上校参议时，曾作为黄慕松致祭十三世达赖喇嘛专使行署成员（任副官），随其入藏办理相关事宜。② 抗日战争初期，九世班禅到南京时，

① 民国档案中关于高长柱的生卒年未见记载，但高长柱的讣闻记载："蒙藏委员会委员高公长柱府君恸于中华民国六十四年六月二十七日上午八时十分因病寿终于台北市三军总医院，即日移灵台北市民权东路市立殡仪馆。距生于民前十年农历八月二十一日寅时，享寿七十有四……择于六十四年七月二十日（星期日）上午八时在该馆景行厅家祭，八时二十分大殓，九时起公祭，十时五十分发引，安葬于台北市六张犁安顺公墓。"依此讣闻可知其生卒年。

② 郭卿友编著的《民国藏事通鉴》及中国第二历史档案馆、中国藏学研究中心合编的《黄慕松 吴忠信 赵守钰 戴传贤奉使办理藏事报告书》中均有关于高长柱1934年随同黄慕松入藏致祭十三世达赖喇嘛的记载。

高长柱奉蒋介石命令率一个旅护送班禅回藏，被委任为特派护送班禅回藏专使行署的少将参军。先后担任蒙藏委员会调查室主任、代藏事处处长，及行政院派驻西藏参议（因诸多原因最终未成行）、西北调查国防专员等职，后又派驻蒙古任特使。1940 年高长柱被分至大别山区立煌（金寨）县任安徽省党政军干部人员训练班副教育长、兵役班主任。1941 年任安徽省军管区少将参谋长，不久升中将。后又任豫鄂苏鲁边区司令部中将高级参议、军委会中将参议。1942 年任安徽军管区特别党部书记长，为当时的安徽省主席李品仙手下的“五虎上将”之一。1943 年与李品仙反目，投靠蒋介石嫡系汤恩伯，在淮北临泉任陆军第十八补训处处长，陆军暂编独立第五旅旅长。1947 年任国防部中将部员、高级参议。1948 年 2 月任蒙藏委员会委员，安徽省旅京同乡会干事长（安徽人组织的倒桂系李品仙的组织）。8 月 4 日全椒县竞选国大代表，高长柱散发“敬告全县各界书”，勒索地方钱米以收买选票。新中国成立前夕，又伙同陈祖禹等人将全椒地方公米数千石运往南京出售瓜分。1949 年 10 月新中国成立后，高长柱由广州逃往香港。1950 年在港建立“苏浙皖鲁边区军政督导公署”特务组织，网罗逃亡军官，不断向大陆派遣特务，自任主任。1951 年至台湾任国民党“国防部”中将部员及“行政院”设计委员等职。1975 年去世。

高长柱精通日语和蒙古语，又因其多年从事军政事务和边疆事务，故有所著述。其中关于军政方面的著述有《最新战术原则图表解》《中国战后国防论》《中国战后国都论》等八种；关于西藏的著述有 1938 年所作《奉命赴藏途中日记》、蒙藏委员会边情资料辑之一《西藏概况》（于右任题，台北明星印书馆印刷，1953 年 12 月）；关于边疆事务的著述有《边疆问题论文集》（正中书局印行，1941 年 4 月初版，1948 年 1 月沪一版）、《边疆与国防》（蒙藏委员会编印，1961 年 6 月）、《中国边疆志》《战后边疆建设》等八种；关于民族方面的著述有《中华民族之风俗与生活》。另，高长柱在 1946—1948 年间曾担任由贵州省政府边胞文化研究会主办的民族类刊物《边铎月刊》社副社长兼汉文总编辑。

二、高长柱关于边疆事务的四部著述

（一）《奉命赴藏途中日记》

1937 年 10 月 25 日，高长柱从青海玉树取道入藏，接任蒋致余驻藏参议一职，虽因种种原因终未成行，但其入藏过程仍有重要意义。特别是他在赴藏途中所著的《奉命赴藏途中日记》，为中国边疆问题研究的第一手重要资料。该日记从 1938 年 4 月 16 日起始，至 12 月 15 日结束，日记记载了这 8 个月间高长柱从玉树出发，经过长途跋涉，历经艰难险阻，取道入藏的过程。虽在驻藏参议蒋致余先行离藏以及西藏地方政府借抗战之紧迫形势蓄意拖延等原因①的共同作用之下，高长柱入藏一节终究搁浅，但是他在日记中记录了与当时重要的涉藏要员、知名人士交涉的信件及谈话内容，另外还有大量与中央政府及西藏地方政府往来文书等重要历史文献资料，颇有学术价值。更为重要的是，依据这部日记，我们可以从中理清高长柱筹边思想的大致脉络。

高长柱赴藏期间，国内正值全面抗战爆发的初期，民族存亡之际，物资匮乏，需求倍增，但当时所有海岸均被敌人封锁，西南西北之陆路交通顿遭威胁，高长柱认为想要得到国外军用物品的便利接济，应该迅速设法开辟印藏交通，如获实现，不仅长期抗战后方物资无形中得以解决，并可以借此促进汉藏关系，入藏问题亦可迎刃而

① 高长柱在《奉命赴藏途中日记》中记载了未能入藏原因，兹摘录如下："职前拉休寺时，蒋参议电赵专使谓将不顾一切离职而去。职当即答呈赵专使电请蒋参议留待，复转呈钧、政院电饬制止。讵料蒋参议未能遵照，既不俟职入藏将接替事办妥，复不俟职由昌都出发后，遽尔南返，致驻藏人员中断，交涉无人。藏方即藉此机会，拒职入藏，企图达到撤销驻藏办事处之目的。窃查藏方过去对黄专使之设立驻藏办事处，早非所愿，每欲设法请求中央撤销之，而苦无机可乘，再者我方京沪陷敌，藏方观望战事，藉词婉阻，蓄意拖延，此亦为原因之一。然二者仍以蒋参议事先离藏之影响为尤大也。"参见中国第二历史档案馆、中国藏学研究中心编《中国第二历史档案馆所存西藏和藏事档案汇编》第四十七册，第二三八、二三九页，中国藏学出版社，2016 年。

解，对于战时战后，皆有莫大裨益。遂高长柱与全体赴藏职员研究讨论，草拟了《速辟印藏国际交通线意见书》，对于路线情形，各职员集思广益，各就所知详加补充，由蒙藏委员会藏事处科员邓宪武、邢耀德记载，并将站程详加校对，再由科员吕志平绘成平面略图与意见书一同呈送中央核议。

在入藏中阻之际，高长柱深感要担负筹边重任，为国效力，需努力钻研边疆问题以具备一定专业知识的重要性，同时职员与卫士亦应具备有问即答的素养与下级干部的能力。为此遂有其后来编著的《边疆常识问答二千题》。他在四月二十五日的日记中写道："俚云：'学无止境。'何况吾人年轻力富，正可埋首读书，为将来效力国家之用。须知抗战结束之日，即为筹边开始之时，吾辈如无专长，何能负此重任。希各努力学业，先作准备，而职员最低亦须有有问即答之知识，即卫士亦须有下级干部之能力。"①

除西藏外，在日记中还可见高长柱对西北国防以及开发青海重要性的关注，加之高长柱曾在考察边情时深入过新疆与蒙古，故对治理新疆、蒙古等边地的政策也有涉足。他在六月五日的日记中写道："从五月十五日起，至六月一日计完成西北国防重要及开发青海之我见二十篇，现正编著班禅大师回藏及对藏政策之刍见，约于十五日完成。俟脱稿后，从事编著新疆、蒙古两部。"②

在六月十四日的日记中，高长柱也表达了其为国防筹边计划而决心致力于边疆事务的愿望："长柱鉴于抗战失利成分少，决心努力边事，上报上官厚遇及友好如诸兄之眷爱，八月来除已完成边疆问题论文题三十六篇，携呈核准发行外，并拟成国防筹边计划八篇，拟于短时间内派员送呈。如入藏无望，决心将前者所拟边疆常识问答二千题

---

① 中国第二历史档案馆、中国藏学研究中心编《中国第二历史档案馆所存西藏和藏事档案汇编》第四十七册，第二三四页，中国藏学出版社，2016年。

② 中国第二历史档案馆、中国藏学研究中心编《中国第二历史档案馆所存西藏和藏事档案汇编》第四十七册，第二九五页，中国藏学出版社，2016年。

并行发表，以尽国民天职而报国家厚恩……”① 同时在该篇日记中也提出了解决边疆事务的计划命题，亦摘录如下：

兹拟解决边疆问题计划题如下：

（一）开发青海之目的及其意见；

（二）整理新疆与国防；

（三）整理陕甘经济交通与开发西北；

（四）班禅大师回藏（包括灵榇）与解决西藏问题之刍见；

（五）速辟印藏国际交通线之意见；

（六）收复东北后之国防建设；

（七）整理康藏界务之意见；

（八）外蒙古之收复对策及国防建设；

（九）云南建设之步骤与缅甸界务解决之管见；

（十）内蒙古建设之目的及步骤；

（十一）开发海南、玉树二十五族之目的及其意见；

（十二）开发拉卜楞之目的及其意见；

（十三）移民实边之目的、实施之步骤；

（十四）解决西藏问题与对英政策；

（十五）开发边疆交通之重要性及实施步骤；

（十六）抗战结束后筹边之重要性及实施步骤；

（十七）调和全国民族之刍见；

（十八）中国国防政策与筹边。②

高长柱在七月三日的日记中再次强调了筹边事务的重要性以及身为一名军人不能参加抗日效命疆场的遗憾，并表达决意入藏的心情：“本人亦编著边疆常识问答二千题，及边疆论文三十余篇、国防政策等，以供国人有志疆边之参考，精神稍觉安慰。本人出身军旅，不能

---

① 中国第二历史档案馆、中国藏学研究中心编《中国第二历史档案馆所存西藏和藏事档案汇编》第四十七册，第三二四页，中国藏学出版社，2016年。

② 中国第二历史档案馆、中国藏学研究中心编《中国第二历史档案馆所存西藏和藏事档案汇编》第四十七册，第三二五、三二六页，中国藏学出版社，2016年。

参加抗日，盖男儿不能效命疆场，为国出力，实堪羞耳！然抗日为目前急要，而筹边亦刻不容缓，决本中央意志，据理驳斥，以期达到入藏目的。”①

然而由于各种阻挠纷至沓来，入藏滞留途中以及经费问题迟迟不能得到解决，高长柱在七月十一日的日记中已有决定东返内地参加抗战之意，但关于抗日军政方面著作及筹边事宜仍笔耕不辍：“余近工作概况：（一）边疆论文已成三十篇，日记约十五万言，由王科员德基携呈中央鉴核。（二）关于筹边计划，已成青海、西藏、甘肃、拉卜楞等四篇，约十万言。现决计东返，参加抗战，以尽军人天职、国民义务，惟五年来编著《最新战术原则图表详解》《最新步兵动作绘图详解》及《步操典纵与横之研究》，为时已久，似有改正之必要，并参《世界大战史》战例及吾国应择抗日之方针，编为三项，期于两月内完成：

（一）抗日战术之研究。

（二）世界大战于吾人之教训。

（三）阵地战之研究。

以上三项完成后，拟着手下列工作：

（甲）战术之温习。

（乙）应用战术之研究。

（丙）近代武器发展之概述。

（丁）统帅之研究。

以上数项，期于二月内完成，在上述各项未研究透彻时，决不另看别书，并不以小故而中辍。”②

对于边地政事，高长柱不失为一位高产作者，论著颇丰，中央未派其赴藏之前，已有诸多关于边疆问题的著述发表在各类刊物上。在

---

① 中国第二历史档案馆、中国藏学研究中心编《中国第二历史档案馆所存西藏和藏事档案汇编》第四十七册，第三五九页，中国藏学出版社，2016年。

② 中国第二历史档案馆、中国藏学研究中心编《中国第二历史档案馆所存西藏和藏事档案汇编》第四十七册，第三七四至三七六页，中国藏学出版社，2016年。

十一月九日日记中高长柱对前来借阅其论述边疆方案著作的当地官员即有所提及："边疆七八年来，日记所载尚未失真，惟边疆问题计成三十余篇，已携渝预备付梓，其他如《中国近年来之边政》《新疆问题》等书，早登入《英文年鉴》《边铎半月刊》，以后当酌奉寄。"①

（二）《边疆问题论文集》

由于高长柱经常奉命进行边地工作，时间较久，对于考察边疆情形颇为留心，加之他平日经常阅读有关边事的诸多书籍，故对于筹边一节确有研究。除赴藏日记外，在入藏途中，高长柱还乘公暇撰拟了《边疆问题论文集》一书。该书共七十篇，百万余字，因抗战期间印刷困难，故分三次出版。第一次计二十二题②，定为青海西藏之部（西宁至玉树途中旅行日记即在第二十题），筹边政策等篇属之。第二次二十四题，定为新疆蒙古东北之部。第三次二十四题，定为西康云南之部，川属松潘、西昌等属之。张群、陈立夫、邵力子、吴忠信、刘文辉、朱绍良、朱霁青都曾为该书作序：

"异日万里户庭，同跻郅治，不复有边疆内地之别，则长柱同志此著为不虚矣。"——张群序

"长柱同志本所亲历，著为此篇，留心边务者，得之足以考镜源流，辨章得失。夫周知利害，乃能动中机宜，兹编之作，岂徒仅以资辅轩之助。"——陈立夫序

"高长柱同志，以历年经历边疆所得，著为《边疆问题论文集》一书，对于解决边疆实际问题，可供参考之处甚多，甚望能对此问题，继续加以努力，我谨以满腔热诚，预祝其成功。"——邵力子序

---

① 中国第二历史档案馆、中国藏学研究中心编《中国第二历史档案馆所存西藏和藏事档案汇编》第四十七册，第四三六页，中国藏学出版社，2016 年。

② 目前已公开出版的《边疆问题论文集》为第一次的二十二题，共包含以下内容：边疆政策与边疆现状；西北畜牧的情况及改革建议；西藏的地理、宗教、政治、军事、文化、教育、经济、交通、民俗等概况；康区的人民生活、风俗习惯、社会现况特别是西康的历史沿革和交通等概况；青海的历史、地理、教育、经济、交通、宗教、民俗等概况；玉树二十五族概况；甘南拉卜楞地区的历史、地理、交通、经济、政治、教育、宗教、民俗等概况。

从这些名流序言中可以看出高长柱对边疆问题倾注的精力与获得的成就是得到民国政界的广泛关注与认可的，而这本论文集也是集中体现其筹边思想的一部最全面、最权威的著作。就是在这部论文集中，高长柱首先提出了筹边政策的概念、原则及具体实施方案。

1. 高长柱筹边政策的概念

该书中所论述的第一题即为《筹边政策与边疆现状》。高长柱在文中首次提出了“筹边政策”的概念，认为筹边是关乎改革的重大问题，并肯定了西藏等地作为边疆辽阔区域的重要地位：

“夫欲研究边政，自应先认识边疆，所谓边疆者，凡国与国之间标识其领域主权之区别者曰‘国防线’，接近‘国防线’之领域，即边疆也。边疆有远边近边之分，远边，如吾国之外蒙、新疆、西藏是也；近边如察、绥、青、康是也。无论远边近边，其去内地必远，交通阻塞，自无待言，一切落后，亦意中事。欲求加以改革，而实施整理，以尚待发展之边疆，其本身自无此力量，势非得中央指导与协助不为功。然边地之地理、气候、风俗、语文均与内地不同，其所设施，亦必因地制宜，始能顺利进行而无碍，故宜如何指导协助，势非加以适当之研究，特殊之计划不可。此种研究与计划，即吾人所谓之‘筹边政策’亦即今日最重要之问题是也。”①

“吾国面积约一千一百十七万余方公里，而边地面积，几占全面积三分之二，是边疆之大，可想而知。边疆之中，尤以西藏、蒙古、新疆、西康地域较阔，关系较重……”②

2. 高长柱筹边政策的原则

民国抗战时期的筹边，已完全抛弃昔日之消极羁縻政策，而从事于积极的实际政策，不重视武力，而纯用政治方略，以引导扶助为宗旨，以共存共荣为目的。具体措施譬如启迪民智、推进文化、改良政治、增进建设与生产，使边疆与内地有同等之发展。“边疆有金汤之

---

① 高长柱编《边疆问题论文集》，正中书局印行，1941 年 4 月初版，1948 年 1 月沪一版，第 21—22 页。

② 高长柱编《边疆问题论文集》，正中书局印行，1941 年 4 月初版，1948 年 1 月沪一版，第 28 页。

固，国家得磐石之安”，高长柱认为筹边与国防关系至为密切，筹边即是国防之建设，故也要遵循一定的原则，主要有以下四点：

（1）注重和平。即对于边疆及边民应与内地一视同仁，则种族虽各有不同，感情必终趋一致，才不会相互猜忌，离德离心。所以筹边应以和平为本则，不宜歧视边民，而对其施以武力。

（2）审慎用人。边情事务繁杂，人才问题尤为重要，无论其种族为何，均应特别审慎。如用人失当，不仅危害边疆，更将危及国本，所以对于筹边人选，万不可草率从事。

（3）顾及全局。昔日对于边地的防备严格，与内地的隔阂之深，俨然如敌国一般，如今五族共和，情亲一脉，故筹边者应高瞻远瞩，统顾全局，切勿偏于一隅，顾此失彼，难收同时进步之成效。兄弟民族之间应互助互信，打成一片，运用合作之精神，发生伟大之力量，以发扬整个国家。

（4）顾及边情。于筹边之中，应顾及边人利益，边地情况特殊，虽亟待改进，亦应尊重其俗尚，而予以便利。关于开发边疆之一切设施，应尽先以为各族地方土著人民谋幸福为原则，可谓灼知边情。

3. 高长柱筹边政策的实施方案

（1）整饬交通。高长柱认为现代国家之盛衰，恒以交通为转移。水道则视海岸线之长短，陆路则视铁道公路之多寡。其他一切，则视邮电、航空之是否便利。故筹边以整理交通为当务之急，交通便利，则可言筹边之建设。

（2）调剂人口。边疆人口较之内地，相差甚远，人口稀少，难负偌大边疆之经营，而内地人口时感过剩，生计艰难，已达极点。如若筹边者能精密计划，移民实边，实行人口调剂政策，则对内地与边疆两者均有裨益。

（3）普及教育。边地交通阻塞，民智未开，欲改良其政治，促进其建设，使能与内地有同等发展，普及教育是唯一途径。现在边疆已逐渐认识到普及教育的重要性，兴建了多所小学，且中央亦有补助边疆教育经费之核定，故按步实施，逐渐发展，则边疆前途，实利赖之。

（4）挹注财力。边疆地域辽阔，人口稀少，故生产力发展缓慢，平日生活尚可维持，若一旦从事生产建设，其财力难以担负。所需经费，较内地加倍，故需调剂其财力，有所挹注，否则不能言兴革，不能言成效。今日筹边，无论政府财政如何窘困，均应予以相当补助。

（5）开发实业。边地自然、生态、物产资源极为丰富，其天然之利，非内地所能及。筹边者应切实注意及此，如能设计开发实业，乃整个国家之利。可先从简易可行之处着手，先行试办，如此边疆经济略有发展，使其自动筹备办理力所能及之实业，而中央一方予以相应协助，则开发边地实业，自可收循序渐进之效。

（6）提倡卫生。欲筹边者谋边民切身之福利，提倡卫生，亦为急务。近来边地已逐渐建设有卫生之设施，且对于人畜之医药，亦有颇多改良。然尚属杯水车薪，故应增设医院及派驻医师、运输药材至边疆，必能造福边民。

如前所述，高长柱认为实施筹边政策与巩固国防当以整饬交通为第一要务，故在《边疆问题论文集》第十题中，高长柱便举西藏之例加以说明："西藏东西相距约二千六百里，南北长一千二百余里，面积约二百五十余万方里。在此面积中，大山巨河甚多，故交通阻塞，行旅艰难，较之新疆、青海，不便已极。惟地势高原，在国防上有高屋建瓴之势。西藏安全，则新、青、西康各省，即无危险。否则，实不仅上述诸省之不安全已也。今之谋言巩固国防者，莫不谋交通之发展。良以交通为国家命脉，交通不灵，犹人无知觉，即失其为人之作用，为国亦然。"① "今西藏交通如此阻塞，若言筹边与巩固国防，先须从发展交通入手，不然，一切问题，均难着手。"②

基于西藏的交通状况，亦考虑到当时的国力所及，高长柱遂提出对西藏交通发展的五点意见：

（一）辟拉萨、昌都、江达、帕里、康定航空路线；

（二）修筑汽车公路；

---

① 高长柱编《边疆问题论文集》，正中书局印行，1941 年 4 月初版，1948 年 1 月沪一版，第 182 页。

② 高长柱编《边疆问题论文集》，正中书局印行，1941 年 4 月初版，1948 年 1 月沪一版，第 213 页。

（三）改良青藏、川藏、印藏、新藏、滇藏五大骡马道路；
（四）收回邮电权；
（五）多造木船及交通工具。①

（三）《西藏概况》

1953年12月初版的《西藏概况》一书，是高长柱另一本较为著名的专门研究西藏的专著，也是台湾蒙藏委员会边情资料辑的其中一种，由台北明星印书馆印刷。全书约26万字，囊括了西藏地区的风俗、政教、地理、史事等内容，例目十分完备，叙述论证尤为博洽，详近而略远，是研究西藏近现代历史的重要文献资料。陈诚为该书题词“有裨边政”，何应钦为该书题词“知我边情，复我边圉”。由于高长柱从事边疆工作约二十年，该著作中的许多材料，系由高长柱直接调查，或是由他亲自参与其事所得，所以该书的珍贵之处在于其资料的翔实性及内容的真实可靠性。尤其值得一提的是，高长柱在全书的最后一章著述了1951年西藏和平解放以后中国共产党对西藏的全面建设，从中也可以看出他对西藏和平解放后各方面建设的认可与肯定，这也充分彰显了高长柱作为一名学者的风范。

高长柱的《西藏概况》这部作品，为保存并传播古代至民国时期西藏实际情况的基础资料，其中有些事项叙述得特别详细，有些事项叙述得未免简略，乃因搜集有关某事项资料的多少而有所歧异，在所难免。如若以一部完整的个人专著的观点而言，未免是该书的一项不足之处；但若从文献资料务求真实宁缺毋滥，及出于对文献资料的保护以备后人应用于学术研究的角度来看，实为一可贵优点，亦具有一定的学术价值。

（四）《边疆与国防》

高长柱从事边疆工作近三十年，久历边事，曾先后于役新疆，宣慰东北，考察西北，调查国防，致祭十三世达赖喇嘛，护送九世班禅

① 高长柱编《边疆问题论文集》，正中书局印行，1941年4月初版，1948年1月沪一版，第213—214页。

返藏，奉命充任中央驻藏代表，以及参加主持第十世班禅坐床大典等，这些边疆以及边事经历使得他对于边疆事务问题都有很深入的研究。该书作为高长柱历年对边事所知所闻的记述，对于研究边事问题的学者是颇为有益的参考。

该书为高长柱1961年在台湾所编著，是台湾蒙藏委员会编印的边疆丛书系列的其中一部，属于未公开出版发行的内部资料。全书共分为四章：第一章论述了边疆与国防的关系；第二章论述了建立边疆国防的几个基本条件，如团结国内民族、适应地理环境、交通建设、经济建设、文教建设及如何充实边防军备问题，引述较详，并略述了建设刍见；第三章论述了对于建设边疆国防的意见，特举在沈阳、库伦、迪化、拉萨四个地区建设边防战略之例；第四章为结论部分，主要申述边疆的重要性与建设国防必先建设边防之管见。

该书在某些方面澄清了外国对于我国边疆情形的诸多误解，其目的在于逐步纳国际研究边疆问题于正规，不失为一部有见解、有深度的边事学术著作。

三、结论

综上，高长柱作为民国时期国民政府蒙藏委员会派驻西藏的参议，虽然在入藏一节中受阻未能到任，遗憾返回内地，但是抛开他的政治身份，仅就他所撰写及发表的赴藏日记、论文、专著等大量著作而言，可贵之处在于其内容丰富、写实性强，是难得的第一手资料，具有非常珍贵的学术价值，应被学界予以重视并进行深入挖掘研究。高长柱长达二十多年的深入边疆各省考察调研的经历，使其在边政问题上已颇具想法与建树。就高长柱作为一名学者的身份而言，他在边疆治理方面的战略思想，以及为筹边所作出的贡献理应被学界肯定，为后人铭记。

二

周昆田主要著作及对台湾藏学研究的贡献

一、周昆田生平[①]及其著作简述

周昆田（1906 年 12 月 20 日—1989 年 3 月 25 日），字彦龙，安徽省合肥南乡人。周昆田自幼家境贫穷，父周步仙，务农，终岁劳作于田间，母丁氏。1912 年，在其姑母的资助下入家塾，1921 年毕业。1922 年，周昆田考入安徽省立第六师范，1928 年毕业。1929 年，周昆田就读于胡适先生所办私立中国公学，学习中国文学。因私立学校学费昂贵，周昆田自愿降级一年，考至由蔡元培、吴忠信等创办的全公费上海国立劳动大学，入读社会科学院经济系。1932 年秋，教育部将经济系并入上海国立中央大学商学院，1933 年夏，周昆田于该校毕业后获学士学位。同年，周昆田回合肥至安徽省立第六中学任高中教员，教授文史。1935 年 7 月，因得到时任安徽省主席的吴忠信先生的赏识，任其机要秘书。1936 年 5 月，吴忠信调任蒙藏委员会委员长，周昆田也同派蒙藏委员会任秘书，从此在吴忠信先生身边工作，立下毕生从事探讨边疆行政事务的决心。

1939 年，吴忠信奉派赴拉萨，主持西藏第十四世达赖喇嘛转世

① 关于周昆田的生平，笔者参考了由周昆田嫡孙周磊口述、檀力整理的《中国西藏、新疆、台湾永远不容分割——追忆我的祖父周昆田》一文，该文于 2021 年 10 月 21 日发表于新浪博客。

坐床大典。5 月 18 日，周昆田被任命为蒙藏委员会委员长行辕秘书，兼第三组组长，随韬入藏。1940 年 2 月 22 日，陪同吴忠信参加十四世达赖坐床典礼。同时协助设立中央驻藏机构“蒙藏委员会驻藏办事处”。1941 年 7 月 8 日，蒙藏委员会创办中国边政学会，吴忠信当选为理事长，周昆田任常务理事。1942 年 7 月 18 日周昆田任蒙藏委员会委员，同年 10 月至 12 月随吴忠信赴甘肃、宁夏、青海等省考察，兼任西北考察团秘书。1944 年 8 月，吴忠信调任新疆省政府主席，周昆田被任命为新疆省党部委员、新疆省政府委员、主席办公厅主任，兼任新疆日报社社长。其间为维护祖国统一和民族团结作出了重要贡献。

1946 年夏，周昆田复任蒙藏委员会委员。1947 年 4 月 23 日，许世英任蒙藏委员会委员长，周昆田被留任委员，兼蒙藏选举事务所干事。1948 年秋，周昆田升任蒙藏委员会副委员长。1948 年 12 月 24 日，吴忠信出任总统府秘书，周昆田随往总统府。1949 年 8 月，周昆田奉行政院院长阎锡山之命，以蒙藏委员会副委员长身份，代表国民党中央赴新疆公办。新中国成立后，1949 年 11 月 23 日周昆田任台湾蒙藏委员会委员长，并为行政院政务委员。自 1950 年 5 月 16 日起，周昆田卸任蒙藏委员会委员长，转任行政院顾问，并兼任蒙藏委员会荣誉顾问达 40 年之久。1989 年 3 月 25 日，周昆田在台北逝世，享年 83 岁。

周昆田多年从事边疆事务研究，其中又以西藏部分为其所关注重点，故著作颇丰。兹将周氏主要著述作一简要介绍如下：

1. 关于边疆及西藏方面的论文有：

《中国边疆政治制度的沿革》，《华冈学报》，1967 年 12 月，第 417—433 页。

《边疆历史概述》，《边疆论文集》，1964 年 1 月，第 1—31 页。

《清代的边疆政策》，《东方杂志》，1979 年 7 月，第 22—25 页。

《民元至北伐时期的边疆政策》，《东方杂志》，1979 年 8 月，第 30—33 页。

《北伐完成至训政结束时期的边疆政策》，《东方杂志》，1979 年 9 月，第 42 页。

《行宪至现在的边疆政策》，《东方杂志》，1979 年 10 月，第 35—37 页。

《汉藏两族的传统关系》，《西藏研究》，中国边疆历史语文学会（台北），1960 年，第 1—16 页。

《西藏政治概述》，《“中央”日报》，1950 年 11 月 10 日，第 2 页。

《三十年来中央与西藏》，《建设》，1959 年 4 月，第 2—3 页。

《西藏问题》，《大陆杂志》，第 1 卷第 12 期，1950 年 12 月 31 日，第 28—37 页。

《西藏问题研究》,《国防建设论文集》，1967 年，第 239—253 页。

《从史记汉书中看古匈奴的文化》，《中国边政》，1967 年 3 月，第 4—6 页。

《从北史及隋唐书中看突厥文化》，《中国边政》，1967 年 6 月，第 7—9 页。

《怀念罗教授隐柔兄》，《罗刚教授纪念集》，1978 年 2 月，第 127—128 页。

《永远活在人们心坎中》，《中国一周》，1959 年 12 月，第 3 页。

《怀念吴忠信先生》,《中外杂志》，1967 年 4 月至 5 月，共 10 页。

《田炯锦与边疆研究》，《“中央”日报》，1977 年 4 月 11 日，第 10 页。

《寿张维翰八十》，《“中央”日报》，1967 年 1 月 11 日，第 10 页。

《艰难旅程的回忆》，《中外杂志》，1967 年 3 月，第 5—10 页。

《三民主义之边政建设》，原载《边政公论》，1941 年第 1 期。

2. 专著或编著有：

周昆田著，《边务论集》，启明书局，1959 年，台北。

周昆田编著，《中国边疆民族简史》，台湾书局，1961 年，台北。

周昆田编著，《边疆政策概述》，蒙藏委员会，1962 年，台北。

薛人仰主编、周昆田编撰，《蒙藏民族史略》（蒙藏知识丛书），中华书局（台北），1982 年。

周昆田著，《三民主义的边疆政策》，“中央”文物供应社，1984 年，台北。

3. 参与校订或整理的有：

薛人仰主编，刘学铫编著，周昆田校订，《蒙藏概况》（蒙藏知识丛书），中华书局（台北），1982 年。

周昆田整理，《吴忠信主新日记》，甘肃省古籍文献整理编译中心影印出版，2006 年，兰州。

二、周昆田对台湾藏学研究的贡献

周昆田早年时候曾以吴忠信先生的秘书身份，随行入藏参加十四世达赖喇嘛的坐床典礼。尔后亦曾于 1949 年主持过蒙藏委员会，因此对西藏事务相当熟悉。周昆田所编著的《中国边疆民族简史》一书，其中第五章特别列有“藏族简史”一章，这是台湾首次以“藏族史”为名的著述，也是周氏对台湾藏学研究最显著的贡献之一。在本章中周昆田认为藏族是由我国东晋以前在西部活动的民族——戎、氐、羌各族系发展而成，因此他主张在研究藏族史时，应从戎、氐、羌等族开始，但并未述明原因。同时周昆田也认为西夏为藏族的一个支系。另外在本章第七节中周昆田对民国以来的西藏有较为深入的介绍，特别是关于致祭十三世达赖及主持十四世达赖坐床，到抗战后期至 1949 年等，殆属当代、当事人的撰著，资料丰富翔实，颇具参考价值。另外在该章第八节周昆田增列了藏族分布的现况，这些均为该书的一大特色。①

20 世纪五六十年代，藏学在台湾并未形成独立的学科，像周昆田这样的老一辈历史学家、边政学家已有前述如此之多关于西藏以及藏事方面的著述问世，不能不说为此后台湾藏学研究的兴起与发展奠定了良好的基础。

1969 年至 1976 年周昆田应台湾政治大学之聘，在边政研究所任

---

① 参见林冠群教授所著《近五十年来台湾的藏族史研究》一文，笔者在行文上略有改动。转引自杜永彬主编《藏学是什么》，中国藏学出版社，2008 年，第 314 页。

指导教授，讲授中央政府边疆政策之研究，并继札奇斯钦①之后兼任代所长达三年之久。1973 年 8 月，应私立“中国文化学院”之聘授课。1975 年 8 月复被聘任为私立“中国文化学院民族与华侨研究所”所长兼教授，讲授中国民族政策。作为台湾藏学研究的老一辈学者，他曾指导过西藏研究方面的硕士论文数篇。其中有萧金松《清代驻藏大臣之研究》（1971 年 7 月）、郭洋《第十三辈达赖喇嘛时期西藏对外关系之研究》（1976 年 7 月）、张骏逸《乾隆末年廓尔喀与西藏军事冲突之始末及其影响》（1977 年 6 月）、龚甬波《西藏婚姻制度之研究》（1977 年 7 月）。这些学生中不乏之后台湾藏学研究的佼佼者，其中 1943 年出生、1971 年获法学硕士学位的萧金松先生，曾任蒙藏委员会秘书、科长，后来成为政大副教授（民族研究所所长、民族学系主任），专门讲授藏文及现观庄严论等藏语佛典课程。同时还兼任西藏学研究会总干事、中华佛学研究所副研究员，并曾于 1987 年去往印度达兰萨拉会晤十四世达赖，进修一年，此后成为台湾藏学研究的中坚人物，学术专长为西藏历史、文化和宗教。65 岁从政大退休后，萧金松义务担任法光佛教文化研究所所长，推广佛学成人教育。另一位 1977 年获政大边政研究所硕士学位的张骏逸，之后在美国印第安纳大学继续攻读西藏学博士，并于 1984 年取得博士

① 札奇斯钦（1914—2009），内蒙古卓索图盟喀喇沁右旗（今赤峰喀喇沁旗）人，蒙古族，幼年和青年时先后在北平汇文小学、汇文中学读书，高中毕业后进入北京大学政治系，毕业后留学日本，入早稻田大学研究院，专攻历史研究法。1939—1945 年曾在日本侵略者操纵成立的“蒙疆联合自治政府”任职服务。1945—1948 年为南京国民政府蒙古族立法委员。1949 年去台湾，开始带头发展了台湾蒙古学。历任“国立台湾大学”兼任教授，“中国文化学院”史学系主任，台湾政治大学边政学系主任兼研究所所长、国际关系研究所研究员等职。作为英国伦敦大学东方学院研究员，讲授中国史和蒙古史。几次主持召开了阿尔泰学与蒙古学国际学术讨论会，同时与英国、日本等国的蒙古学界进行了广泛的学术交流与合作。1972 年，受聘于美国杨伯翰大学（Brigham Young University）。札奇斯钦移居美国后，继续从事蒙古学研究和内蒙古自治运动史研究，前后撰写了 10 多部书和 100 多篇学术论文。

学位，后亦任政大教授，① 1993 年至 1994 年间任台湾蒙藏委员会委员长。

周昆田所撰写的多篇边政学与西藏学的论文和著作，为其后台湾地区藏学研究的兴起与发展奠定了良好的基础，同时他的《中国边疆民族简史》一书也开拓了台湾地区“藏族史”研究的先河。他在台湾政治大学边政研究所任教期间，更是为台湾藏学界培养了一批后起之秀，其中涌现了多位台湾及内地乃至国际知名的藏学家。这些均应归功于周昆田对台湾藏学研究所作出的卓越贡献，理应为世人所铭记。

① 参见王尧先生所著《藏学研究在台湾》一文，笔者在行文上略有改动。转引自杜永彬主编《藏学是什么》，中国藏学出版社，2008 年，第 274—275 页。

三

民国时期中央派员入藏及办理藏事概要

清末，为了强化对西藏地方的治理，巩固“新政”成果，清朝派川军进藏。但是，由于川军纪律松弛，严重破坏西藏民众的生活秩序，甚至威胁到达赖喇嘛的安全，于是，十三世达赖喇嘛于 1910 年 2 月 12 日再次出走，流亡印度。不久，辛亥革命爆发，十三世达赖及西藏地方上层在英帝国主义的怂恿、利诱下，驱逐清朝政府驻藏官兵，断绝与中央政府的联系，从而使西藏地方与中央政府之间的关系持续恶化。

十三世达赖再次返回西藏后，发布命令，脱离清朝的统治，不接受民国政府的领导。并在惩治支持、帮助驻藏大臣的僧人和寺院的同时，对与清军作战有功人员进行奖励。1913 年新年，发布《水牛年公告》，歪曲历史，将元以来西藏地方与中央政府的关系说成是“供施关系”，否认中央政府在西藏的主权地位。在这种情况下，民国政府决定继续与英国政府进行外交斡旋，反对外国对西藏的侵略和干涉，同时加强与西藏地方的联系。

彼时民国政府刚刚建立，百废待兴，再加上军阀割据，民国政府很难花费更大的精力解决西藏问题。之后，民国政府虽然与西藏地方有一些间接的接触，但是，二者关系一直处于僵持状态，直到 20 世纪 20 年代初，这种情况才有所改善。下面将民国中央政府派员入藏及办理藏事情况的大事件做一简单梳理，从而以此审视民国时期西藏地方与中央政府之间的关系问题。

1912 年 5 月 9 日，中华民国临时大总统袁世凯发布命令，任命原驻藏川军统领钟颖为“西藏办事长官”。

1912 年 6 月，民国政府派遣劝慰员杨芬从印度入藏，为英政府所阻，滞留印度。

1912 年 11 月 25 日，民国政府派蒙藏事务局佥事马吉符、姚宝来为册封使，由印度入藏册封十三世达赖喇嘛，因英政府所阻，未能入藏。

1912 年 12 月，民国政府决定再以温宗尧、王人文为宣抚使入藏，因英国的阻挠，未能成行。

1913 年 4 月 2 日，民国政府任命在印度的陆兴祺为护理驻藏办事长官。

1919 年 11 月 24 日，民国政府国务院令甘肃督军张广建所派赴藏通问特派员李仲莲、朱绣、古浪仓、拉卜尖贡仓等，由青海抵达拉萨。

1929 年 7 月 15 日，国民政府特派赴藏专使刘曼卿与随同人员孔党江村离京，经四川、西康长途跋涉，于 1930 年 3 月 1 日抵达拉萨，并受到达赖喇嘛的接见。

1929 年 9 月 22 日，国民政府决定派贡觉仲尼为西藏慰问专员，携带蒋介石致达赖喇嘛函及礼物等赴拉萨，并向西藏地方提出解决西藏问题八项办法。1930 年 2 月 16 日，贡觉仲尼经印度抵达拉萨，受到达赖喇嘛及僧俗官员热情欢迎。

1930 年 7 月—8 月，谢国梁拟赴西藏，12 月 17 日，谢国梁与原仰光华报主笔谭云山行至拉萨附近，谢国梁病卒。达赖喇嘛礼葬之。

1934 年 1 月 12 日，国民政府决定特派黄慕松为专使，赴拉萨册封、致祭十三世达赖喇嘛。高长柱作为专使行署副官与其一同前往。8 月 28 日，黄慕松一行由四川抵达拉萨，受到热烈欢迎，盛况空前。在拉萨期间，黄慕松与西藏地方政府对西藏地位及汉藏关系等问题，经过多次商谈，仍无结果。11 月 28 日，黄慕松一行离开拉萨返京，行署总参议刘朴忱及参议蒋致余则留驻拉萨。临行前黄慕松将交通部所属电台一并留藏，以便于中央与西藏的通讯联系，是为拉萨无线电台的初始，首任台长为张威白。

1935 年 5 月中旬，由中央研究院气象研究所独资创建的拉萨气象测候所正式成立，主任为曹巽。这也是民国时期第一个青藏高原气象站。拉萨测候所从 1935 年成立伊始，其气象资料一致延续至 1949 年未曾中断。

1935 年 9 月 10 日，国民政府行政院正式任命诚允为护送九世班禅回藏专使。1936 年 8 月 20 日，诚允提出辞呈，得到行政院批准，后任命蒙藏委员会委员赵守钰为护送班禅回藏专使，高长柱为参军。

1937 年 6 月，蒙藏委员会驻藏办事处参议蒋致余因病请求回京调治，行政院遂派前站人员高长柱前往接替，但行抵玉树时，藏方态度发生变化，入藏受阻，行政院令其缓进。后因蒋致余病重奉准离职，令高长柱兼程入藏接替，高长柱以行政院参议名义于 10 月 25 日启程入藏，行至距昌都四十里之萨通，即被藏方昌都总管以未奉到命令等辞一再拒阻，高长柱入藏终未成行。

1937 年 12 月 1 日，九世班禅因病在玉树圆寂。国民政府派特使考试院院长戴传贤赴康定致祭。

1938 年 12 月 28 日，国民政府下令特派蒙藏委员会委员长吴忠信赴藏主持第十四世达赖喇嘛转世事宜。1939 年 10 月 1 日，在重庆成立蒙藏委员会委员长行辕，周昆田作为行辕秘书与吴忠信同往。1940 年 1 月 15 日，吴忠信一行由印度抵达拉萨，受到西藏地方政府和僧俗民众的隆重欢迎。吴忠信在藏期间，蒙藏委员会驻藏办事处正式成立，孔庆宗为首任办事处处长。1941 年 2 月，国民政府将拉萨市第一小学升格为“国立拉萨小学”，委任蒙藏学校师范科毕业的王信隆为校长。

1943 年年底，沈宗濂到拉萨接替孔庆宗任蒙藏委员会驻藏办事处处长。

1943 年 12 月，谭兴沛接任张威白为拉萨无线电台台长。

1945 年 7 月 27 日，教育部免去王信隆校长职务，8 月任命旅藏多年的蒙藏委员会委员邢肃芝为国立拉萨小学校长。

1947 年 7 月，沈宗濂回南京参加国民大会，辞去驻藏办事处处长一职，国民政府任命陈锡璋为代理处长。

1948 年，席裕翼接任谭兴沛为拉萨无线电台台长。

1949 年 8 月 10 日，国民政府专使、蒙藏委员会委员长关吉玉在青海塔尔寺主持了十世班禅的坐床典礼。

由以上大事件可以看出，民国中央政府频频派员入藏或办理藏事，在藏设立并强化蒙藏委员会驻藏办事处、拉萨无线电台、拉萨气象测候所以及国立拉萨小学等机构的职能，同时册封、致祭西藏上层宗教人士，不仅有效地抵御了民国时期帝国主义和西藏少数分裂主义分子的渗透和分裂活动，而且对西藏地方与中央政府关系的改善和发展产生了积极的影响。

附录

抗战初期高长柱入藏受阻述析*

魏少辉

在国民政府治理西藏期间，曾多次派员入藏处理藏事，其中有入藏成功者，也有因各种因素最终未能成行者，但其都表明了国民政府解决西藏问题的努力。目前学术界对前者已有相当的研究①，而对后

* 本文是北京师范大学自主科研项目“民国时期藏事档案文献集成”（张皓教授主持）的阶段性成果，文中注释均为原文所有。

① 多杰才旦主编的《元以来西藏地方与中央政府关系研究》（中国藏学出版社，2005年版）与伍昆明主编的《西藏近三百年政治史》（鹭江出版社，2006年版）等对刘曼卿、贡觉仲尼、谢国梁、谭云山、黄慕松和吴忠信等入藏成功者入藏的经过均有较为详细的研究。孙子和著《黄慕松入藏始末》（《西藏史事与人物》、台湾商务印书馆1995年版），张皓著《论黄慕松1934年入藏的历史意义》（《岭南文史》1999年第2期），黎吉生著《黄慕松将军在拉萨，1934》(Tibeto 1. no. 1)，宋黎明著《1934年黄慕松将军代表团入藏与汉藏会谈》（*Tibetan Studies*: *Proceedings of the 7th Seminar of the International Association for Tibetan Studies*, Graz, 1995），林孝庭著《1934年中国入藏代表团再研究》［*Journal of the Royal Asiatic Society*, Third Series, Vol. 12, No. 3 (Nov, 2002)］；刁抱石著《民国吴礼卿先生忠信年谱》（台湾商务印书馆，1988年版），丁剑著《吴忠信传》（人民出版社，2009年版），刘国武著《论吴忠信使藏》［《衡阳师范学院学报》（社会科学版）2002年第2期］，徐中林、王希隆著《吴忠信与西藏》［《兰州大学学报》（社会科学版）2005年第5期］；张瑞德著《“钦差”使命：沈宗濂在西藏（1943—1946）》（《近代史研究所集刊》第67期，2010年）等则分别对黄慕松、吴忠信与沈宗濂等入藏问题做了研究。这些论著对上述入藏的背景、经过、意义和经验教训等均有涉及。

者却涉猎较少①。笔者拟在前人研究基础上，对高长柱入藏与受阻一事做一梳理，进而分析其入藏受阻的原因，以求教于方家。

一、高长柱入藏缘由

1934 年黄慕松西藏之行虽然并未达到根本改善中央与西藏地方关系的目的，但却趁机留置了中央驻藏机构与人员②，从而“确立了国民政府官方在拉萨的一席之地”③，结束了民元后西藏已无中央官员和“京藏间音信往还与一切要政推行，均须利用外国邮电转达”④的局面。

蒋致余主持中央驻藏机构不久，国民政府决定派遣专使和卫队护送九世班禅返藏，蒋致余在拉萨的活动主要也围绕这一问题展开。蒋致余根据自己在拉萨的观察及与噶厦的接触，意识到由于国民政府“派遣官兵护送班禅回藏，自属侧重以武力平定藏乱，收复藏地”⑤，显示“示威举动，且为促进藏事之有利方法，不可与和平同日而语”，因此，要使九世班禅返藏“非示威，无由达到和平之途径”⑥。为此，蒋致余一再建议国民政府在武力支持下尽速护送九世班禅返藏。但国民政府尽管确立了派遣专使和卫队护送九世班禅返藏的政策，却又要求九世班禅返藏时“中藏双方一切准备及举动，概以和

① 关于这一问题，笔者仅见陈立华在《浅析 1943 年喜饶嘉措进藏受阻事件》（《西藏大学学报》2006 年第 4 期）中有专门探讨。目前学术界对高长柱入藏受阻一事尚无专门研究。

② 中央驻藏机构设置之初由刘朴忱负责，但刘朴忱在驻藏机构成立后不久便病故，因此，刘朴忱的副手蒋致余继任为负责人。

③ ［美］梅·戈尔斯坦著，杜永彬译：《喇嘛王国的覆灭》，中国藏学出版社，2005 年，第 186 页。

④ 中国藏学研究中心、中国第二历史档案馆编等合编：《元以来西藏地方与中央政府关系档案史料汇编》(6)，中国藏学出版社，1994 年，第 2506 页。

⑤ 中国藏学研究中心、中国第二历史档案馆合编：《九世班禅内地活动及返藏受阻档案选编》，中国藏学出版社，1992 年，第 251 页。

⑥ 《九世班禅内地活动及返藏受阻档案选编》，第 412 页。

平、郑重为原则”①。显然，“这是一个自相矛盾的决定”②。对此，蒋致余有透彻的认识，“倘一面坚持派遣官兵护送班禅回藏，一面又欲和平应付藏政府，则势必至如治丝而棼，徒旷时日，无裨事实”③。由于国民政府坚持和平主旨，因而蒋致余强势解决九世班禅返藏的提议一再被拒绝。不仅如此，蒋致余还曾因此遭到蒋介石的训斥④。但国民政府的政策在英国干涉和噶厦反对之下不仅未获成功，反而使九世班禅返藏渐渐陷入僵局。面对此种情形⑤，加之孤悬拉萨居中交涉，倍感艰险，且又与主管西藏事务的黄慕松存有不和⑥，因此，蒋致余心生退意。

1936 年 1 月 9 日，蒋致余在致黄慕松的电文中首次表示自己身

---

① 《九世班禅内地活动及返藏受阻档案选编》，第 119 页。

② 皮明勇：《九世班禅返藏受阻与国民政府的治藏策略》，《近代史研究》2004 年第 4 期，第 225 页。

③ 《九世班禅内地活动及返藏受阻档案选编》，第 397 页。

④ 1935 年 4 月蒋致余连电蒋介石与汪精卫等，主张借助护送九世班禅返藏武力收复西藏。蒋致余此举遭到蒋介石斥责，“兄对于西藏军政之贡献，只此而止不可再有多言，免生纠纷”，并要求蒋致余“在藏言行应格外沉静，谨慎以待时机，所有江佳两电与军事有关之各电稿及电底，应根本烧毁，不可存留”。参见叶健青编：《班禅返藏之路》，“台北国史馆”，2009 年，第 51—52 页。

⑤ 蒋致余早在 1935 年 4 月 14 日致时任蒙藏委员会调查室主任高长柱的电文中就流露出若国民政府不采纳其主张，则“呈明中央返京”的想法。参见《九世班禅内地活动及返藏受阻档案选编》，第 117 页。

⑥ 1934 年蒋致余留藏办事是由于刘朴忱的举荐，但黄慕松对蒋致余的评价不高，认为其虽“尚勇于任事”，但“微嫌好出风头”，最终同意蒋留藏，也是由于“边地才难，无选择余地”，“只得准如所请办理”［《元以来西藏地方与中央政府关系档案史料汇编》（7），第 3113 页］。黄慕松在返京出任蒙藏委员会委员长后，曾于 1935 年 6 月授意蒋致余的妻子致电蒋致余，让蒋托病辞职。蒋致余对此甚为不满，对黄慕松的数封电文迟迟不予回复。参见《九世班禅内地活动及返藏受阻档案选编》，第 243 页。

体欠佳，隐含着辞职之意①。此后，蒋致余在致行政院的电文中一再称病，表示难以“一再支持”，祈求“提前派员接替”②，但行政院一直未置可否。蒙藏委员会从便于与噶厦交涉的角度于 1937 年 4 月 2 日向行政院建议，因蒋致余“熟悉藏情”，应“继续留藏工作”③。对此，蒋致余向行政院表示自己只能维持至 6 月底，“届时倘班禅一行仍不能首途”，而自己又病情加重，则应准其“去印就医”④。尽管蒋致余表示自己可以留藏至 6 月底，但面对已呈困局的九世班禅返藏问题，其亟思早日离藏。因此，在 5 月 27 日再次致电行政院，提出自己“病状极险，周身麻木”⑤，请派员入藏接任。面对蒋致余的一再祈求，行政院最终同意蒋致余离任，并于 6 月 9 日致电护送九世班禅回藏专使赵守钰，指示其“酌派高级职员先行兼程入藏，以便接替”，而使蒋致余“得及时回京调养”⑥。对行政院的指示，赵守钰有不同看法，其认为蒋致余虽是“致祭达赖时所留，但其性质系代表中央，此项交替，似亦应请中央派人为妥”⑦。对赵守钰的这一意见，时任蒙藏委员会委员长的吴忠信认为“在班禅回藏方面人员未入藏前，中央不便派员前往接替，以免别生枝节，致碍入藏之进行”⑧，也主张由赵守钰派员入藏接替。为此，行政院于 9 月 1 日再电赵守钰，盼其“酌派高级职员兼程入藏接替”⑨。在行政院的明令

① 此前，蒋致余对黄慕松发给他的几封电文迟迟不予回复，而此时却突然回电，并首先提及黄慕松授意蒋妻让蒋托病辞职之事，更可见蒋致余此时称病的目的所在。参见《九世班禅内地活动及返藏受阻档案选编》，第 243—244 页。

② 《九世班禅内地活动及返藏受阻档案选编》，第 307 页。

③ 《九世班禅内地活动及返藏受阻档案选编》，第 399 页。

④ 《九世班禅内地活动及返藏受阻档案选编》，第 409 页。

⑤ 《九世班禅内地活动及返藏受阻档案选编》，第 450 页。

⑥ 中国第二历史档案馆、中国藏学研究中心合编：《黄慕松 吴忠信 赵守钰 戴传贤奉使办理藏事报告书》，中国藏学出版社，1993 年，第 450 页。

⑦ 《黄慕松 吴忠信 赵守钰 戴传贤奉使办理藏事报告书》，第 449 页。

⑧ 《黄慕松 吴忠信 赵守钰 戴传贤奉使办理藏事报告书》，第 450 页。

⑨ 《元以来西藏地方与中央政府关系档案史料汇编》(7)，第 3114 页。

下，赵守钰在9月11日表示“遵派定高参军①前往接替”，并“嘱其积极准备启程”②。至此，高长柱入藏一事确定下来。

二、高长柱入藏与受阻

高长柱入藏一事虽得以明确，但其“入藏及入藏后接替方式”③仍需解决。为此，赵守钰一面致电蒋致余，就此一问题征求蒋的意见，并请其缓归，务必俟高长柱赶到后再离藏，而另一面内部则在进行研究。同时，赵守钰于10月1日致电吴忠信，告知高长柱入藏路线“拟取道昌都，经太昭至拉萨”，请其“迅商请政府电知藏政府查照，沿途供给乌拉，并妥为保护”④。同日，赵守钰又亲自致电噶厦，望其为高长柱入藏提供便利。7日，吴忠信回电赵守钰，建议后者在致电噶厦时，“对供给乌拉一层拟暂不提及⑤”，“将来嘱其驻京代表转告即可，现在只电请其沿途妥为照料而已”。同时，吴忠信提出若

---

① 高参军即高长柱，时任护送九世班禅回藏专使行署参军。国民政府之所以坚持从护送九世班禅回藏专使行署派人赴藏接任，一方面是为在中央与西藏地方关系较为紧张的情况下减轻噶厦的疑虑，另一方面则是基于九世班禅返藏的考虑。吴忠信在1937年7月14日和10月7日致赵守钰的电文中表露了国民政府的这一考量。关于前者，吴忠信表示从行署派员赴藏可以避免“别生枝节”，“减少藏人怀疑”；而关于后者，吴忠信向赵守钰表示高长柱入藏虽是代替蒋致余，但高“仍是贵署参军，而为贵署入藏之前站也”（《黄慕松 吴忠信 赵守钰 戴传贤奉使办理藏事报告书》，第450、454页）。而赵守钰最后选择高长柱作为人选，一方面是由于高历任蒙藏委员会调查室主任等职，对藏情有相当的了解；另一方面则是高一直参与护送九世班禅返藏一事，且负责九世班禅返藏“沿途及到藏护卫设计及指挥、训练军队事宜”（《九世班禅内地活动及返藏受阻档案选编》，第265页）。作为九世班禅返藏的前站人员，高长柱无疑是最为合适的人选。

② 《元以来西藏地方与中央政府关系档案史料汇编》(7)，第3114页。

③ 《黄慕松 吴忠信 赵守钰 戴传贤奉使办理藏事报告书》，第451页。

④ 《黄慕松 吴忠信 赵守钰 戴传贤奉使办理藏事报告书》，第453页。

⑤ 赵守钰在10月1日致噶厦的电文中已提到此事。

高长柱仍用参军名义入藏“恐生误解”，故拟请行政院任高为参议①，“俾其与蒋致余名位相同，免有借口”，从而达到“减少藏人怀疑及英人注意”之目的。② 15 日，噶厦回电，表示已将高长柱入藏一事电呈中央，“一俟奉到指令，即当迅速电达，俾尊处便利进行”。③ 19 日，吴忠信代表中央致电噶厦，通报了高长柱入藏一事及其行程，并希望噶厦“沿途妥为照料保护”④。而高长柱在完成准备后于 10 月 25 日由玉树首途入藏，11 月10 日抵达藏境。

当高长柱一行抵达藏境后，当地人民因未奉噶厦命令，拒绝提供乌拉。高长柱当即决定率少数人员“轻装直趋昌都，拟见索康交涉一切”。而昌都总管索康在获知高长柱入藏后于 11 日和 12 日两次派人劝阻高长柱一行，13 日当高长柱一行抵达离昌都四十里之萨通时，更派俗官一名，如本、甲本各二员，士兵百余名前来阻止，并向高长柱表示“昌都曾奉拉萨民众会议命令，于中藏问题尚未具体解决前，无论青、康及班禅、汉方官兵，不许一员入境”，高长柱此次行抵昌都，因“现刻尚无新命令”，因此“未便视同例外”，据此要求高长柱一行“即日退出藏境”。⑤ 对此，高长柱以此次入藏“纯为接替蒋参议职务，并采刚柔兼济态度，据理折之”。高长柱的解释虽使该藏官“无词以应”，但其“坚称噶厦无新令，以地方职责关系，未便允许前往，仍坚请退出”。⑥ 在此情形下，高长柱一面函告索康与喇嘛总管，说明奉派任务；一面拟派员前往解释。而为避免僵局，高长柱决定暂留此交涉，不再前行。15 日，高长柱接索康复函，索康以未奉噶厦命令为由，依然拒绝高长柱前行，并请高长柱暂回囊谦，由玉树与噶厦交涉，而自己也“不分昼夜到拉萨请示，一俟奉批之日，

---

① 10 月 15 日行政院同意了吴忠信的提请，任命高长柱为参议，此后高长柱便以行政院参议名义示外，但其对内仍是护送九世班禅回藏专使行署参军，活动经费也在行署内开支。

② 《黄慕松 吴忠信 赵守钰 戴传贤奉使办理藏事报告书》，第 454 页。

③ 《黄慕松 吴忠信 赵守钰 戴传贤奉使办理藏事报告书》，第 453 页。

④ 《元以来西藏地方与中央政府关系档案史料汇编》(7)，第 3115 页。

⑤ 《黄慕松 吴忠信 赵守钰 戴传贤奉使办理藏事报告书》，第 457 页。

⑥ 《黄慕松 吴忠信 赵守钰 戴传贤奉使办理藏事报告书》，第 458 页。

再当特别欢迎”，否则，“如发生事端，不能负责”。对此，高长柱除决定再函索康，“以奉命兼程前进，如无中央命令撤回，或噶厦正式函知，万难退后一步，并告为迅速计，希其快马到囊谦电台向噶厦请示”。由于高长柱并不知道噶厦此时已经确定了假意同意自己入藏，但又不发给昌都地区官员相关指示的政策①，因此，高长柱对“是否噶厦表面不肯拒绝，抑实噶厦尚未来令表示迎拒”难以确定。② 在此情况下，高长柱尽管向索康表示自己“万难退回一步”，但碍于现实也只得退回青藏交界地方的噶丹寺暂驻。

为使高长柱入藏获得噶厦同意，蒋致余在拉萨也在进行交涉。在蒋致余与噶厦的交涉中，噶厦先是以未收到中央政府的指令为由拒绝高长柱入藏③，在吴忠信代表中央致电噶厦后，其假意同意高长柱入藏④，但又在高长柱入藏随行人员的人数上提出诸多限制。蒋致余经与噶伦的商洽，向噶厦提出高长柱一行拟定人数为十二人⑤。11 月 14 日，蒋致余将这一交涉情况电告赵守钰，并建议除高长柱、无线电台台长穆逢欣与报务员外，其余“假扮随从人仆，万不可张扬”，否则将“不能负责，唯有不顾一切离藏”。⑥ 尽管蒋致余拟定的人数已经做出让步，但噶厦仍有异议，其提出高长柱入藏应需护卫，一切均可由藏方供应，若随行人员众多，“恐徒滋疑虑”⑦，并表示已饬令

---

① 周伟洲主编：《英国印度事务部档案馆有关西藏档案题解及选译》，中国藏学研究中心历史所，2005 年，第 268 页。

② 《黄慕松 吴忠信 赵守钰 戴传贤奉使办理藏事报告书》，第 456—457 页。

③ 《英国印度事务部档案馆有关西藏档案题解及选译》，第 267 页。

④ 张威白在 1938 年致高长柱的一封电报中提到，噶厦为使蒋致余早日离藏，故在与蒋交涉高长柱入藏一事时“乃佯为应允”。参见蒙藏委员会编译室编辑《蒙藏委员会驻藏办事处档案选编》（2），台北“蒙藏委员会”，2005 年，第 37 页。

⑤ 包括高长柱 1 人，秘书、会计、庶务各 1 人，仆从 3 人；无线电台台长 1 人，报务员 2 人，仆从 2 人。

⑥ 《黄慕松 吴忠信 赵守钰 戴传贤奉使办理藏事报告书》，第 456 页。

⑦ 《黄慕松 吴忠信 赵守钰 戴传贤奉使办理藏事报告书》，第 459 页。

索康与高长柱就近商洽如何减少随行人员。高长柱在获悉上述信息后，决定让随其同行的参谋本部、军事委员会和蒙藏委员会人员暂缓入藏，并将书记二人改为卫士，而随来的卫士八人，抽签决定二人，余予遣回。蒋致余在得到噶厦上述表态后则产生了高长柱入藏已无问题的错觉，因此在未获行政院许可的情况下于 11 月 30 日径自离藏①。

由于当时国民政府正面临抗战的严峻形势，蒋致余的擅自离藏无疑加大了噶厦抗拒高长柱入藏的可能。果不其然，在蒋致余离藏后，据蒙藏委员会昌都调查员唐磊 1938 年 1 月报告，索康正式表示，“奉噶厦命令拒绝高参议入藏”②。噶厦之所以此时明确表示抗拒的态度，一方面是因为认为“中国政府虚弱”，可以“拒绝允许中国代表驻留拉萨”③；另一方面则是因为其先前同意高长柱入藏只是为促使蒋致余早日离藏的借口，在蒋致余业已离藏的情况下，噶厦改变态度也属情理之中。

蒙藏委员会在获知噶厦这一态度后，特将高长柱入藏途中前后经过及交涉情形等详电西藏驻京办事处令其转电噶厦，“即令索康勿加阻止”④。此时，恰奉青藏方面为 1936 年西藏违约进犯青海发生邓科战事派员在噶丹寺开会磋商，而康藏双方为大金寺纠纷也正拟开议。因此，高长柱建议由行政院电令青康当局：“（一）于会议前向藏方提出，地方言好，首应上体中央、欢迎中央代表，为最诚意之表示，否则拒绝开议；（二）如恐地方未能完全做主时，可以此列入会议中

---

① 行政院在蒙藏委员会的提请下，于 11 月 15 日特别指示蒋致余务必俟高长柱到达拉萨后方可离职。蒋致余之所以在此时擅自离藏，据张威白透露是因为蒋致余曾表示高长柱入藏若得“噶厦之复文及致索康之电”则已无问题，自己将“预先离藏内返”。而此时，这两条均已实现，故蒋致余认为高长柱入藏已无问题。参见《蒙藏委员会驻藏办事处档案选编》(2)，第 37 页。

② 《元以来西藏地方与中央政府关系档案史料汇编》(7)，第 3116 页。

③ 《英国印度事务部档案馆有关西藏档案题解及选译》，第 269 页。

④ 《黄慕松 吴忠信 赵守钰 戴传贤奉使办理藏事报告书》，第 464 页。

条件之一，要以地方力量推行中央之意旨。”[①] 而此时已经内返的蒋致余在 1938 年 4 月底则向行政院建议在高长柱未抵拉萨以前，可由行政院赋予中央驻拉萨无线电台台长张威白以名义，由张“暂代维持”[②] 中央与西藏地方的联系。几天后，行政院为此特向蒋致余询问张威白“对于藏方是否有接洽能力”[③]，蒋致余为早日解决继任人选问题以卸责，当即给予肯定的答复。行政院此举表明在噶厦明确表示拒绝高长柱入藏的情况下，其对高入藏已持消极态度，并开始考虑预备措施。持这一态度的不仅仅是行政院，高长柱本人也不乐观。在当时抗战局势非常不利的情况下，高长柱认为自己“久羁中途，于公于私，两无裨益”，且“不知何日才有结果”，因此，6 月 1 日向赵守钰建议，“如中央于入藏问题，短期内尚无明确把握，或抗战中有难兼顾之处，拟请中央早日决定办法，即将敝处暂予撤回，或根本裁撤，待机再举，俾省国帑，而免无谓羁留”。[④] 接到高长柱电报后，赵守钰立即转发吴忠信，并提出“此次青、康藏会议，对该参议入藏事，如无结果，而抗战又非短期内所能结束，似不如暂予撤回”[⑤]。吴忠信对赵守钰的这一意见表示赞同，并决定“俟青藏会议闭幕时，再斟酌情形呈院核示”[⑥]。因此，康藏与青藏会议的结果成为国民政府在高长柱入藏问题上的决策依据。康藏方面虽然同意中央将高长柱入藏事列为与西藏谈判条件的指示，但青藏会议因噶厦鉴于抗战于中央不利推翻前议，青方被迫撤回代表，已呈休会状态；而康藏会议由于双方意见分歧巨大，能否召开已成问题。在此情况下，赵守钰与吴忠信希望通过青藏和康藏会议解决高长柱入藏问题的设想落空。

在此情况下，高长柱入藏已无可能，行政院也决定撤回高长柱。

---

① 《黄慕松 吴忠信 赵守钰 戴传贤奉使办理藏事报告书》，第 464—465 页。

② 《蒙藏委员会驻藏办事处档案选编》(2)，第 12 页。

③ 《蒙藏委员会驻藏办事处档案选编》(2)，第 13 页。

④ 《黄慕松 吴忠信 赵守钰 戴传贤奉使办理藏事报告书》，第 466 页。

⑤ 《黄慕松 吴忠信 赵守钰 戴传贤奉使办理藏事报告书》，第 466 页。

⑥ 《黄慕松 吴忠信 赵守钰 戴传贤奉使办理藏事报告书》，第 467 页。

8 月 25 日，吴忠信特电赵守钰，告知行政院决定，“一方电令拉萨无线电台张台长威白暂行负责，在藏代洽一切，一方调高参议回渝，俾将此案作一清结”①。26 日，行政院向蒙藏委员会正式发出指令，“拟派张威白为该会咨议，在中央派赴驻藏人员未到以前暂行在藏负责接洽”②。9 月 13 日，吴忠信将行政院的这一决定分别电告热振与张威白。26 日，西藏驻京办事处致电吴忠信，转告噶厦对行政院任命张威白代理蒋致余职务的欢迎态度③。此后，中央驻藏机构暂由张威白负责，而高长柱入藏一事最终以失败结束。

三、高长柱入藏受阻之原因

高长柱入藏本属中央对驻藏人员的正常调动，但最终却因噶厦的拒绝而未能实现，这从当时的情况来看是有其原因的。

高长柱入藏之时正值九世班禅返藏陷入困局之际，而“班禅问题之僵化”致使中央与西藏地方的关系“未臻融洽”④。在中央与西藏地方关系因九世班禅返藏而处于紧张之际，噶厦拒绝高长柱入藏某种程度而言是对国民政府派遣专使和卫队护送九世班禅返藏的一种报复。况且，自民元以来噶厦内部一直存在一种“自立”倾向，试图摆脱中央对西藏的管辖。由于中央驻藏机构与人员的存在，密切了中央与西藏地方的关系，以噶伦彭休为代表的一部分势力早在 1935 年中央与西藏地方关系尚较为融洽时就密谋使中央驻藏机构与人员离

① 《黄慕松 吴忠信 赵守钰 戴传贤奉使办理藏事报告书》，第 469 页。

② 《元以来西藏地方与中央政府关系档案史料汇编》(7)，第 3119 页。

③ 噶厦之所以同意由张威白代理蒋致余职责，据当时在拉萨的英印政府驻亚东商务代表诺布顿珠观察是由于张威白工作松散，能力有限，噶厦认为其“容易对付”（《英国印度事务部档案馆有关西藏档案题解及选译》，第 269 页）。张威白自己也坦承个人“素乏政治经验”，由其与噶厦交涉“似觉不伦不类”[《蒙藏委员会驻藏办事处档案选编》(2)，第 45 页]。

④ 《蒙藏委员会驻藏办事处档案选编》(2)，第 24 页。

藏[①]。而在此时中央与西藏地方关系“未臻融洽”之际，噶厦在内部“自立”思想影响下，通过阻止高长柱入藏借以削弱中央在藏影响力也就成为可以料想之事。

高长柱入藏未能实现与当时国民政府面临的抗战形势也有关系。高长柱入藏期间，恰值中国抗战异常严酷之时，华北、华东等许多地区相继沦陷，首都南京也被占领。此时藏中也盛传对中央不利的消息，而认为日本“势力强大”，甚至连英国“亦不敢干涉”[②]。有鉴于此，噶厦相信可以利用中央政府面临的严峻形势阻止高长柱入藏而又不会因此承受任何风险。诺布顿珠根据自己与噶厦官员的接触发现噶厦之所以拒绝高长柱入藏，就因为其意识到此时“中国政府虚弱”[③]。高长柱建议将自己撤回的一个非常重要的原因，也是考虑到中央在“抗战中有难兼顾之处”[④]。赵守钰与吴忠信主张撤回高长柱，同样也是考虑到抗战“非短期内所能结束”[⑤]。

此外，蒋致余擅自离藏也是高长柱入藏受阻的一个原因。噶厦此前虽有请中央撤回驻藏机构与人员的表示，但经蒙藏委员会解释，加之蒋致余坚持岗位，彭休等人的企图并未实现。此次高长柱入藏是接替蒋致余的职务，按惯例蒋致余应该等高长柱到任，完成交接后再离藏。但蒋致余在得到噶厦同意高长柱入藏的虚假承诺后，罔顾行政院指令，擅自内返。如此一来，在蒋致余业已离职，而高长柱又受阻青藏边界的情况下，中央失去了与噶厦折冲的筹码，从而使噶厦在拒绝高长柱入藏方面少了一层顾虑。

综上所述，高长柱入藏受阻是多种因素造成的结果，而这一事件本身也反映出当时中央与西藏地方的关系确实已经处于紧张状态之

---

① 《九世班禅内地活动及返藏受阻档案选编》，第 158、194 页。

② 《黄慕松 吴忠信 赵守钰 戴传贤奉使办理藏事报告书》，第 463 页。

③ 《英国印度事务部档案馆有关西藏档案题解及选译》，第 269 页。

④ 《黄慕松 吴忠信 赵守钰 戴传贤奉使办理藏事报告书》，第 466 页。

⑤ 《黄慕松 吴忠信 赵守钰 戴传贤奉使办理藏事报告书》，第 466—467 页。

中。因此，改善与发展中央与西藏地方的关系成为此后中央治藏工作的重点，而吴忠信1940年入藏主持十四世达赖坐床典礼一事表明中央前一阶段的治藏工作取得了一定成效。

（原载《抗战史料研究》2013年第1辑）

主要参考文献

1. David Macdonald 著，孙梅生、黄次书译，刘家驹等校：《旅藏二十年》，上海：商务印书馆，1936 年。

2. 高长柱编著：《边疆问题论文集》,南京：正中书局，1948 年。

3. 《中央人民政府内务部、出版总署关于“额菲尔士峰”应正名为“珠穆朗玛峰”，“外喜马拉雅山”应正名为“冈底斯山”的通报》，《人民日报》1952 年 5 月 27 日。

4. 高长柱编著：《西藏概况》，台北：明星印书馆，1953 年。

5. 周昆田：《边务论集》，台北：启明书局，1959 年。

6. 《西藏研究》，台北：“中国边疆历史语文学会”，1960 年。

7. 周昆田编著：《中国边疆民族简史》，台北：台湾书局，1961 年。

8. 高长柱编著：《边疆与国防》，台北：蒙藏委员会编印，1961 年。

9. 周昆田编著：《边疆政策概述》，台北：蒙藏委员会，1962 年。

10. 冯蒸：《国外西藏研究概况（1949—1978）》，北京：中国社会科学出版社，1979 年。

11. 薛人仰主编，刘学铫编著，周昆田校订：《蒙藏概况》，台北：中华书局，1982 年。

12. 薛人仰主编，周昆田编撰：《蒙藏民族史略》，台北：中华书局，1982 年。

13. ［英］荣赫鹏著，孙煦初译：《英国侵略西藏史》，拉萨：西藏社会科学院资料情报研究所编印，1983 年。

14. 周希武编著，吴均校释：《玉树调查记》，西宁：青海人民出版社，1986 年。

15. 达仓宗巴・班觉桑布著，陈庆英译：《汉藏史集》，拉萨：西藏人民出版社，1986 年。

16. 西藏自治区政协文史资料研究委员会编：《西藏文史资料选辑》（第八辑），拉萨，1986 年。

17. 郭卿友主编：《中华民国时期军政职官志》，兰州：甘肃人民出版社，1990 年。

18. 中国第二历史档案馆、中国藏学研究中心合编：《黄慕松 吴忠信 赵守钰 戴传贤奉使办理藏事报告书》，北京：中国藏学出版社，1993 年。

19. 中国地名委员会、西藏自治区人民政府：《西藏自治区地名志》，1993 年。

20. 高文德主编：《中国少数民族史大辞典》，长春：吉林教育出版社，1995 年。

21. 杨恩洪：《果洛的女王部落与联姻传统》，《西藏民俗》1995 年第 4 期。

22. 国家测绘局地名研究所编：《西藏地名》，北京：中国藏学出版社，1996 年。

23. 王尧、陈庆英主编：《西藏历史文化辞典》，拉萨：西藏人民出版社，杭州：浙江人民出版社，1998 年。

24. 张宪文、方庆秋、黄美真：《中华民国史大辞典》，南京：江苏古籍出版社，2002 年。

25. 卢秀璋：《论“西姆拉会议”：兼析民国时期西藏的法律地位》，北京：中国藏学出版社，2003 年。

26. 丹珠昂奔、周润年、莫福山、李双剑主编：《藏族大辞典》，兰州：甘肃人民出版社，2003 年。

27. 中国藏学研究中心、中国第二历史档案馆合编：《民国时期西藏及藏区经济开发建设档案选编》，北京：中国藏学出版社，

2005 年。

28. 次仁央宗：《西藏贵族世家（1900～1951）》，北京：中国藏学出版社，2005 年。

29. ［美］梅·戈尔斯坦著，杜永彬译：《喇嘛王国的覆灭》，北京：中国藏学出版社，2005 年。

30. ［意］毕达克著，沈卫荣、宋黎明译，邓锐龄校：《西藏的贵族和政府（1728—1959）》，北京：中国藏学出版社，2008 年。

31. 杜永彬主编：《藏学是什么》，北京：中国藏学出版社，2008 年。

32. 郭卿友编著：《民国藏事通鉴》，北京：中国藏学出版社，2008 年。

33. 丁剑：《吴忠信传》，北京：人民出版社，2009 年。

34. 夏军选辑：《高长柱赴藏途中日记节选》，《民国档案》2013 年第 1 期、第 2 期。

35. 李万瑛、达哇才让、加羊达杰主编：《青川甘滇四省藏区行政自然村名汉藏对照》，北京：民族出版社，2014 年。

36. 星全成：《民国时期西藏地方与中央政府关系》，西宁：青海民族出版社，2015 年。

37. 中国第二历史档案馆、中国藏学研究中心合编：《中国第二历史档案馆所存西藏和藏事档案汇编》第四十七册，北京：中国藏学出版社，2016 年。

38. 周伟洲主编：《西藏通史·民国卷》，北京：中国藏学出版社，2016 年。

后 记

自2008年到中国藏学研究中心工作以来，我一直从事民国时期涉藏档案文献的整理与研究工作。十余年来，相较于学界的同龄人，实在算不上刻苦努力，但是凭着对藏学事业的一腔热爱之情，我激励自己编撰了这本，也是第一本独立完成的著作，还是有颇多感受。

在整理档案文献的过程中，我对民国时期重要人物的日记、游记、手稿等史料关注较多，因为读起来不艰涩难懂且颇有意思，由此便萌生了整理并注释这些史料的念头，同时也抱着效仿学界前辈进行研究的想法，既不耽误本职工作，也正好是学习和钻研学术的绝佳机会。经过数年来逐步的积累，终于略有收获，继而又在整理注释的基础上撰写了三篇文章，即是今天本书的雏形。

选择高长柱和周昆田两位先生的日记和游记作为研究的对象，不能不说是缘分。两位先生年龄相仿，高长柱大周昆田四岁，他们同是安徽老乡，彼时又都在同为安徽人的蒙藏委员会委员长吴忠信先生身边任职，且在边务问题尤其是西藏及藏事的研究领域都颇有成果与建树。两人在工作中也有着极其重要的、相似的经历：高长柱曾奉派参加十三世达赖喇嘛致祭、护送九世班禅返藏，并赴藏接替蒋致余参议，虽最终未入藏，但亦经历了筹备、启动、滞留、交涉、等待之数月历程；周昆田则曾随吴忠信先生入藏见证十四世达赖喇嘛坐床的盛况。最重要的一点，就是两位先生有共同的爱好，都喜欢将自己的经历以日记或游记的形式记录下来。

在编撰本书的过程中，我也着实遇到了不少困难，尤其是在对一些地名进行注释的过程中。像民国时期的一些山脉、河流名称基本延续了清代的叫法，清代关于西藏的史地方舆著作从数量上虽说不少，但因为计里画方的传统制图与西方经纬度画法差异较大，而且无论是《卫藏图识》还是《新疆图志》《新疆山脉图志》内的山脉与河流名称均与今天的名称有较大差异，其中更是夹杂藏语、满语、蒙古语等各种音译的名称，所以，企图将这些地名等项与今一一对应，难度较大。另外由于高长柱与周昆田两位先生在新中国成立后均去到台湾，为相关资料的搜寻带来了一些困难，故此书在研究上的不足之处在所难免，但若能对从事民国藏学研究，尤其是喜爱历史地理研究领域的学者有些许的帮助，我将不胜欣慰。

在本书即将出版之际，要说的话实在很多，但是，最想要说的还是感谢，从本书编撰的初衷，进而到日记的整理，论文的写作，逐条的注释，直至出版的过程中都得到了许多老师和朋友的关心与支持，如果没有他们的帮助，仅凭我的个人能力，着实难以付梓。为此，感谢中央民族大学原副校长喜饶尼玛教授，不仅时常为我释疑解难，而且还不辞劳苦为本书撰写序言，并联络在泰国的吴忠信先生后人询问关于周昆田先生的资料，帮助我跨越了写作中的瓶颈。教授对吾等青年一辈学者的鼓励与教诲，令我深深感动。感谢台湾政治大学陈又新老师为本书提供珍贵的参考资料；感谢中国社会科学院边疆研究所张永攀老师对我在编撰本书过程中的悉心指导与答疑解惑；感谢中国藏学研究中心原历史研究所所长张云老师对本书提出的中肯的修改意见与建议；感谢中国藏学出版社洪涛社长在本书的编辑出版过程中所给予的支持与帮助。最后，还要特别感谢责任编辑季垣垣老师，她在本书的编审过程中花费了大量心血，提出了很多宝贵的意见和建议，使书稿臻于完善。遗憾的是，季垣垣老师已于 2022 年 10 月 12 日因病与世长辞，未能见到这本由她最后一次担任责编的作品。这也成为了我心中永远的意难平，在此深深缅怀敬爱的季老师。

最后想说的是，由于本书在新冠肺炎疫情期间完成，在查阅资料过程中有诸多不便之处，导致在编撰中占有资料不全，再加上本人的研究水平十分有限，书中难免存在内容缺漏、资料匮乏，以及论述不全面，注释不精准，甚至错误等问题。对此深表歉意，同时也希望学界同仁和读者批评指正。

张子凌

2023 年 4 月 24 日

图书在版编目（CIP）数据

高长柱与周昆田赴藏日记研究/张子凌编著．—北京：中国藏学出版社，2023.5

ISBN 978－7－5211－0430－1

Ⅰ.①高…　Ⅱ.①张…　Ⅲ.①西藏－地方史－史料－民国　Ⅳ.①K297.5

中国国家版本馆 CIP 数据核字（2023）第 092047 号

高长柱与周昆田赴藏日记研究

张子凌 编著

责任编辑　季垣垣
封面设计　李建雄
出版发行　中国藏学出版社
印　　刷　廊坊市佳艺印务有限公司
印　　次　2023 年 7 月第 1 版第 1 次印刷
开　　本　787×1092 毫米　1/16
印　　张　16.5
字　　数　261 千字
书　　号　ISBN 978－7－5211－0430－1
定　　价　58.00 元

图书若有印装质量问题，请与本社发行部联系
E-mail:dfhw64892902@126.com　电话:010－64892902